ACEHNESE DICTIONARY

WITH TRILINGUAL THESAURUS

about the authors

Bukhari Daud is an Acehnese academic and served as Bupati of Aceh Besar from 2007

Mark Durie is a theologian, human rights activist and pastor of an Anglican church in Melbourne, Australia

ACEHNESE DICTIONARY

WITH TRILINGUAL THESAURUS

ACEHNESE-INDONESIAN-ENGLISH

by

BUKHARI DAUD AND MARK DURIE

SEULAWAIH

Copyright © 1998, 2012 by Bukhari Daud and Mark Durie

No part of this work may be reproduced by electronic or other means, stored in a retrieval system, or transmitted in any form or by any means, electronic, mechanical, photocopying, recording, or otherwise, without the prior permission in writing from the author, except as provided by United States of America copyright law.

Printed in The United States and Great Britain.
ISBN: 978-0-9807223-5-2

Seulawaih Press publications are distributed in the USA and the UK by Ingram Book Group: orders@ingrambook.com

This book was previously published as

Kamus Basa Acèh, Kamus Bahasa Aceh : Acehnese-Indonesian-English Thesaurus
by Pacific Linguistics.
ISBN: 978-0858835061

RANUP SIGAPU

Nyoe pat teungku na bak kamoe
Bungong jaroe keu tanda mata
Geulantoe ranup atawa rukok
Nyoe pat neucok keu peunaw'a

Kamus ubeut cit padum ôn
Kamoe susôn lam lhèe basa
Basa Acèh jiduek bak phôn
Lheueh nyan langsông Indonesia

Dudoe meuhat basa Inggréh
Kamoe tuléh meunan cara
Tamsé idang nyang meulapéh
Tinggai piléh töh nyang suka

Kamoe meukeusut meubantu umat
Soe nyang na h'eut meurunoe basa
Dak jeuet kamus nyoe beuna mupeu'at
Mangat jeuet umat jituri basa

Lagèe Jônjôngan neukheun saboh roe
Wajép geutanyoe meurunoe basa
Meuh'an jipeungeut lé ureueng nanggroe
Tamsé ie unoe jipeugah tuba

Basa geutanyoe ureueng kheun payah
Laén dairah bida dialèk
Siôn ija krông kamoe kheun sikrak
Ureueng Peureulak meuhat kheun sikrèk

Meumacam ragam na kamoe pasoe
Dalam kamus nyoe cuba neutilék
Mulai bak phôn kata geulantoe
Hingga bak dudoe na daftar indèks

Meunyö na salah kadang pih tuwö
Laju keu kamoe surat neupeuék
Bèk seugan-seugan teungku ngön kamoe
Tamsé geutanyoe abang ngön adék

Irang ngön irôt patôt neupuwèh
Kamoe nyang tuléh mantöng that muda
Sidroe lhèe plôh sa bacut köng leubèh
Sidroe treuk jadèh geunap lhèe dua

Ulôn tuwan nyoe cit bijèh Acèh
Montasiek sidéh gampông ma ngön du
Di rakan ulôn cit bijèh Inggréh
Rayëk di sidéh nanggroe kangguru

Akhirul kalam haba kamoe tôp
'Oh noe ka cukôp ranup sigapu
Tamita ilah bubéna sanggôp
Nyoe kamus ubeut beuék meuceuhu

DAFTAR ISI
TABLE OF CONTENTS

RANUP SIGAPU	v
DAFTAR ISI — TABLE OF CONTENTS	vii
PENDAHULUAN — INTRODUCTION	1
THESAURUS	15
1. MASYARAKAT — MASYARAKAT — SOCIETY	15
a. Geulantoe Nan — Kata Ganti — Pronouns	15
b. Kawôm, Waréh — Kerabat, Famili — Relatives, Relationships	16
c. Suku Bangsa — Suku Bangsa — Nationalities	18
d. Meungön, Meurumpök — Interaksi Sosial — Social Interaction	20
e. Susunan Masyarakat — Social Structure	21
f. Olah Raga, Meuneu'èn — Olah Raga, Hiburan, Seni — Sport, Entertainment, Arts	23
g. Prang — Perang — Conflict	26
h. Hukôm — Hukum — Law	27
i. Agama — Agama — Religion	28
j. Makheuluk Halôh — Makhluk Halus — Spirits	31
k. Lahé, Udép, Maté — Lahir, Hidup, Mati — Birth, Life, Death	32
2. TUBÔH — BADAN — BODY	34
a. Anggota Tubôh — Anggota Badan — Body Parts	34
b. Sihat, Sakét — Kesehatan, Penyakit — Health, Disease	38
c. Keureuja Indra — Kerja Indera — Senses	41
d. Teungeut, Jaga — Tidur, Jaga — Sleep, Awake	42
e. Buet Tubôh — Proses Badan — Bodily Processes	42
3. BUET — GERAKAN, TINDAKAN — ACTION	43
a. Jak, Piyôh — Pergi, Berhenti, Gerakan — Motion, Rest	43
b. Buet Babah — Gerakan Mulut — Mouth Actions	47
c. Peugléh — Membersihkan — Clean, Separate	47
d. Raba, Poh — Sentuh, Pukul — Touch, Hit	49
e. Koh, Tob — Potong, Tusuk — Cut, Pierce, Pound	50
f. Jôk, Cok — Beri, Ambil — Give, Take	52
g. Mat, Mè — Pegang, Bawa — Hold, Carry	52
h. Peuduek, Pinah — Letak, Pindah — Put, Move	53
i. Peugöt — Buat, Perbaiki — Make, Fix	55
j. Ikat, Tôp — Ikat, Tutup — Tie, Cover	56
k. Buet Laén — Gerakan Umum — Other Actions	57

4. SIPHEUET MANUSIYA — EMOSI DAN EVALUASI — EMOTION AND EVALUATION ... 58
a. Göt - Brôk — Baik - Buruk — Good - Bad ... 58
b. Beuna - Salah — Benar - Salah — True - False ... 59
c. Kheundak, Jeuet — Kemauan, Kemampuan — Want, Able ... 60
d. Seunang - Sôsah — Senang - Susah — Happy - Sad ... 62
e. Gaséh - Beunci — Cinta - Benci — Love - Hate ... 62
f. Takôt - Beurani — Takut - Berani — Fear - Courage ... 63
g. Leumöh-Leumbôt - Angkuh — Rendah Hati - Angkuh — Humble - Proud ... 63
h. Akai — Akal — Mind ... 64

5. KOMUNIKASI — KOMUNIKASI — COMMUNICATION ... 66
a. Peugah Haba — Bicara — Speaking ... 66
b. Tulésan — Tulisan, Naskah — Writing, Script ... 69
c. Sikula, Beuet — Pendidikan — Education ... 70
d. Jasa Poh — Jasa Pos — Postal Services ... 71
e. Angkôtan — Angkutan — Transportation ... 71

6. NAPAKAH — MATA PENCAHARIAN — LIVELIHOOD ... 72
a. Mublang, Meulampôh — Bertani — Farming ... 72
b. Keumawé — Memancing — Fishing ... 75
c. Meurusa, Meuglueh — Berburu — Hunting ... 76
d. Peularha Binatang — Beternak — Livestock Raising ... 76
e. Peukakah — Perkakas — Tools ... 78
f. Barang Teumanyum — Anyaman — Woven Things ... 80
g. Buet, Keureuja — Pekerjaan — Employment, Work ... 81
h. Meukat — Berdagang — Trading ... 82

7. MAKANAN-MINUMAN — MAKANAN-MINUMAN — FOOD-DRINK ... 83
a. Maguen — Memasak — Cooking ... 83
b. Peunajôh — Makanan — Food ... 85
c. Ie — Minuman — Drink ... 87
d. Nyum — Rasa — Flavour ... 87
e. Rukok, Ranup — Rokok, Sirih — Cigarette, Betel ... 88
f. Alat Maguen — Bumbu Masak — Cooking Ingredients ... 89

8. AREUTA — HARTA KEKAYAAN — WEALTH AND POSSESSION ... 90
a. Boinah — Harta — Possession ... 90
b. Neungui — Pakaian — Clothing, Accessories ... 91
c. Rumôh-Asoe Rumoh — Rumah-Perabotan — House-Household Goods ... 93
d. Alat Dapu — Alat Dapur — Kitchen Utensils ... 94

9. DISKRIPTIF — DESCRIPTIVES ... 96
a. Sipheuet — Keadaan — State ... 96

   b. Wareuna — Warna — Colour 100
   c. Lumbôi — Nomor — Numbers 101
   d. Ukôran — Ukuran — Measure, Size 102
   e. Arah, Teumpat — Arah, Teumpat — Direction, Position 105
   f. Beuntuk — Bentuk — Shapes 106

10. DÔNYA — DUNIA — WORLD   107
   a. Asoe Dônya — Bumi dan Alam — Geographical Features 107
   b. Bahan — Bahan — Materials 109
   c. Ie — Air — Water 111
   d. Kutika, Cuwaca, Langèt — Cuaca, Langit — Weather, Sky 113
   e. Watèe — Waktu — Time 114

11. KAYÈE, TANAMAN — TUMBUHAN — PLANTS   116
   a. Bak Kayèe — Pohon — Trees and Woody Plants 116
   b. Nan Bak Kayèe — Nama Pohon — Names of Tree 118
   c. Boh Kayèe — Buah-buahan — Fruits 119
   d. Tanaman Muda, Uröt — Palawija, Umbi-umbian —
      Crops, Tubers 121
   e. Tumbuhan Lain — Other Plants 122

12. MEULATANG, BEULANTANG — BINATANG — ANIMALS   122
   a. Umum — Umum — General 122
   b. Cicém — Burung — Birds 124
   c. Binatang Meulata — Binatang Melata — Reptiles and Creeping Animals ... 126
   d. Binatang Meutèk — Binatang Menyusui — Mammals 127
   e. Eungkôt — Ikan — Fish 128
   f. Seureungga — Serangga — Insects 129

13. KA'IDAH BASA — TATA BAHASA — GRAMMAR   130
   a. Kata Keterangan dan Partikel — Adverbs and Particles 130
   b. Kata Keterangan Awal — Preverbal Auxiliaries 132
   c. Kata Depan — Prepositions 133
   d. Padanan Kata — Classifiers 133
   e. Kata Sambung — Connectives 133
   f. Kata Seuru — Kata Seru — Exclamations, Interjections 134
   g. Kata Teumanyöng — Kata Tanya — Interrogatives 135
   h. Kata Keterangan Tak Tentu — Indefinites 136
   i. Kata Tunyok — Kata Ganti Penunjuk — Demonstratives 137

INDEKS BASA ACÈH   139

INDEKS BAHASA INDONESIA   205

ENGLISH INDEX   249

PENDAHULUAN

BAHASA ACEH

Bahasa Aceh digunakan olehsekitar dua juta orang di wilayah Propinsi Daerah Istimewa Aceh. Bahasa ini juga digunakan oleh segolongan kecil penduduk di daerah Kedah, Malaysia. Bahasa Aceh termasuk salah satu bahasa daerah yang besar diantara bahasa-bahasa daerah lain di Indonesia. Menurut sejarah bahasa Aceh ada kaitannya dengan bahasa-bahasa Champa yang kini masih digunakan di Vietnam, Kamboja, dan Hainan di Cina. Bila ditinjau lebih jauh ke belakang bahasa Aceh juga berkaitan dengan bahasa-bahasa Indonesia lainya seperti bahasa Jawa dan bahasa Melayu. Banyak sekali kosakata bahasa Aceh yang merupakan pinjaman dari. bahasa-bahasa Arab, Melayu, Indonesia, Sanskrit, Persia, Tamil, Belanda, Portugis, Inggris dan dari bahasa-bahasa Mon-Khmer di Asia Tenggara.

CARA MENGGUNKAN KAMUS INI

Kamus ini terdiri dari empat bagian

1 Daftar kosakata yang disusun menurut kelompok arti.
2 Daftar kosakata bahasa Aceh menurut abjad.
3 Daftar kosakata bahasa Indonesia menurut abjad.
4 Daftar kosakata bahasa Inggris menurut abjad.

INTRODUCTION

THE ACEHNESE LANGUAGE

The Acehnese language is spoken by approximately two million people in the Special Region of Aceh. A community of speakers is also found in the area Kedah, Malaysia. Acehnese is one of the major regional languages of Indonesia. Acehnese is related historically to the Chamic languages, now spoken in Vietnam, Cambodia and Hainan, China. More distantly into the past it is related to other Indonesian languages such as Malay and Javanese. The Acehnese lexicon also includes borrowings from many languages: Arabic, Malay, Indonesian, Sanskrit, Persian, Tamil, Dutch, Portugese, English, and also words from the Mon-Khmer languages of South-East Asia.

HOW TO USE THIS DICTIONARY

The dictionary has four parts:

1 Thesaurus: arranged in groups according to meaning.
2 Acehnese alphabetical listing.
3 Indonesian alphabetical index.
4 English alphabetical index.

INTRODUCTION

Jadi ada tiga cara untuk mencari suatu kata bahasa Aceh. Umpamanya, jika anda ingin mencari arti kata 'harimau', anda boleh melihat pada bagian 12d di bawah sub topik Mammals. Atau carilah pada daftar kosakata bahasa Aceh pada deretan huruf *r*, *rimueng*, atau boleh juga dicari pada daftar kosakata bahasa Indonesia pada deretan huruf *h*, *harimau*, atau boleh juga dicari pada daftar kosakata bahasa Inggris pada deretan huruf *t*, *tiger*.

Kamus ini adalah kamus tiga bahasa yaitu bahasa Aceh, bahasa Indonesia dan bahasa Inggris. Akan tetapi pemilihan kosakata dan penyusunannya menurut kelompok arti dilakukan berdasarkan konsep bahasa Aceh. Kami tidak mempersoalkan "apakah kata bahasa Aceh yang tepat untuk suatu konsep bahasa Indonesia atau Inggris?", namun penekanan kami adalah "kata apakah dalam bahasa Indonesia atau Inggris yang mungkin dapat digunakan untuk menerangkan makna dari suatu konsep bahsa Aceh?". Usaha kami bukanlah untuk menyusun suatu daftar kosakata yang lengkap dari bahasa Indonesia atau Inggris; kedua bahasa ini hanya digunakan sebagai terjemahan dari suatu kata bahasa Aceh. Namun kamus ini juga tidaklah memuat seluruh kosakata bahasa Aceh dan barangkali lebih lanyak kalau hanya disebut sebagai daftar kosakata. Sebuah kamus bahasa Aceh yang lengkap seharusnya memuat lebih banyak lagi jumlah kata-katanya. Sebaiknya kamus ini digunakan bersamaan dengan kamus bahasa Aceh lainnya karena ia tidak memuat penjelasan arti dan contoh

So it is possible to look up an Acehnese word in three different ways. For example, if you want to look up the word for 'tiger' you could find it in section 12d on mammals. Or in the Acehnese alphabetical listing under *rimueng*. Or in the Indonesian index under *harimau*, or in the English index under *tiger*.

This is a trilingual dictionary: it uses Acehnese, Indonesian and English but the choice of entries and their organization into semantic groups is largely based on Acehnese concepts. This is not a proper English or Indonesian dictionary. We have not asked the question: "What is the Acehnese word for each English or Indonesian concept?" Rather, we have asked ourselves: "What are corresponding Indonesian or English terms for each Acehnese word. So we have not tried to produce a comprehensive list of either Indonesian or English: these two languages are only used when necessary to translate an Acehnese word. However, this dictionary does not try to be a complete listing of Acehnese words. It is more properly called a vocabulary and thesaurus. An Acehnese dictionary would have to have more words to be complete. This dictionary also does not explain the meanings of words in any detail or give examples. Because of the way this dictionary is designed, it is most useful to use it together with an Acehnese-Dutch or Acehnese-Indonesian dictionary. But this dictionary can be used just by itself.

kalimat, namun demikian ia tetap dapat digunakan secara tersendiri.

SISTEM PENULISAN DAN PENGUCAPAN

Bahasa Aceh memiliki banyak dialek dan kamus ini menggunakan sistim penulisan yang standar berdasarkan ortografi resmi yaitu Ejaan Bahasa Aceh yang Disempurnakan: Seminar Pembinaan dan Pengembangan Bahasa Aceh, Universitas Syiah Kuala, Agustus 25-26, 1980. Kami menambahkan satu bentuk tambahan yaitu huruf *ö* yang penggunaannya akan dijelaskan di bawah ini. Suatu pendekatan baru dalam sistim ortografi telah diperkenalkan oleh Pusat Penelitian dan Pengkajian Kebudayaan Islam melalui terjemahan Al-Quran kedalam Bahasa Aceh (lihat Jusuf, Tgk. Mahjiddin. 1995. *Al-Quran al-Karim dan Terjemahan Bebas Bersajak Dalam Bahasa Aceh*).

Dalam bahasa Aceh tekanan suara jatuh pada suku kata terakhir dari suatu kata. Ada perbedaan susunan bunyi antara suku kata yang mendapat tekanan suara dengan suku kata yang tidak mendapat tekanan suara. Suku kata yang mendapat tekanan suara memiliki bentuk yang stabil dalam berbagai dialek, sedangkan bentuk suku kata yang tidak mendapatkan tekanan suara boleh jadi berbeda antara satu penutur dengan penutur lain. Umpamanya, ada orang yang mengucapkan *reukok* dan ada pula yang mengucapkan *rukok*, begitu pula antara kata *meulasah* dengan *meunasah*. Dalam kamus ini kami gunakan bentuk yang paling umum.

WRITING SYSTEM AND PRONUNCIATION

There are many dialects of Acehnese. The system given here is a standard type. It is based upon the official orthography (Ejaan Bahasa Aceh yang Disempurnakan: Seminar Pembinaan dan Pengembangan Bahasa Aceh, Universitas Syiah Kuala, August 25-26 1980), but we have added one extra feature: the letter *ö*, whose use is described below. A new approach to the orthographic standard is currently introduced by the Pusat Penelitian dan Pengkajian Kebudayaan Islam in the translation of the Holy Koran into Acehnese verse (see Jusuf, Tgk. Mahjiddin. 1995. *Al-Quran al-Karim dan Terjemahan Bebas Bersajak Dalam Bahasa Aceh*).

Stress in Acehnese falls on the final syllable of the word. A clear distinction can be made between the sound structure of the stressed, final syllables of words on the one hand, and unstressed syllables on the other. The stressed syllables are more stable in form across dialects, while even for individual speakers there is often variation in the form of unstressed syllables, e.g. *reukok* may vary with *rukok* 'cigarette', or *meulasah* with *meunasah* 'village meeting house'. We have tried to give common forms of words wherever there was some variation.

INTRODUCTION

BUNYI KONSONAN　　　　　　　　**CONSONANT LETTERS**

	Bilabial	Alveolar	Palatal	Velar	Glottal
stops					
voiced	b	d	j	g	
voiceless	p	t	c	k	-k
fricatives		s	(sy)		h
nasals	m	n	ny	ng	
liquids		l			
		r			
semi-vowels	w		y		

Examples

ba 'carry'	*da* 'sister'	*jeue* 'net'	*gö* 'handle'	
pa 'uncle'	*toe* 'near'	*ci* 'try'	*ka* 'already'	*bak* 'at'
	soe 'who'			*hah* 'open'
ma 'mother'	*na* 'be, exist'	*nyoe* 'this'	*ngui* 'use'	
	lë 'many'			
	rô 'spill'			
wa 'embrace'		*yue* 'order'		

Contoh

ba 'bawa'	*da* 'kakak'	*jeue* 'jaring'	*gö* 'gagang'	
pa 'paman'	*toe* 'dekat'	*ci* 'coba'	*ka* 'sudah'	*bak* 'di, pada'
	soe 'siapa			*hah* 'buka'
ma 'ibu'	*na* 'ada'	*nyoe* 'ini'	*ngui* 'pakai'	
	lë 'banyak'			
	rô 'tumpah'			
wa 'peluk'		*yue* 'perintah'		

INTRODUCTION

Bunyi alveolar terjadi karena ujung lidah menyentuh bagian pangkal gigi atas. Tetapi bunyi *s* merupakan bunyi desis laminal yang dihasilkan oleh lidah bagian depan dan daerah alveolar. Bagi penutur bahasa Inggris bunyi ini kedengarannya seperti perpaduan antara bunyi *s* dan *th*. Dalam beberapa dialek bunyi ini diucapkan hampir menyerupai bunyi *t*, tanpa desis.

Bunyi konsonan alveolar terjadi karena bagian depan lidah (blade of the tongue) menyentuh bagian belakang alveolar.

Bunyi stop pada akhir suatu kata ditandai dengan huruf *k*, sedangkan bunyi stop pada suku awal tidak ditulis meskipun sebenarnya semua suku kata yang dimulai dengan huruf vokal memiliki bunyi stop seperti pada kata *reuôh* 'keringat', diucapkan *reu-ôh* dengan bunyi stop di tengah. Begitu pula dengan kata *u* 'kelapa', dimulai dengan bunyi stop. Bunyi stop ini juga terdapat dalam beberapa dialek bahasa Inggris seperti ucapan kata *better* dalam dialek Cockney. Akhiran *k* diucapkan seperti bunyi stop (seperti bunyi di tengah kata *better* dalam dialek Cockney tersebut.

Dalam kamus ini bunyi antara yang dihasilkan oleh *u* atau *i* yang diikuti oleh suatu *vokel* lain ditandai dengan *w* atau *y* untuk memisahkan vokal tersebut. Umpamanya:

Alveolar consonants are made by touching the tongue tip against the hard ridge behind the upper teeth. However *s* is a laminal fricative, produced with the blade of the tongue against the alveolar ridge. To English speakers it sounds like a mixture between their *s* and *th*. In some dialects it is pronounced almost like a *t*, without any friction.

The alveolar consonants use the flat 'blade' part of the tongue touching just behind the alveolar ridge.

The glottal stop is written *k* at the end of a syllable. At the beginning of a syllable it is not written at all, but all syllables which are written as beginning with a vowel in fact begin with a glottal stop. E.g. *reuôh* 'sweat' is pronounced *reu-ôh* with a glottal stop separating the two syllables, and *u* 'coconut' begins with a glottal stop. The glottal stop is found in some dialects of English, e.g. in the cockney pronunciation of *better*.

Where in some other orthographies of Acehnese, *u* or *i* is followed by a vowel, we insert either *w* or *y* to separate the vowels. Thus we have:

aruwah		*aruah*
tuwan	instead of	*tuan*
meuriyam	untuk	*meuriam*
riyôh		*riôh*

INTRODUCTION

Huruf *y* dan *w* perlu digunakan disisni sebab kalau tidak akan melahirkan bunyi stop atau diftong. Umpamanya kata *jiôh* 'jauh' terdapat bunyi stop antara *i* dan *ô* yang berbeda ucapannya dengan kata *riyôh* 'ribut', dan *kuruan* 'kuran', berbeda dengan *tuwan* 'mertua'. Begitu juga dengan *tuwi* 'palung sungai', memilihi dua suku kata, berbeda dengan *bui* 'babi' yang merupakan diftong.

Dalam beberapa dialek, khususnya di wilayah Pidie, bunyi *h* pada akhir kata diucapkan *ih*. Contohnya, kata *tikôih* 'tikus' dan *meuih* 'emas'. Bunyi *ih* tidak diucapkan pada semua kata yang berakhiran *h* seperti pada kata *patah* 'patah' dan *prèh* 'tunggu'. Dalam dialek lain dan dalam kamus ini semua kata tersebut hanya menggunakan akhiran *h*; *tikôh*, *meuh*, *patah*, dan *prèh*.

Dalam beberapa dialek bunyi *sy* sering digantikan dengan *ch* atau *c* seperti kata *chök* untuk *syök* 'ragu', dan *chèh* untuk *syèh* 'pimpinan dalam tari Seudati'.

Dalam sebagaian dialek *r* yang merupakan bunyi alveolar diucapkan sebagain uvular frikatif.

It is important to put *y* or *w* here because if they are missing, a glottal stop should be pronounced instead, or a diphthong. For example *jiôh* 'far' with a glottal stop between *i* and *ô* contrasts in pronunciation with *riyôh* 'disturbance', and *kuruan* 'Koran' contrasts with *tuwan* 'parents-in-law'. Similarly *tuwi* 'deep hole in river' with two syllables, contrasts with *bui* 'pig', with a diphthong.

Some dialects distinguish a *ih* sound from *h* at the end of words (e.g. in parts of Pidie). Both sounds are just *h* in this list, e.g. in Pidie one would find *tikôih* 'mouse, rat' and *meuih* 'gold' but *patah* 'broken' and *prèh* 'wait'. In other dialects and in this list there is simply *h*: *tikôh*, *meuh*, *patah*, *prèh*.

Some dialects tend to use *ch* or *c* where others use *sy*. Thus *chök* or *syök* 'doubt', and *chèh* or *syèh* 'leader, seudati leader'.

In some dialects *r* is a uvular fricative, not alveolar.

BUNYI KONSONAN RANGKAP

Bunyi konsonan rangkap pada permulaan suku kata yang mendapat tekanan suara adalah sbb:

CONSONANT COMBINATIONS

For a consonant combination at the beginning of a stressed syllable, the following combinations are possible:

(1) [*p,t,c,k,b,d,j,g,r,l,ny*] + *h*

Examples:

pha 'thigh'	*that* 'very'	*chön* 'skip'	*kha* 'brave'
bhôm 'grave'	*dhiet* 'pretty'	*jheut* 'wicked'	*ghuen* 'congealed'
rhah 'wash'	*lhôk* 'deep'	*nyhue* 'sit with legs stretched out'	

Contoh:

pha 'paha'	*that* 'sangat'	*chön* 'lompat'	*kha* 'berani'
bhôm 'pemakaman'	*dhiet* 'cantik'	*jheut* 'jahat'	*ghuen* 'kental'
rhah 'cuci'	*lhôk* 'dalam'	*nyhue* 'duduk denang kedua kaki terentang ke depan'	

Sebagian dialek menggunakan *sr* untuk *rh*, misalnya *srah* untuk *rhah* 'cuci'. Dalam dialek tertentu (Blang Bintang dan Montasiek bagian utara, daerah asal penulis pertama) terdapat perpaduan bunyi *[m, n] + h*, contohnya kata *manhoe* untuk *manoe* 'mandi', dan *mhu* untuk *mu* 'tandan'.

Some dialects have *sr* instead of *rh*, e.g. *srah* for *rhah* 'wash'. In some dialects combinations of [m,n] + h are found. E.g. in the village of the first author (Bland Bintang and north Montasiek area) there is *manhoe* instead of *manoe* 'bathe' and *mhu* instead of *mu* 'bunch'.

(2) [p,t,c,k,b,d,j,g] + r

Examples:

prèh 'wait'	*trôh* 'arrive'	*crôh* 'fry'	*kri* 'manner'
bri 'give'	*drôh* 'bark'	*jroh* 'fine'	*grôp* 'jump'

Contoh:

prèh 'tunggu'	*trôh* 'tiba'	*crôh* 'goreng'	*kri* 'sikap'
bri 'kasih'	*drôh* 'gonggong'	*jroh* 'baik'	*grôp* 'lompat'

(3) [p,k,b,g] + l

Examples:

plah 'split'	*klo* 'dumb'	*bloe* 'buy'	*gli* 'ticklish'

Contoh:

plah 'belah'	*klo* 'dungu'	*bloe* 'beli'	*gli* 'geli'

Sebagian dialek membedakan *jl* dengan *gl*, seperti dalam kata *jlueng* untuk *glueng* 'sepak', dan *jlueh* untuk *glueh* 'kijang'. Sedangkan dalam kata-kata lain tetap digunakan *gl* seperti *gli* 'geli', dan *gleueng* 'gelang', tidak pernah diucapkan *jli* atau *jleueng*.

Some dialects distinguish *jl* from *gl*, e.g. *jlueng* for *glueng* 'kick' and *jlueh* for *glueh* 'kijang deer'. But other words are always *gl*, e.g. *gli* 'ticklish' and *gleueng* 'bracelet' are never *jli* or *jleueng*.

INTRODUCTION

(4) mb, nd, nj, ngg

Examples:

mbôn 'dew'   *tanda* 'sign'   *një* 'cane crusher'   *nggang* 'crane'

Contoh:

mbôn 'embun'   *tanda* 'tanda'   *një* 'penggiling tebu'   *nggang* 'enggang'

Perpaduan bunyi *mb*, *nd*, *nj*, *ng*, cenderung bersatu dalam ucapan, sehingga kata *banda* diucapkan seperti *bana* dengan bunyi sengau yang agak ringan pada vokal berikutnya.

The combinations *mb, nd, nj, ngg* tend to be merged in speech, so that for example *banda* is pronounced like *bana*, but without the strong nasal effect on the following vowel which an ordinary nasal has.

BUNYI VOKAL   **VOWEL LETTERS**

Vokal Biasa   **Simple Vowels**

	Front Unrounded	Back Unrounded	Back Rounded
high	i	eu	u
mid-high	é	ë	ô
mid-low	è	(ö)	o
low		a	

Examples:

bri 'give'	*eu* 'see'	*u* 'coconut'
lé 'by'	*lë* 'many'	*rô* 'spill'
tè 'tea'	*lhö* 'stamp'	*po* 'owner'
	da 'elder sister'	

Contoh:

bri 'kasih'	*eu* 'lihat'	*u* 'kelapa'
lé 'oleh'	*lë* 'banyak'	*rô* 'tumpah'
tè 'teh'	*lhö* 'injak'	*po* 'pemilik'
	da 'kakak'	

Sebagian dialek di Aceh Besar tidak menggunakan bunyi *ö*, dan sebagai penggantinya munculah bunyi *è* atau *o*. Umpamanya kata *rèt* untuk *röt* 'jalan', dan *ngon* untuk *ngön* 'dengan'. Umumnya dalam kamus ini kami ikuti ucapan penulis pertama.

Some dialects in Aceh Besar have no *ö* sound. Words with *ö* in this list will then have either *è* or *o* instead. E.g. *rèt* 'road' rather an *röt* 'road' and *ngon* rather than *ngön* 'with'. In this list we have almost always followed the pronunciation of the first author.

Perlu diingat bahwa *eu* dalam bahasa Aceh bukanlah vokal rangkap karena hanya melahirkan satu bunyi, sehingga kata *seuie*' 'jinak', misalnya, hanya memiliki dua suku kata; *seu-it*, bukan *se-u-it*.

Note that the letter sequence *eu* in Acehnese always has the same value. It is always one vowel, not two. Thus *seuiet* 'tame' must be two syllables: *seu-iet*, not *se-u-iet*.

Vokal Sengau / Nasal Vowels

	Front Unrounded	Back Unrounded	Back Rounded
high	'i	'eu	'u
mid-low	'è	('ö)	'o
low		'a	

Examples:

cr'i 'frying sound'   *meuh'eut* 'desire'   *ôn 'u* 'coconut leaf'
pa'è 'gecko'   *maw'ö* 'rose'   *kh'op* 'bad smell'
                        meu'ah 'forgive'

Contoh:

cr'i 'bunyi gorengan'   *meuh'eut* 'keinginan'   *ôn 'u* 'daun kelapa'
pa'è 'tokek'   *maw'ö* 'mawar'   *kh'op* 'bau busuk'
                          meu'ah 'maaf'

INTRODUCTION

Huruf vokal yang mengikuti konsonan sengau juga menjadi sengau. Contoh: *ôn 'u* 'daun kelapa', sama bunyinya dengan *mu* 'tandan', *'oh* 'berapa jauh', sama bunyinya dengan *rumoh* 'rumah', dan *'uet* 'telan', sama bunyinya dengan *cumuet* 'bisul'.

Vowels after nasal consonants have the same quality as these nasal vowels. E.g. *ôn 'u* 'coconut leaf' rhymes with *mu* 'bunch', *'oh* 'how far' rhymes with *rumoh* 'house' and *'uet* 'swallow' rhymes with *cumuet* 'a boil'.

Vokal Ganda   **Diphthongs**

	Front Unrounded	Back Unrounded	Back Rounded
high	ie	eue	ue, ui
mid-high		ëi	ôi
mid-low	èe		oe
low		ai	

Examples:

ie 'water'	*eue* 'barren'	*bue* 'monkey', *bui* 'pig'
	hëi 'call to'	*bôi* 'mend'
bèe 'smell'		*woe* 'return'
	hai 'hey!'	

Contoh:

ie 'air'	*eue* 'mandul'	*bue* 'monyet', *bui* 'babi'
	hëi 'memanggil'	*bôi* 'tambal'
bèe 'bau'		*woe* 'pulang'
	hai 'hai!'	

INTRODUCTION

Vokal Ganda Sengau   **Nasal Diphthongs**

	Front Unrounded	Back Unrounded	Back Rounded
high	'ie	'eui ('eue)	'ue
mid-low	'èi, 'èe		oe
low		'ai	

Examples:

'iek 'urine'   'eui 'crawl'   'uet 'swallow'
'èi 'sound for calling a cat',
kr'èe 'call of a cat when you step on its tail'

meuh'ai 'expensive'

Contoh:

'iek 'kencing'   'eui 'merangkak'   'uet 'telan'
'èi 'suara panggilan untuk kucing',
kr'èe 'suara kucing bila ekornya dipijak'

meuh'ai 'mahal'

Vokal *oe* dan *ui* bisa menjadi sengau hanya setelah konsonan sengau, misalnya *moe* 'menangis' dan *ngui* 'memakai'.

The vowels *oe* and *ui* can occur nasalized, but only after nasal consonants, e.g. *moe* 'cry' and *ngui* 'use'.

Sebagian dialek tidak mengenal bunyi *'eui* tapi *'eue*, misalnya dalam kata *'eue* 'merangkak'.

In some dialects, there is no vowel *'eui*, but *eue* instead, thus: *'eue* 'crawl'.

Perlu dicatat bahwa ada perpaduan huruf yang menimbulkan dua kemungkinan ucapan. Umpamanya kata *rapai* 'gendang', boleh diucapkan *ra-pa-i* dengan tiga suku kata atau *ra-pai* dengan dua suku kata sebab dalam bahasa Aceh tidak terdapat kata yang diucapkan "*rapay*".

Note that some combinations of letters have two possible pronunciations. For example *rapai* 'k.o. drum' might be pronounced in two ways, either three syllables, *ra-pa-i*, or two, *ra-pai*. In fact it must be three syllables: *ra-pa-i*, since there is no word pronounced "rapay" in Acehnese.

INTRODUCTION

KAMUS LAIN	**OTHER DICTIONARIES**
Selain dari kamus ini ada empat kamus bahasa Aceh lainnya yang telah lebih dulu diterbitkan yaitu:	Four dictionaries of the Acehnese language have been published in the past. These are:

BASA ACÈH – BAHASA INDONESIA

Bakar, Aboe, Budiman Sulaiman, M. Adnan Hanafiah, Zainal Abidin Ibrahim, Syarifah H., 1985, *Kamus Aceh-Indonesia*, Jakarta: Pusat Pembinaan dan Pengembangan Bahasa, Departemen Pendidikan dan Kebudayaan.

BASA ACÈH – NEDERLANDS:

Kreemer, J., 1931, *Atjèhsch Handwoordenboek*, Leiden: E.J. Brill.

Djajadiningrat, H., 1934, *Atjèhsch—Nederlandsch Woordenboek*, 's Gravenhage: Martinus Nijhoff.

Berikut ini adalah rujukan dari beberapa karya penting dalam bidang leksikografi bahasa Aceh.	The following are also imporant reference works on the Acehnese lexicon:

BASA ACÈH – BAHASA INDONESIA

Gani Asyik, Abdul, 1978, *Bunyi bahasa dalam kata tiruan bunyi Bahasa Aceh* Banda Aceh: Universitas Syiah Kuala.

Hasjim M.K., 1977, *Peribahasa Aceh*, Anotasi dalam Bahasa Indonesia oleh M. Adnan Hanafiah, H.M. Zainuddin, Budiman Sulaiman, Araby Ahmad, Talsya, & Anzib Lamnyong. Banda Aceh: Dinas Pendidikan dan Kebudayaan, Daerah Istimewa Aceh.

NEDERLANDS — BASA ACÈH:

Drewes, G.W.J. en T. Iskandar, MS, *Nederlandsch-Atjèhsch Register*. (In the estate of G.W.J. Drewes.)

INTRODUCTION

MOHON SARAN

Kamus ini tentu saja jauh dari kesempurnaan, tapi mudah-mudahan akan tetap bermanfaat. Penulis menyambut baik segala saran dan koreksi demi perbaikan dimasa mendatang.

AN INVITATION

This dictionary certainly has many faults. We hope that it will be useful. The authors welcome any suggestions for improvements, and corrections.

KAMUS — THESAURUS

1. MASYARAKAT — MASYARAKAT — SOCIETY

1a. Geulantoe Nan — Kata Ganti — Pronouns

soe	siapa	who
lôn, ulôn	saya	I
-lôn	saya, milik saya	me, my
ulôntuwan	saya	I (highest)
kèe, ku-	aku	I (lower)
-kuh	saya, milik saya	me, my
kamoe, meu-	kami	we, exclusive
-meuh	kami, milik kami	us, our, exclusive
geutanyoe, tanyoe, ta-	kita	we, inclusive
-teuh	kami, milik kami	us, our, inclusive
droeneuh, neu-	saudara, anda	you (higher)
-neuh	kamu, milik kamu	you, your
gata, ta-	kamu	you
-teuh	kamu, milik kamu	you, your
kah, ka-	kamu, kau, engkau	you (lower)
-keuh	kamu, milik kamu	you, your
gopnyan, geu-	dia, beliau	he, she (higher)
-geuh	dia, mereka, milik dia, milik mereka	him, his, her, them, their
jih, ji-, i-, di-	dia	he, she
-jih, -ih	dia, mereka, milik dia, milik mereka	him, his, her, them, their
awak	orang	person
awak nyan	mereka	they
droe	diri	self
droekuh	saya sendiri	myself
droekeuh	kamu sendiri	yourself

1b. Kawôm, Waréh — Kerabat, Famili — Relatives, Relationships

waréh, kawôm, syèdara	kerabat, famili	relatives
wali karông	kerabat dekat, kaum kerabat	kin, family
jinèh	jenis, keturunan	type, race, descent
muda	muda	young
tuha	tua	old
-wa	yang tua	elder
teungöh, -ngöh	yang di tengah	middle
-cut	yang muda	younger
tulôt, -lôt	yang termuda	youngest
agam, lakoe	laki-laki	male
inöng	perempuan, wanita	female
kônsa	waria, wadam	hermaphrodite
lakoe	suami	husband
peurumoh, binoe	isteri, bini	wife
judô	pasangan, jodoh	spouse
madu	madu	a second wife of a polygamous man
ureueng chik, mawang	orangtua	parents
ayah, yah, abu, du, abi	ayah, bapak	father
mak, ma, umi, mi, nyak	ibu, mamak	mother
aneuk	anak	child
nyak	panggilan untuk anak-anak	child (term of address)
aneuk agam	anak laki-laki	son, boy
aneuk inöng	anak perempuan	daughter, girl
aneuk tuha	anak sulung	eldest child
aneuk tulôt	anak bungsu	youngest child
aneuk muda	anak muda, perjaka	youngster, youth
aneuk dara	gadis, perawan	girl, virgin
aneuk miet, aneuk manyak	anak kecil, bayi	baby
adoe, adék	adik	younger sibling or ygr relative of the same generation

lém, dalém, aduen, bang	abang	elder brother, elder male relative of the same generation
da, kak, ti, po	kakak	elder sister, elder female relative of the same generation
cutbang, polém	abang tertua	eldest brother
cut teungöh	abang, kakak yang ditengah	middle brother, middle sister
lémcut, bangcut	abang yang termuda	youngest elder brother
cuti	kakak yang termuda	youngest elder sister
cupo, cuda	kakak yang tua	elder sister
yahcut, apa, pacut	paman, om	younger uncle: male relative yngr than parent, but on the same generation as parent
makcut, téh	bibi, tante	younger aunt: female relative yngr than parent, but on the same generation as parent
abuwa	paman, om	elder uncle: male relative older than parent, but on the same generation as parent
miwa	bibi, tante	elder aunt: female relative older than parent, but on the same generation as parent
aneuk keumuen	anak sepupu	nephew, niece
keumuen	saudara sepupu	cousin
nèk	nenek, kakek	grandparents: relatives two or more generations higher than self
nèk, ayah nék, chik	kakek	grandfather
nèk, michik	nenek	grandmother
nèkwa	abang nenek, kakak nenek	older great uncle, aunt
nèkcut	adik nenek	younger great uncle, aunt

nèk tu	nenek mamak, nenek bapak	great grandmother: mother's grandmother
cuco	cucu	grandchild
cöt	cicit	great grandchild
cah	anak cicit	great great grandchild
cong	cucu cicit	great, great, great grandchild
éndatu, moyang, ja, maja	nenek moyang, leluhur	ancestor
cah-cong	cicit-cicit	descendents
biek	keturunan	lineage
tuwan	mertua	parents-in-law
yah tuwan	bapak mertua	father-in-law
mak tuwan	ibu mertua	mother-in-law
parui	saudara suami, saudara isteri	brother-in-law, sister-in-law
bisan	besan	in-law relationship between parents of a couple
meulintèe	menantu	son-in-law, daughter-in-law
balèe	duda, janda	widowed, divorced
agam balèe	duda	widower
inöng balèe	janda	widow
labah	bebas, tidak terikat dengan anak, suami atau isteri	independent, having no children
yatim	tiada bapak	orphan, no father
mutui, buntui	tiada ibu	orphan, no mother
yatim piyatu	yatim piatu	orphan, no parents
bajeueng	bajang, anak haram	bastard
mak ui	ibu tiri	stepmother
yah ui	ayah tiri	stepfather
wali	wali	guardian

1c. Suku Bangsa — Suku Bangsa — Nationalities

bangsa	bangsa	race
ureueng	orang	person

ureueng acèh	orang aceh	Acehnese
ureueng gayo	orang gayo	Gayonese
ureueng teumieng	orang tamiang	Tamiang
ureueng batak	orang batak	Batak
ureueng padang	orang minangkabau	Minangkabau
ureueng nieh	orang nias	Nias
ureueng jawa	orang jawa	Javanese
ureueng beutawi	orang betawi	native of Jakarta
ureueng sunda	orang sunda	Sundanese
ureueng meulayu	orang melayu	Malay
ureueng bali	orang bali	Balinese
ureueng madôra	orang madura	Madurese
ureueng ambôn	orang ambon	Ambonese
ureueng dayak	orang dayak	Dayak
ureueng bugéh	orang bugis	Bugis
ureueng arap	orang arab	Arab
ureueng meusé	orang mesir	Egyptian
ureueng yahudi	orang yahudi	Jew
ureueng peureusi, parisi	orang persia	Persian
ureueng kléng	orang india	Indian (southern)
ureueng banggali	orang benggali	Bengalese
ureueng cina	orang cina	Chinese
ureueng jeupang	orang jepang	Japanese
ureueng vitnam	orang vitnam	Vietnamese
ureueng campa	orang champa	Cham
ureueng siyam	orang siam	Thai
ureueng korèa	orang korea	Korean
ureueng australi	orang australia	Australian
ureueng amèrika	orang amerika	American
ureueng ierupa	orang eropah	European
ureueng beulanda, kômpeuni	orang belanda	Dutch
ureueng jeurman	orang jerman	German
ureueng inggréh	orang inggris	British
ureueng portugéh	orang portugis	Portugese
ureueng peurancih	orang perancis	French

ureueng rusiya	orang rusia	Russian
ureueng itali	orang italia	Italian

Id. Meungön, Meurumpök — Interaksi Sosial — Social Interaction

manusiya	manusia	human being
ngön, rakan,	kawan, teman	friend
teumon	kawan	companion
nan	nama	name
saleuem	salam	greetings
tabék	memberi hormat	salute
meu'ah, mumat jaroe	salaman, jabat tangan	shake hands
meungön	berkawan	be friends with
peungön	mendamping	accompany
meurumpök	berjumpa	meet
meuturi	kenal	acquainted
peuturi	memperkenalkan	introduce
rapat	rapat, pertemuan	meeting
meusapat	berkumpul	gather, meet
peuteumuen	jodoh	fortunate, of a meeting
ramè	ramai	crowded, many people
keureumon	kerumun	crowd
gotong royong	gotong royong	working bee
khanduri	kenduri, pesta	party
meuramien, ramien	piknik, rekreasi, bertama-sya	picnic
keureuja, meuseuraya	pesta	feast, ceremonial meal
panteue	balai-balai tempat duduk	platform for sitting together
seueng	bangsal	tent, booth
halôh	halus	refined
gasa	kasar	coarse, rude
mèe	layak	proper
meuruwah	marwah, kehormatan	dignity, honour
lahèe	berkata atau berlaku porno	vulgar, coarse language
jahé	berkata kotor	vulgar

hana adap	biadab	impolite, rude
ulok-ulok	tidak sopan	impolite
ripèe	patungan	share with others to pay for s.t.
wap	pengaruh	influence

1e. Susunan Masyarakat — Social Structure

rakyat	rakyat	people
masyarakat	masyarakat	society, community
adat	adat	custom
reusam	resam	tradition
hak	hak	duty, right
gop	orang lain	stranger, others
jamèe	tamu	guest, stranger
gampông	kampung, desa	village
balè	balai	meeting platform
lingkôngan	linkungan	grouping of houses
jurông	lorong	path in village
meunasah	menasah	village meeting house
tambô	tambur	drum for summons
beureugu	terompet tanduk	horn for summons
teungku, imeum	imam	village religious leader
makmum	makmum	congregation
teungku	panggilan untuk laki-laki dewasa	address term for adult male
gurèe, guru, ustat	guru	teacher
keuchik, geuchik	kepala desa	village head
waki	wakil	representative, deputy
ureueng tuha gampông	tokoh masyarakat	community informal leaders
teungku kadi	penghulu	marriage celebrant
teungku khatip	khatip, pembaca khutbah	preacher for Friday prayer
tuhan, po	tuhan	God
nabi	nabi, rasul	prophet
dairah	daerah	region

KAMUS — THESAURUS

mukim	mukim	area served by one mosque
keucamatan	kecamatan	subdistrict
camat	camat	subdistrict head
kabupatén	kabupaten	district, regency
bupati	bupati	regent
cap	cap	stamp, seal
propinsi	propinsi	province, state
gubernur	gubernur	governor
nanggroe	negara	country, nation
alam	bendera	flag
pangkat	pangkat	rank, position
meuntroe	menteri	government minister
peudana meuntroe	perdana menteri	prime minister
prèsidèn	presiden	president
pangulèe	pemimpin	leader
panglima	panglima	military commander
lakseumana	laksamana	admiral
kanteulè	pengawas daerah pada masa pemerintahan Belanda	regional controller under the Dutch government
keurajeuen	kerajaan	kingdom
raja	raja	king
putroe	permaisuri	queen, princess
meuligoe	istana	palace
ulèe balang	hulubalang	king: local traditional ruler
teuku	gelar bangsawan (laki-laki)	royal title (male)
cut	gelar bangsawan (wanita)	royal title (female)
hamba	hamba	slave
lamiet, teumon	budak, pembantu	servant, slave
sangkilat	panggilan untuk orang yang tidak bersuci	denigrating term for people who do not wash themselves

1f. Olah Raga, Meuneu'èn — Olah Raga, Hiburan, Seni — Sport, Entertainment, Arts

meu'èn	main	play (a game, sport, dance, drama)
piyasan	hiburan	entertainment
meuneu'èn, ayeuem	mainan	toy
tunang	tanding	compete
lawan	lawan	opponent
talô	kalah	lose
meunang	menang	win
juwara	juara, pemenang	champion, winner
timang	seri	draw
surak	sorak	applause
lapangan, trèn	lapangan	playing field
geulanggang	gelanggang	arena, ring
juri	juri, wasit	referee
hadiyah	hadiah	prize
lumba	lomba, adu	race
sipak bhan	sepak bola	soccer
poli	volleyball	volleyball
kasti	kasti, softball	softball
tinju	tinju	boxing
silèk	silat	martial arts
karaté	karate	karate
geudeu-geudeu	gulat aceh	Acehnese wrestling
panca	bermain panca	arm and hand wrestling
kaleueng	ganjal	tackle
langue	renang	swimming
lumba plueng	lomba lari	running race
pingpong	pingpong	table tennis
balap gari	balap sepeda	cycling
balap honda	motor cross	motorcycle race
balap moto	balap mobil	car race
judi	judi	gamble
tarôh	taruhan	bet
lapak	tempat berjudi	gambling place

pupök leumo, keubeue	adu sapi, kerbau	cow, buffalo contest
peulët manok	sabung ayam	cock fight
peukap daruet kléng	adu jangkrik	cricket fight
catô	catur	chess
plueng lam guni	lari dalam karung, goni	sack race
tarék taloe	tarik tambang	tug-of-war
keumawé lam sirahi	memancing dalam botol	k.o. bottle race
layang, geulayang	layang-layang	kite
gatok	main guli	marbles (using areca nuts)
klèrèng	kelereng	marbles
gaséng	gasing	top
busu, peuték, gandoe	ketepel	slingshot
pét-pét nyuet	umpet-umpetan	hide and seek
galah	main tangkap-tangkapan	catch game
gamba	gambar	picture
lukéh	lukis	draw, paint
uké	ukir	carve
sulam	bordir, sulam	embroider
kasap	sulaman benang emas	gold embroidery
karang	karang, susun	compose
lagu	lagu	song
buhu	irama	rhythm
meulagu	bernyanyi	sing
tambô	tambur, beduk	drum
geundrang	genderang	k.o. drum
gông	gong	gong
canang	canang	cymbal, small gong
biyula	biola	violin
hareubap	rebab	k.o. violin
bangsi, bansi	bangsi	flute
suléng	suling	flute
seurunè	serunai	clarinet
wa	serunai batang padi	rice stalk flute
tèng-tèng	lonceng	iron bell
tôk-tôk	lonceng bambu	bamboo bell

gö tambô	pentungan beduk	drumstick
pèh	pukul, membunyikan	beat (drum), ring (bell)
yôp	tiup	blow (flute)
rapai	rapai	tambourine, k.o. dance
reubana	rebana	tambourine
g'èng-g'ong	kecapi mulut	jew's harp
sanjak	sanjak	verse
rungkhé	bait (pantun)	stanza (poetry)
santôk	irama, sajak	rhyme
hikayat	hikayat	epic poetry
kheun	baca, hafal	recite (hikayat)
pantôn	pantun	poetry
nasib	tanding hikayat	poetic contest
liké	lagu, nyanyian keagamaan tanpa musik	religious song (without accompaniment)
radat	bait ulangan dalam kesenian *liké*	refrain phrases in *liké* poem
nalam	sanjak Aceh yang berirama duabelas	k.o. verse with 12 feet
pakhôk	sajak	rhyme
lagèe	lagu	melody
seulaweuet	selawat	chanting in praise of the prophet
geusök	gosok	play (violin)
sandiwara, dalupa	sandiwara	play, drama
meunari	menari	dance
likak	menari-nari	dance around
likok	lenggok	sway or swing one's body in dancing
seudati	sedati	k.o. dance
aneuk seudati	anak sedati	reciter in a seudati dance
syèh	komandan	leader in a dance team
top dabôh	dabus	dance with knife and sword
kaliphah	pemimpin dalam permainan *dabus*	the person leading the *dabus* performance

KAMUS — THESAURUS

1g. Prang — Perang — Conflict

mupaké, meudawa	bertengkar	quarrel, argue
meulhö	berkelahi	fight
karu	kacau	disturbance
gadôh	ribut	uproar, tumult
hurô-hara	kacau balau	conflict
kacak	ancam	threaten
langgéh	menyita, menguasai secara paksa	seize, invade
reubôt	merebut	invade, take by force
kacho	kacau	disturb
kirôh	ribut, gaduh	noisy, disturbance
tob	tikam	stab
tak, cang	bacok	slash, strike
timbak	tembak	shoot
keupông, pagap	mengejar, mengepung	besiege, surround
meuriyam	meriam	cannon
tumbak	tombak	spear
leumbéng	lembing	spear, lance
peudeueng	pedang	sword
reuncông, lincông	rencong	Acehnese dagger
kréh	keris	kris
beudé	bedil	gun
aneuk beudé	peluru	bullet
keureutôh	kelongsong peluru	spent cartridge
panah	busur	bow
aneuk panah	panah	arrow
peurisè	perisai	shield
keubai	kebal	invulnerable
lawan	lawan, musuh	opponent
musôh, sitrèe	musuh	enemy
sidadu	serdadu	soldier
panglima	panglima	commander
pahlawan	pahlawan	hero, warrior

1h. Hukôm — Hukum — Law

adat	adat	custom, traditions
wasiet	wasiat	oral will
kanun	peraturan, undang-undang	regulations, law
peuraé	pembagian harta warisan	divide inheritance
dèsya	dosa	sin
dam	dendam	revenge
sumpah	sumpah, kutukan	curse
pantang	pantang, tabu	taboo
kuwasa	kuasa	power, authority
larang	melarang, larangan	forbid, prohibit
wakilah	memberi kuasa	authorize
mahkamah	pengadilan	court
hakim	hakim	judge
syaksi	saksi	witness
adé	adil	just
peukara	perkara, kasus	case
kieh	kias, persamaan	analogical reasoning
mènsoh	mansukh, batal	abrogate, abolish
meuhukôm	membawa perkara ke pengadilan	appeal in court, sue a case
lawan	melawan	oppose
meusumpah	bersumpah	swear, take an oath
tudôh, dakwa	tuduh	accuse
sakeue	sengaja melanggar aturan	transgress, deliberately break the law
meuzina, mukah	berzina	commit adultery
wasi	memperkosa	rape
cue	curi	steal
rampok	rampok	rob
pancuri	pencuri	thief
peurampok	perampok	robber
peulheueh	melepaskan, membebaskan	release, free

pumeu'ah, peuampôn	memaafkan, mengampuni	pardon, forgive
damè	damai	reconciliation
pasah	pemutusan hubungan perkawinan oleh hakim	divorce by decision of court
peujra	menyakiti, menghukum	cause to suffer, punish
hukôman maté	hukuman mati	death sentence
ranté	rantai	chains
seunuet	cambuk, cemeti	whip
dra	dera	scourge, whip
noh	pasung	stocks
deunda	denda	fine
diet	diat, denda	fine, pay a fine, redeem
pulisi	polisi	police
drop	tangkap	arrest
glap, peunjara keureungkhèng	penjara, bui	prison, jail
jaga	jaga, kawal	guard

1i. Agama — Agama — Religion

tuhan	tuhan	God, god
keuramat	keramat	sacred, holy
rahmat	rahmat	mercy
karônya	kurnia	grace, blessing
èliya	aulia	saint
nabi	nabi, rasul	prophet
jônjôngan	junjungan (sebutan untuk nabi)	the blessed (term of address for a prophet)
jugi	pertapa	ascetic, hermit
kaluet	bertapa	withdraw o.s. to meditate (to acquire magical powers)
umat	umat	members of a religious community
éseulam	islam	Islam
krèstèn, naseurani	kristen, Nasrani	Christianity

yahudi	yahudi	Judaism
hindu	hindu	Hinduism
budha	budha	Buddhism
pujoe	puji	praise
seumah	sembah	worship
patéh, peucaya	percaya	believe
kuch'uek	khusyuk	engrossed
iman	iman	belief, faith
ibadat	ibadah	religious duty
'èrat	aurat	nakedness
ratéb	menyebut nama Allah secara berulang-ulang	repetitious chanting of God's attributes
maksiet	maksiat	evil deeds
amai	amal	(good) works
éleumèe	ilmu	knowledge, science
mukmin	mukmin	believers
mu'alah	mualaf	new convert to Islam
pasèk	fasik	non-practising believers
ta'at	ta'at	obedient
malém, salèh	'alim, saleh	pious
bangsat	tidak taat kepada kewajiban-kewajiban agama	impious
jahé	jahil, tidak mengindahkanaturan-aturan agama	ignorant of religious teaching
seumayang	sembahyang, sholat	ritual prayer
kamat	iqamat	a short version of the call to prayer
kala	kadha, mengganti (kewajiban agama yang tertinggal seperti shalat atau puasa)	substitute, make up (of a missing religious duty such as praying or fasting)
jamak	jamak, melakukan dua shalat pada waktu yang sama	performing two *shalat* (ritual prayers) at one time
ie seumayang	air wudhuk	water for ritual abolution
teuleukôm	telekung, mukena	woman's praying veil

KAMUS — THESAURUS

sajadah, tika seumayang	sajadah	praying mat
meudu'a	berdoa	say a prayer
kaôi	nazar	vow (to God) conditional upon answered prayer
keureubeuen	korban, kurban	sacrifice
seudeukah	sedekah, derma	charity
puwasa	puasa	fast
makmeugang	hari penyembelihan hewan menjelang puasa Ramadhan dan hari raya	feast days before the fasting month
jakeuet	zakat	tithe
haji	haji	pilgrim to Mecca
Ka'bah	Ka'bah	Kabah
jihat	jihad	holy war
wajéb	wajib	obligatory
sunat	sunnat	recommended
haleue	halal	allowed, rightful, legal
meukrôh	makruh	preferably avoided, not recommended
hareuem	haram	forbidden, illegal
kasat	kasad, niat	intention, purpose
junub	junub	ritual impurity
dônya	dunia	this world
syiruga	surga	heaven, paradise
nuraka	nuraka	hell
éleuham	ilham	revelation
peureuman	firman	revelation
phala	pahala	merits, rewards
beureukat	berkat	blessing
nèkmat	nikmat	happiness
dèsya	dosa	sin
kiparat	kifarat, denda	penance (of religious deed)
'azeuep	azab	punishment
akhirat, uroe dudoe	akhirat	the hereafter, doomsday
meuseujit	mesjid	mosque

meunara	menara	minaret
musala	tikar sembahyang	praying mat, rug
ulama	ulama	religious scholar
gurèe	guru agama	teacher of religion
kuruan	alqur-an	Koran
beuet	mengaji	recite
kari	qari, orang yang mahir membaca al-Quran	expert in Quranic recitation
tajuwit	ilmu tajwid	rules of pronunciation in Quranic recitation
juh	juz	section of the Holy Koran
hadih	hadis	prophet's sayings and actions
mèkreuet	mikraj	the prohet Muhammad's ascent
kaphé	kafir	infidel, unbeliever
geurèja	gereja	church
candi	candi	temple (Hindu)
patông	berhala	idol

Ij. Makheuluk Halôh — Makhluk Halus — Spirits

malaikat	malaikat	angel
aruwah	arwah	soul of dead person
nyawöng	nyawa	soul of living person
seumangat	semangat	spirit, soul
jén	jin	spirits (good and evil)
syètan	setan	satan, demon
iblih	iblis	evil spirit
jitamöng jén	kemasukan	possessed by a spirit
jén ba	dibawa jin	misled by demon
sihé	sihir	sorcery
rajah	membaca mantera	recite incantation
burông	hantu, kuntil anak	k.o. female ghost
baluem beudé	dewa air	spirit which drowns people

ganong	hantu, roh jahat	evil spirit
pari	s.j. jin	k.o. spirit
sanè	jin yang membawa penyakit	spirit causing sickness
geunteut	hantu raksasa	tall spirit
euntèe	jin, hantu	ghost, spirit
naga	naga	dragon
gögasi	raksasa	giant

I k. Lahé, Udép, Maté — Lahir, Hidup, Mati — Birth, Life, Death

lahé, na	lahir, kelahiran	born, birth
udép	hidup	life, alive
umu	umur	age, lifetime
kada	takdir, nasib	fate
sunat	sunat, khitan	circumcision
trôk umu	akil-baligh, sampai umur	come of age, onset of puberty
dara	dara	virgin
tunangan	tunangan	fiancee, engagement
meukawén	perkawinan	marriage, get married (custom)
nikah, gatip	nikah	marriage (law, religion)
gaca	pacar	henna
jeunamèe	mahar, emas kawin	brideprice
dara barô	pengantin wanita	bride
lintô	pengantin pria	groom, bridegroom
seulangké	mak comblang	mediator in marriage
teumeutuek	memberikan hadiah untuk pengantin	give wedding gift to bride and groom
peunganjô	pendamping pengantin	bridal companions
mumè, hamè, meutiyeuen	hamil	pregnant
ulu	bunting	pregnant (animal)
h'an sép buleuen	prematur	premature birth
rhët aneuk	keguguran	miscarry
madeueng	bersalin	post-birth confinement of mother

keumbeue	kembar	twins
lhah	sapih	wean
malé	mandul	barren
cré, taleuek	cerai	divorce
aneuk bajeueng	anak haram	illegitimate child
pitam	pitam, pingsan	faint
sukleuet	sakarat	mortal agony
maté	mati, meninggal	die, dead
maw'öt	maut	death
wapheuet	wafat	death of a saint or prophet
nadak, nadeu'a	sekarat	dying
kubu	kuburan	grave
roh	nyawa	soul
untông	nasib	fate
hat	ajal	time of death
ajai	ajal	predetermined time of death
phana	fana	transitory
pagé	hari kiamat	doomsday
manyèt	mayat, jenazah	corpse
bangké	bangkai	carcass
kaphan	kafan	shroud
keureunda	kerenda, peti manyat	coffin
kaphô	kapur barus	camphor
tandu	tandu	litter, stretcher
pumanoe manyèt	memandikan mayat	wash a corpse
seumayang manyèt	sholat jenazah	ritual prayer over the body
jirat, jeurat	kuburan	grave
lieng	liang lahat	grave hole
lampôh jirat	pemakaman	cemetery
bhôm	makam, kuburan	grave
batèe jirat	batu nisan	tombstone
pupanji	kain putih pembalut batu nisan	white cloth wrapped around tombstone

tanom, seumiyup	tanam, kebumi	bury
teuleukin	talqin	prayers said over the grave
khanduri buka uruek	kenduri pada hari pemakaman	party on the funeral day
khanduri tujôh	kenduri pada hari ketujuh	party on the seventh day
khanduri peuet plôh	kenduri pd hari ke 40	party on the 40th day
khanduri sireutôh	kenduri pd hari ke 100	party on the 100th day

2. TUBÔH — BADAN — BODY

2a. Anggota Tubôh — Anggota Badan — Body Parts

badan, tubôh, jasat	badan, tubuh, jasad	body
asoe	daging	flesh
rungkha	kerangka	skeleton
tuleueng	tulang	bone
atôt	buku, tulang sendi	joint, knuckle
lhak	sendi, pangkal otot	joint
ie tuleueng	sumsum	marrow
darah	darah	blood
nadi	nadi	pulse
gapah	lemak	fat
kulét	kulit	skin
bulèe	bulu	hair (body)
gapi	bulai, kuning keputih-putihan	albino
urat	urat, pembuluh	vein, vessel, sinew
naph'ah	nafas	breath
bayang, bayeuen	bayang	shadow
reuôh	keringat	sweat
ulèe	kepala	head
jeumala	kepala, ubun-ubun	top of head
bruek ulèe, tangkurak	tengkorak	skull
utak	otak	brain
ôk	rambut	hair (head)
ôk putéh	uban	grey hair

talak, dhoe	dahi	forehead
muka	muka, wajah	face
rupa, ruman	rupa, muka	appearance, face
keunèng	alis	eyebrow
mata	mata	eye
kulét mata	pelupuk mata	eyelid
bulèe mata	bulu mata	eyelash
èk mata	taik mata	sleep
ie mata	air mata	tears
aneuk mata	bola mata	eyeball
mieng	pipi	cheek
idông	hidung	nose
ingoh	batang hidung	bridge of nose
ruhueng idông	lobang hidung	nostril
èk idông	ingus	snot
geulinyueng, punyueng	telinga	ear
ôn punyueng	daun telinga	auricle
èk geulinyueng	tahi telinga	ear wax
keueng	dagu	chin
jungka	rahang	jaw
tuleueng jungka	tulang rahang	jawbone
babah	mulut	mouth
ie babah, ludah	air liur	saliva
misè	kumis	moustache
janggôt	jenggot	beard
bibi	bibir	lip
bibi ateueh	bibir atas	upper lip
bibi miyup	bibir bawah	lower lip
gigoe	gigi	tooth
caheueng	tonggos	buck teeth
gheuem	geraham	molar
rhö, gusi	gusi	gum
dilah, lidah	lidah	tongue
langèt-langèt	langit-langit	palate
aneuk lidah, aneuk ceukak	anak tekak	uvula
reukueng	kerongkongan	throat, larynx

KAMUS — THESAURUS

marèh	tenggorokan	trachea, windpipe
takue	leher	neck
kudôk	tengkuk	nape of neck
aneuk tök	lekum, halkum	adam's apple
bahô,	bahu	shoulder
tuleueng bahô	tulang belikat	shoulder blade
dada	dada	chest
lambông	lambung, sisi (badan)	side of chest
tuleueng dada	tulang dada	breastbone
tèk, dèk, mom	tetek, buah dada, payudara	breast
ujông tèk	puting susu	nipple
ie tèk, ie mom	susu ibu	breast milk
jantông	jantung	heart
até	hati	liver
s'uep	paru-paru	lung
phét	empedu	gall
rusôk	rusuk	rib
rueng	belakang	back
tuleueng rueng	tulang belakang	backbone, spine
keuieng	pinggang	waist
boh keuieng	buah ginjang	kidney
pusat	pusat	navel
limpa	limpa	spleen
pruet	perut	stomach, belly
leupék	lipatan kulit perut	stomach folds
pruet èk	usus, perut panjang	intestine
maidah	lambung	digestion
leumueng	pangkuan	lap
kandông	rahim	womb
punggông	punggung, pantat	bottom, buttocks
leubô	dubur	anus
boh	zakar	penis
krèh	buah zakar, pelir	testicle
pèk, pukoe, brët, paröt	faraj, puki, kemaluan wanita	vagina, vulva

ie mani	air mani, sperma	sperm
'iek	kencing, air seni	urine
èk	taik, berak, kotoran	faeces
sapai	lengan atas	upper arm
geutiek	ketiak	armpit
weuet jaroe	pergelangan tangan	wrist
singkèe	siku	elbow
jaroe	tangan	hand
aneuk jaroe	jari tangan	finger
gukèe	kuku	nail
inöng jaroe	ibu jari	thumb
teulunyok	telunjuk	index finger
jaroe teungöh	jari tengah	middle finger
jaroe mamèh	jari manis	ring finger
giték	kelingking	little finger
paleuet	telapak tangan	palm
boh sôh	kepalam tungan	fist
pha	paha	thigh
tuleueng pha	tulang paha	thighbone
lhak pha	pangkal paha	groin, hip joint
uram pha	pangkal paha	groin
gaki, gatéh	kaki	foot, leg
aneuk gaki	jari kaki	toe
teuôt, tuôt	lutut	knee
beutéh	betis	calf
tuleueng gasien	tulang betis, tulang kering	shinbone
tumèt, gatok	mata kaki	ankle
geunue	tumit	heel
tapak	telapak kaki	sole, footprint

2b. Sihat, Sakét — Kesehatan, Penyakit — Health, Disease

sakét	sakit	ill, painful
sihat	sehat	healthy, well
peunyakét	penyakit	disease, sickness
teuga	kuat	strong
wat	tenaga, kekuatan	power, strength
puléh	sembuh	recovered
peudéh	pedih, pilu	painful, sore
patah	patah	broken (bone)
pansan	pingsan	unconscious, faint
hèk	lelah, letih	tired, weary, exhausted
leumöh	lemah	weak
keurawat	pegal	tired (of muscle)
jra	jera	exhausted, suffer
seui	tidak enak badan	not feeling well
teungeut	tidur	sleep
sakét ulèe	sakit kepala	headache
sakét pruet	sakit perut	stomach ache
sakét gigoe	sakit gigi	toothache
sakét geulinyueng	sakit telinga	ear ache
sakét mata	sakit mata	eye pain
sakét jantông	sakit jantung	heart disease
boh arôn	batu ginjal	kidney stone
jitrën krèh	burut	hernia, rupture
teusuet leubô	ambeyen, bawasir	piles
cacat	cacat	bodily defect
capiek	pincang	lame, having a limp
eungkhèk	berjalan pincang	limp, hobble
cumèh	sumbing	harelip
lapè	lumpuh	paralysis
mumang	pusing, pening	dizzy
ulak-ulak até	mual	queasy, nauseous
muntah	muntah	vomit
cirét	mencret	diarrhea
meutheun èk	sembelit	constipation

deumam, sijuek-seuum	demam	fever
batôk	batuk	cough
glih, leundé	dahak	phlegm
paro su	serak, parau	husky, hoarse
seunak	sesak nafas	asthma
pucat	pucat	pale
sakét kunèng	sakit kuning	jaundice
kh'ieng naph'ah	bengek, asma	asthma
peulawa	cacar	pox
batôk kréng	tebese	tuberculosis
budôk	lepra, kusta	leprosy
malariya	malaria	malaria
basô, badom	biri-biri	dropsy, beri-beri
gaki gajah, untôt	penyakit kaki gajah	elephantitis
jitamöng angèn	masuk angin	a cold
ta'eun	wabah	epidemic
jangkét	berjangkit, menular	break out (of epidemic)
luka	luka	wound
luhok	luka yang dalam	deep wound
parôt	parut	scar
muen	jerawat	pimple
bicôh	lepuh	blister, pustule
danöh	nanah	pus
cabok	borok	festering sore
cumuet	bisul	boil
pasi	nanah bisul	core of a boil
leumbam, leupeuet	lembam, memar	bruised
muen gajah	jerawat besar, risa	callus
gli	geli	ticklish
gatai	gatal	itchy
kru	ketombe	dandruff
maji reuôh	biang keringat	heat rash
siya	pedih	stinging pain
kudé	kudis	scabies
kurap	kurap	ringworm

KAMUS — THESAURUS

purèe	puru	k.o. skin infection with sores
geutuet	kutil	wart
èk lalat	taik lalat	mole, freckle
prok	cacat kulit	blemish after skin infection
supak	penyakit sopak	vitiligo, a condition of the skin causing white patches
teureujoe	sejenis penyakit kulit	kind of skin disease
glum	panau	white spots on skin
barah	barah, tumor	tumor, swelling
putroe candén	gondok	goitre
boh keuèh	kelenjar, daging tumbuh	swollen gland
buta	buta	blind
rabôn	rabun	dimmed sight
sapu, rabôn manok	rabun ayam, rabun senja	night blindness
sarôk, kirôk	juling	cross-eyed
mata boh leuek	bular, mata tumbuh	cataract
tuloe	tuli	deaf
tungkiek	nanah telinga	pus in the ear
klo	bisu	dumb
latah	latah	sensitive, touchy
pungo	gila	insane
pungo bui, sawan	sawan, ayan	epilepsy
mabôk	mabuk	intoxicated
kayap	kayap, sariawan	mouth ulcer
lhu	kelu lidah (karena makan sirih)	numb (of tongue) from eating betel
kumeun	kuman	germ
ubat	obat	medicine, drugs
peunaw'a	penawar, pencegah bisa	antidote
majun	majun	male aphrodisiac
kasiet	khasiat, kegunaan	use, virtue, purpose
pè	pil	pill
jarôm	suntikan	injection

teuum	menuam	treat with a hot compress
peureuban	perban	bandage
dokto	dokter	doctor
meuntri	perawat, mantri	nurse
bidan	bidan	midwife
rumoh sakét	rumah sakit	hospital, clinic
apotèk	apotik	pharmacy, drugstore

2c. Keureuja Indra — Kerja Indera — Senses

rasa	rasa	sense, touch, taste
deungö, leungö	dengar	hear, listen
deuh	terdengar	audible
simak	mendengar, memperhatikan sungguh-gungguh	listen attentively
tuloe	tuli	deaf
klo	bisu	dumb
bèe	bau	smell (noun)
côm	cium	smell (verb), nosekiss
kh'ieng, kh'èp, kh'op	bau busuk	bad smell
harôm	harum	good smell, fragrant
bangoe	wangi	good smell, fragrant
kalön, ngieng, eu	lihat	see, look
pandang	pandang	look
deuh, leumah,	tampak, dapat dilihat	visible, appear
buta	buta	blind
gliep	periksa	examine, look through
mita	cari	seek, look for
lhôh	menyuluh	look in mirror, look with torch
luem	intip	spy, peep
jeungeuk	tengok, lihat	look into
paléng	toleh	look back
keureuléng	melirik	see s.t. at a glance
tukui	tunduk	look down
tangah	lihat ke atas	look up

padök	menghalangi (penglihatan)	block s.o's vision
blèt, klèp mata	kedip mata	blink
bleut	buka mata	open eyes
meu'èn mata	main mata	wink
blie	tatap	stare
tahë	termenung	stare vacantly
juléng, kirôk	juling	crosseyed
ngè-ngo	bermata liar	look with searching eyes
paréksa	periksa	examine, check
turôt	mirip	resemble

2d. Teungeut, Jaga — Tidur, Jaga — Sleep, Awake

teungeut	tidur	sleep, asleep
jaga	jaga	awake, wake up
éh	tidur	sleep, lie down
jak éh	pergi tidur	go to bed
beudöh éh	bangun tidur	get up from sleep
seumeungeup	menguap	yawn
éh manok	tidur ayam	half asleep
teusiyô	hampir tertidur	almost asleep
wön-wön	mengigau	talk in sleep
lumpoe	mimpi	dream
meujaga	bergadang, jaga	stay awake, stay up
peugoe	membangunkan	arouse, wake up
teulat jaga	kesiangan	oversleep
layôh	mengantuk	sleepy
teungeut maté	tidur nyenyak	sleep soundly

2e. Buet Tubôh — Proses Badan — Bodily Processes

deuek	lapar	hungry
grah	haus	thirsty
beureusén	bersin	sneeze
ceumeukök	keteguk	hiccup
batôk	batuk	cough

yö, meukhöt-khöt	gemetar	tremble (frightened)
yö, meukhöt-khöt	menggigil	shiver
ue	tersumbat kerongkongan	have a blockage in the throat
teurhôk	tersedak	food or drink goes down the wrong way
huek	ketulangan	choke on a (fish) bone
tôh	buang hajat	excrete
tôh 'iek	kencing	urinate
tôh èk	berak	defecate
tôh geuntët	kentut	fart
ran	ejan	strain when defecating
teuka buleuen	datang bulan	menstruation
kawén	kawin	coitus
'ok, pap	menyetubuhi	copulate (v. rude)
mumè, hamè, meutiyeuen	hamil	pregnant
brön, keuruweuet	tidak enak badan	feel the need to stretch (e.g. when waking up)
gatai	gatal	itchy
meureuôh	berkeringat	sweaty
hèk	lelah	tired
peulheueh naph'ah	bernafas	breathe
theun naph'ah	tahan nafas	hold one's breath

3. BUET — GERAKAN, TINDAKAN — ACTION

3a. Jak, Piyôh — Pergi, Berhenti, Gerakan — Motion, Rest

jak	pergi	go, walk
piyôh	berhenti	stop, interrupt work, rest
prèh	tunggu	wait
mèt	gerak	movement
tôk, trôh, teuka	datang	arrive
bungka	berangkat	depart
minah	pindah	move, change position
jak ngön tapak, gaki	jalan kaki	walk, go by foot
langkah	langkah	step, walk

plueng	lari	run, escape
grôp, lumpat, chön	lompat, loncat	jump, skip
ék	panjat, daki	climb, go up, ascend
teungöh	daki	go up, ascend, get up out from
rhak	menaiki	climp up on, mount
trën	turun	go down
tamöng	masuk	enter
teubiet	keluar	go out, exit
lôp	masuk	go into, under
lui, luep	menyelinap, masuk ke dalam lubang	go under or into through a hole
leupah	sudah pergi	gone past, gone on further
mudék	mudik	go upstream
puséng	putar	rotate
wét	belok	turn
woe	pulang	return, go home
gisa	kembali	return
riwang	kembali, pulang	return, go back
wèh	pergi, meninggalkan suatu tempat	go away, leave a place
kunjông	kunjung	visit
saweue	mengunjungi	visit, pay a visit
ikôt	ikut	follow
seutöt	ikut, patuh, mencari	follow, obey, seek after
döm	bermalam	stay overnight
intat, euntat	antar	accompany
lingka	mengelilingi, melingkari	go around, surround
lingkeue	melangkahi	step over
liwat	melewati	pass by
eungkhèk	berjalan pincang	limp, hobble
tèh-tèh	berjalan pelan-pelan	walk slowly
teugantöh	tersandung	stumble, trip
pilok	terpeleset	stumble
seuek	geser, pindah	move aside

'eui, 'eue	merangkak	crawl
böt	merentangkan badan	stretch
anggôk	angguk	nod
lingiek	menggelengkan kepala atau badan	shake one's head or body
asék	geleng	shake head
teukui	menundukkan badan	bend over, look down
tangah	angkat kepala	look up, lift up head
sujut	sujud	bow down to the ground, do obeisance
döng	berdiri	stand, stop going
döng siblah gaki	berdiri sebelah kaki	stand on one leg
éh	tidur	lie down
beudöh	bangun	get up
cruep	telungkup	lie on stomach
kuwien	tidur membengkokkan badan	lie curled up
jom	rebah rata ke tanah, mati	lying flat, dead
duek	duduk	sit, dwell
tinggai	tinggal	dwell, stay, remain
giduek	mengendarai, duduk atas sesuatu	ride, sit on
phang, pheueng	mengangkang	sit with legs apart
nyhue	duduk menjulur kedua kaki kedepan	sit with legs straight out
tinggông, pingkui	jongkok	squat
meuteuôt	berlutut	kneel
nuep	membungkukkan badan untuk bersembunyi	duck down
wa tubôh	lipat tangan ke badan	fold arms
wa takue	peluk leher	hold hands behind head
tumpang keuieng	tolak pinggang	stand with arms akimbo
wa teuôt	peluk lutut	sit hugging knees
sinè, meusadeue	bersandar	lean
meugantung	bergantung	hang

KAMUS — THESAURUS

galeue	menjatuhkan diri, merebahkan diri	throw yourself down
jing	mengangkat sebelah kaki	lift one foot off the ground
hadap	hadap, menghadap	face towards
linggang	melenggang	swing one's arms or body while walking
rôh	dapat, kena	come into, be caught, obtained, happen
sök	kandas, terdampar	go aground (ship), founder
rô	tempah	spill, spilled
rhët	jatuh	fall
lurôh	rontok, gugur	fall away, fall out
reubah	rebah	topple, fall over
sireuk	tergelincir, terpeleset	slip
phö	terbang	fly
keuprak	mengepakkan sayap	flap (of wings)
rawöh	keluyuran, jalan-jalan tanpa tujuan	hang around
riti	barisan	form a queue, row
silèe, lindông	berlindung	take shelter
meusom	sembunyi	hide oneself
peutak	enyah	get lost
sisat	sesat	get lost
surôt	mundur	retreat, move backward
keureumon	mengerumuni	surround
tajô	bergerak cepat	move quickly
teutap	tetap, tidak bergerak	rest, still
nom	selam	dive
langue, meulangue	renang	swim
blôh, tamuk	melangkah kedalam air	wade
jeumeurang	menyeberangi	cross (river)
kôh	seberang	cross

3b. Buet Babah — Gerakan Mulut — Mouth Actions

pajôh, makeuen	makan	eat
jép	minum	drink
p'iep	isap	suck, smoke
jiep	mengisap (tebu)	suck (sugarcane)
hirôp	hirup	suck, slurp
p'uep	menghirup, menyedot	suck out
hiruep	hirup	sniff, suck in, inhale
kap,	gigit	bite
k'eung	gigit, gerogot	gnaw
mamöh	kunyah	chew
kakeuen	mamah	munch
'uet, taluem	telan	swallow
muek	makan	scoff food, eating with hand
kuran	makan dengan lahap	eat greedily
lieh	jilat	lick
kabom	kulum	hold in mouth
jakhap	terkam	grab in mouth
ludah, rudah	ludah	spit
lien lidah	menjulurkan lidah	stick out tongue
hah babah	buka mulut	open mouth
tôp babah	tutup mulut	shut mouth
prôh, mbôh	meniup, menghembus	blow
yôp babah	bersiul	whistle

3c. Peugléh — Membersihkan — Clean, Separate

rhah	cuci	wash
reundam	rendam	soak
cucô	bilas	rinse
samak	samak	ritually purify
sampôh	sapu	clean, sweep
sikat	sikat	brush
prah, jeupat, jupat	peras	squeeze
manoe	mandi	take a bath
pumanoe	memandikan	bathe, give s.o. a bath

cukô	mencukur	shave
uet	gosok kuat-kuat	polish, rub clean
pleu	gosok	rub, wipe
sabôn	sabun	soap
sampô	sampo	shampoo
kanjie	kanji	starch
geusök	gosok	rub, iron
grôh	menyeterika, menggosok	iron
krut	korek, gores	scrape
pluek	kupas	pull off skin, bark
sék	kupas	peel
lheuep	mengoyak, merusakkan	tear off
juruet	melurut	strip off (leaves, etc.) by running through the fingers
lhak	menguliti (hewan sembelihan)	flay, skin
nyhèh	ketam	plane (wood)
limeuh	membongkar-bongkar	dig out, rummage through
cui	mengorek dengan benda tajam	dig, pick out with a sharp point
culét	mencungkil	gouge out
tuweueh	membongkar, mengubrak-abrik	dig up
peukrui	menganginkan	winnow in wind
tampoe	tampi	winnow
lhö	mengirik	thresh rice with feet
ayak	mengayak	sift
saréng	saring	filter
wiet	mematahkan	snap, pull apart
eumpoe	merumput	weed a garden
lawök	mengaduk	mix, scramble
muntèe	menumbuk padi	pound rice
lët, bët	cabut	pluck, uproot
lueh	cabut (bulu burung)	pluck (feathers)

3d. Raba, Poh — Sentuh, Pukul — Touch, Hit

raba, geue	raba	feel
gusuek	belai	stroke
garô	garuk	scratch
curéh	menggores	scratch
cukèh	menggamit	touch lightly to attract attention
gamèt	menggamit	to nudge, to tap s.o. on the shoulder, arm, etc.
urôt	mengurut, memijat	rub, massage
ramah	remas	squeeze gently
glik-glik	gelitik	tickle
prok-prok jaroe	tepuk tangan	clap hands
geutèp jaroe	petik jari	snap fingers
meu'ah	jabat tangan, maaf	shake hands
pôt	mengipas	fan
klok	cubit	pinch
cubét	mencubit	pinch
ceukiek	mencekik	throttle
cut'iet	cubit	pinch with fingernails
geuti	ketik, mementil	flick with finger
poh	pukul	beat, hit, thrash
poh maté	bunuh	strike dead, kill
sôh, tumbôk	tinju, tumbuk	punch
tampa	tampar, tempeleng	slap
teupuek	tempeleng	slap on the face
pèh	sentuh, pukul	knock, hit
tampa	tampar, tempeleng	slap
kilèk	mengelak, menangkis	evade
teugön	tekan	depress
gilhö, gidöng	injak	step on, stamp on, stand on
cacah	menginjak-injak	trample in (mud)
pök	tanduk	butt, run into
thôk	tanduk	butt upwards
sipak	sepak	kick

glueng, trom	terjang	kick with heel
seupöt	memukul	hit with s.t.
lantak	memukul dengan kuat	hit hard
pakhôk	mengantukkan	bump or strike s.t. against
kông	menubruk	hit, collide
jhô	mendorong dengan kuat	shove
h'ong	lempar	strike by throwing
siliek	melumurkan	smear
giséng	gesek	rub against
cilèt	mencolek	smear
top	tumbuk	pound
kachôk	kocok	beat (egg), splash (water)
kacho	kacau	stir
wöt, cawö	aduk	stir
japhok	menepuk air	splash
rahôp	mengusap sesuatu (cairan, bedak) ke badan atau muka	apply (liquid, powder)
lhap	membasahkan	dip, soak
lhuek	rogoh, memasukkan tangan kedalam suatu lubang	grope in a hole
chët	jolok	poke up with a stick
keunöng	kena	touching, meet, strike

3e. Koh, Tob — Potong, Tusuk — Cut, Pierce, Pound

koh	potong	cut, cut off
teubang	tebang	fell a tree
creue	memotong cabang pohon	lop
reulék	memotong dahan kecil	chop off branches, strip a stalk
reulék	memotong ranting atau daun dari dahan	cut off twigs or leaves from a branch
cang	cincang	slice, chop
tèk-tèk	potong kecil-kecil	chop into pieces
gréh	mengarit	cut into segments

plah	belah	split
kuwak	menguak	break open
sie	sembelih, potong	butcher, slaughter
lapah	memotong (daging) besar-besar	butcher (livestock)
tak	bacok	slash, chop
cah	tebang, potong semak-semak	clear bush
reupang	repang, potong rata	trim
rampéh	memangkas	trim
weuek	bagi	divide
criek, priek	sobek, robek	tear, rip
sôk	tusuk	pierce
pantak	memasukkan sesuatu dengan kekuatan	penetrate
top	tusuk, tikam	stab
pukiek	kuak	make an opening
culok	colok	poke, poke into
bho	bor	bore
timbak	tembak	shoot
tumbak	tombak	spear
top	tumbuk	pound
péh, giléng	giling	grind, mill
cèh	hancur, lincin	pulverized, finished pounding or grinding
pheuet	pahat	chisel
asah, canè	asah, canai	whet
cui	meruncingkan	sharpen to a point
kréh	raut	whittle
kueh	gali	dig
catok, cangkôi	cangkul	hoe
garéh	garis	line
guréh	gores	scratch

KAMUS — THESAURUS

3f. Jôk, Cok — Beri, Ambil — Give, Take

jôk, bri	beri, kasih	give
sinyu, sunyu	memberikan	hand over, hand up to
cok	ambil	take, get
teumok	menyendok	scoop up
pöt	petik	pick (flower, fruit)
tueng, teurimöng	terima	receive, accept
suleueng	menyuapi	feed s.o. by placing food in mouth
teumèe	dapat	get, obtain
cue	curi	steal
puplueng	curi	make off with
rampah, rampok	rampok	rob
pinjam	pinjam	borrow, lend
weuek	bagi	share
gala	gadai	pawn
siwa	sewa	rent
pulang	mengembalikan	return, give back
wakeueh	wakaf	donate one's property for public use

3g. Mat, Mè — Pegang, Bawa — Hold, Carry

mat	pegang	hold
drop	tangkap	catch
ba	bawa	take, carry
reugam	genggam	hold in fist
geupai	kepal	squeeze in fist
jeupét	pijat	massage
cubét	mencubit	pinch
cut'iet	cubit	pinch with fingernails
sambôt	sambut, tangkap	catch, grasp
mueng	memangku (anak)	cuddle, hold in lap
gruep	cekal, memeluk kuat-kuat	grasp, hold firmly
uem, wa	peluk	embrace, hug
peulheueh	melepaskan, membebaskan	release, loose

usông	mengusung	carry s.t. on the shoulders
mè	bawa, gendong	carry
seuôn	junjung	carry on head
gulam	pikul	carry on shoulder
gapiet	kepit	carry under arm
tingkue	gendong	carry in a cloth
dukông	dukung	carry on back, support
tijik	jinjing	carry in hands
pangkèe	pangku	hold in arms
pikôi	pikul	carry on shoulders
sawak	menyandang	carry s.t. not heavy on shoulders
awih	barang bawaan yang dibungkus dengan kain	carry wrapped up in a bundle on back
rayueng	membawa serta	carry along
tumpang	sokong	support

3h. Peuduek, Pinah — Letak, Pindah — Put, Move

peuduek,	meletakkan	put
bôh	bubuh, memasang	put, set
puwèh, pinah	pindah	move
puta	putar	rotate, turn
balék	balik	turn over
pasoe	memasukkan	put in
sak	memasukkan	stuff, force in
suep, 'ap	suap	put in mouth
culok	colok	poke into
som	sembunyi	hide
tinggai	tinggal	leave, leave behind
beunteueng	melintang	lay horizontal
sadeue	sandar	lean upright
khôp	menelungkupkan	place s.t. face downward
gantung	gantung	hang
lhat	sangkut	hang on something
caw'iek, sangkôt	menyangkutkan, mengaitkan	hang on a hook

tipèk	tempel	stick on
adèe	jemur	dry in the sun
layu	mendekatkan sesuatu dengan api supaya kering atau layu	dry over a fire
peusiblah	memisahkan	put aside
gandéng	ganding	put alongside
susôn	menyusun	arrange
pisah	pisah	separate
ba, mè	bawa	take
tulak	tolak, dorong	push
jhô	mendorong dengan kuat	shove
keuih	menguis, menepis	shove s.t. aside
tarék	tarik	pull
suet	mengeluarkan, tarik	take out, draw out
lhöh	cabut (gigi)	pull out, extract
gôt	tarik	pull on
hila	hela	pull heavily
hue	seret, hela	pull, lead with a rope
gui	menjambak	pull s.o.'s hair angrily
rinthak	menarik dengan paksa	pull by force
sinthak	menyentak	pull s.t. roughly
seupreuek	tabur	sprinkle, scatter
plè, léng	tuang	pour
sinthông	menuang	pour out
panca	terpancar	spout, spray
crông	menimba	draw water
seuet	membuang air	bail
reundam	rendam	put in water
c'ueh	memadamkan, mendinginkan	quench, cool in water
plè	tuang	pour
peuek	membuang, menumpahkan	throw (liquid)
peureucék	memercikkan	sprinkle
rhom	lempar	throw

böh	buang	throw away, discard
tiek	buang	throw aside
geulawa	lempar dengan kayu	throw with a stick
h'ong	lempar	throw, strike by throwing
lambông	melambungkan	throw upwards
seumpom	hempas, banting	throw down forcefully
lhom	menjatuhkan	drop
parôh	mengusir, menghalau	chase away
bët, beuët, grak, bôt, beuôt	angkat	lift, raise
peuék	menaikkan	raise, increase
jhung	menarik ke atas	pull s.t. upwards
nyot-nyot	menggoyang-goyangkan	shake repeatedly
wéng, lhö	putar, dayung	pedal
jungkat	jungkat	tilt, rock
gulé	guling	roll
ayôn	mengayun	rock a baby
pacak	menancapkan	implant (s.t. sharp)
simpan, trôh	menyimpan	keep, save
kuet	pungut, kumpul	gather up
tamon	timbun, tumpuk	stack, pile up
himpôn	himpun	collect, put together
tumpôk, rôn	menumpuk, menimbun	pile up

3i. Peugöt — Buat, Perbaiki — Make, Fix

peugöt	buat, perbaiki	make, fix, build
peujeuet	menciptakan	create
seudiya	menyediakan	prepare, get ready
reulöh	rusak	broken, out of order
tampai	tempel, tambal	mend, patch
manyum	anyam	weave
gampôh	menyambung (tali, benang)	join rope or thread
bibeue	memintal	twist, spin (rope)
susôn	menyusun	arrange
pasang, rôk	pasang	fit together
tuléh	tulis	write

gamba	gambar	draw, picture
lukéh	lukis	paint (picture)
uké	ukir	carve
cèt	cat	paint
cop	jahit	sew
rawôt	meruncingkan	sharpen
asah, canè	asah, canai	whet
cui	meruncingkan	sharpen to a point
seupôh	menyepuh	gild, plate
lhöh	bongkar	dismantle
sangga	menopang, menahan	support

3j. Ikat, Tôp — Ikat, Tutup — Tie, Cover

ikat	ikat	tie
peuglah	melepaskan	untie
neukue	simpul	knot
carueh	ikat tangan dan kaki	tie hands and feet
beureukah	memberkas	tie in a bundle
c'uet	mencerut	tie very tight
jalén	merangkai dengan rotan	tie, weave or braid together with rattan
sambat	menghubungkan	connect
gampôh	menyambung (tali, benang)	join rope or thread
reuek	mengepang	braid
kambam	mengikat ternak pada pohon kayu	tether
lilét	lilit, melilit	wind
palét	melilit	wrap or coil around
kareue	menggulung tali atau benang	wind (rope or thread)
gampôi	menggulung benang atau sutra	wind (thread)
lingkang	gulung (tali atau benang)	roll, wind (rope or thread)
ngui	pakai	wear, put on

sôk	pakai	put on cloth
salén	tukar, ganti (pakaian)	change (clothes)
pinggang	melilit kain di pinggang	tie (cloth) around the waist
lhôn	menanggalkan pakaian	strip off
tôp	tutup	shut, close, cover
khôp	menutup	cover
limbôt	selimut	cover with blanket
sumpai	sumbat	stop up (a hole)
doe	sumbat	block off, fill in
peuhah	buka	open
leueng	bentang	unroll, spread out
lipat	lipat	fold
punjôt	membungkus	wrap
balôt, bungkôh	balut, bungkus	wrap
gulông	gulung	roll up
gintön, tindéh	tindis	press, weigh down
gunci, rôk	kunci	lock
gom	telungkup	invert a container

3k. Buet Laén — Gerakan Umum — Other Actions

pubuet	kerja	do, work
keureuja	kerja	work
ngui	pakai	use
useuha	usaha	make effort, endeavor
daya	daya, usaha	effort
ujoe	menguji, mencoba	test, try
puphôn, mula	mulai	begin
ulang	ulang	repeat
sambông	menyambung	continue
peulheueh	menyiapkan, menyele-saikan	finish
piyôh	berhenti	stop
tiek	sia-siakan	abandon
lheueng	selang, menyelangi	skip an interval

ikôt	ikut	obey
tulông, bantu, tumpôh	bantu, tolong	help
linteueng	menghalangi, merintangi	block, prevent
tuka	tukar, ganti	change, exchange
ubah	mengubah	alter
mita	cari	seek, look for
teumèe, teumeung	dapat	find, obtain
piléh	pilih	chose, select
bandêng	banding	compare
peureumeun	peduli	concerned about
papah	pelihara	care for
uruh	mengurus	manage, take care for
keumiet, jaga	jaga	guard
kawai	kawal	guard, escort
euntat	antar	accompany
peukaru	ganggu	disturb
proh	memecahkan	break, damage

4. SIPHEUET MANUSIYA—
EMOSI DAN EVALUASI — EMOTION AND EVALUATION

4a. Göt - Brôk — Baik - Buruk — Good - Bad

göt, gèt	baik	good, beautiful
göt akai	baik budi	good natured
tabi'at	watak	character
lagak	cantik	beautiful
sambinoe	cantik, jelita	beautiful
samlakoe	ganteng, gagah	handsome
tari	cantik	beautifully dressed
dhiet	indah	attractive, fascinating
indah	indah	beautiful
jroh	hebat, baik sekali	excellent
ceudah	cerdas	smart
sijahtra	sejahtera	harmony
meutuwah	bertuah	fortunate, lucky, blessed
salèh	saleh	pious, virtuous

patôt, layak	layak	proper
kheueh	bersih, halal	genuine, not corrupt
bakeuti	bakti	honour
malém	alim	knowledgeable
saba	sabar	patient, endure
ceureudék	cerdik	clever, shrewd
keudap	tenang, teduh (angin, air)	quiet, still (water, wind)
mangat	enak, mudah	delicious, nice, easy
paidah	faedah, kegunaan	use, benefit
untông	untung	profit, gain
leuka, deuka	mujur, bertangan dingin	lucky
brôk	buruk, jelek	bad, ugly
brôk akai	kurang ajar	bad natured, nasty
keuji	keji, memalukan	shameful
khèk	jelek, tidak berkualitas	bad, poor quality
jheut, jeuheut	jahat	wicked, bad
jayéh	remeh, melecehkan	belittle
bangai	bodoh	ignorant, stupid
munaph'èk	munafik	hypocrite
bingong	bingung	dull, confused
bangsat	bangsat	brutal, insolent
bakai	jelek, tidak sopan	rough, ill-formed
tungang	keras kepala	stubborn
peunténg	penting	important
h'an mèe	dilarang, tidak disenangi	prohibited, offensive
masalah	masalah	problem
malang	malang, sial	unlucky
paloe	bahaya	disaster
usibah, bala	musibah, bala	disaster, calamity
payah	sulit, payah	difficult
meureuka	murka, kutukan	cursed, blighted

4b. Beuna - Salah — Benar - Salah — True - False

beuna	benar	right, true
salah	salah	wrong

teupat	tepat	straight, correct
beutôi	betul	true
bit	benar-benar	genuine, true
teuntèe	pasti	certain, sure
meuhat	tertentu	certain, decided
sah	sah	valid
bateue	batal	invalid, expired
sulét	bohong, curang	lie, deceitful
taki	menipu	cheat
peungeut	tipu	cheat, tell a lie
ilat	licik	tricky
peuleusu	palsu	false
daya	tipu-daya	trickery
peungeut, tipèe	tipu	deceive
pura-pura	pura-pura	pretend
hireuen	heran	amazed, wonder
yakin	yakin	convinced

4c. Kheundak, Jeuet — Kemauan, Kemampuan — Want, Able

galak	suka	fond of
ék	sanggup, mampu	able, feel like
tém	mau	willing, want
keumeung, meu-	bermaksud	intend, be going to
hawa, meuh'eut	hasrat	desire
harök	tertarik pada	interested in
hajat	hajad, maksud	wish
napsu	nafsu, keinginan	desire
kheundak, harapan	harapan	hope, expectation
rindu	rindu	long for
jeuet	bisa, boleh	able, allowed
keumah	sanggup	possible for s.t. to be done
teuga	kuat	strong
leumöh	lemah	weak
beuö	malas	lazy
juwön	malas, tidak bersemangat	lazy, unmotivated

rè, brè	lesu, kurang bersemangat	uninterested, indifferent
jeumot	rajin	diligent
sunggôh	sungguh	earnest, diligent
gigèh	tekun, getol	industrious
jawie	kidal	left-handed
carong	pandai, mahir	clever, skilful
lisék	cerdik, licik	clever, cunning
prancôt	licik	clever
mah'è	mahir	skilled, proficient
cakap	terampil	skillful
pasèh	fasih	fluent
utok	berpengalaman	experienced
ngeut, sanggöng	bodoh	stupid
janggai	janggal	awkward, clumsy
murah até	dermawan	generous, charitable
lubha	loba, tamak, serakah	greedy
seurakah	serakah	covet
jumoh	tamak, rakus	greedy
ceumuru	cemburu	jealous
kriet	kikir, pelit	stingy
löt	nafsu makan	having an appetite for food
bulô, geureuda	rakus, congok	greedy, gluttonous
bh'öt	suka makan apasaja	gluttonous
nèh	cerewet, pilih-pilih	choosy (food)
jadèh	jadi, akur, setuju	agreed, decided
tulak	tolak	refuse
peureulèe	perlu	need
pueh	puas	satisfy
bicara	nasehat, rencana	plan, counsel
mudah	mudah	easy, simple
mangat	mudah, gampang	easy
payah	payah, sulit	difficult
mèe	boleh	may, be permitted
minat	minat	interested
teugiyan	ketagihan	addicted to

ci	coba	try, test
cuba, tré	coba	try

4d. Seunang - Sôsah — Senang - Susah — Happy - Sad

galak, seunang	senang	happy
bahgiya	bahagia	good fortune
rumèh	periang	jovial
khém	ketawa	laugh
teuseunyom	senyum	smile
hayeue, gura	lucu, menyenangkan	funny, enjoyable
lucu	lucu	funny
glah até	lega	relieved
sôsah, susah	susah	sad, worry
seudéh	sedih	sad, sorrow
asa	kecewa	disappointed
até	hati	seat of emotions (liver)
tunu	jengkel	irritable
bingkèng	lekas marah	bad tempered
k'èng-k'èng	suara kasar	loud and rude voice
ceukén	masam muka	grumpy, sour
klik, moe	menangis	cry
baë	meratap	wail
meusôk-meusôk	tersedu-sedu, terisak-isak	sob
saluk	merajuk	sulk
lu	manja	spoiled
kanjai	malu	ashamed, embarrassed
mumang	bingung	confused, perplexed

4e. Gaséh - Banci — Cinta - Benci — Love - Hate

gaséh	cinta	love
galak	suka	like, love, happy with
sayang	sayang	affection, sympathy
inseueh	sayang	pity
weueh	kasihan	sympathy, love
hiro	memperdulikan	concern, care

hôreumat	hormat	respect, honour
meuchén	terkesan	impressed by, affection
boh até	buah hati	sweetheart
aneuk meuh	anak emas	beloved child
beureuhi	birahi	happy, excited, sexual excitement
banci, khiyanat	benci	hate
ku'èh, deungki	dengki, iri hati	envy, grudge
palak	dongkol	angry
beungèh	marah	angry
beurigèn	marah	get mad
luwat	jijik, muak	detest, disgust
lan	jijik	disgust
laknat	laknat	curse, condemn

4f. Takôt - Beurani — Takut - Berani — Fear - Courage

takôt	takut	fear
yö	takut	frightened, trembling
geusuen	pengecut	cowardly, timid
malèe	malu	shy, ashamed
gundah	khawatir	worry, troubled
kuyu	gemetar ketakutan	tremble, frightened
beuhë, bhë	berani	brave
ceubeueh	berani	valiant
juwah	galak, bengis	fierce
jeuet	berani	dare
kha	perkasa	brave
kheue	keras kepala	stubborn
kleuet	liar	wild
seuiet	jinak	tame

4g. Leumöh-Leumbôt - Angkuh — Rendah Hati - Angkuh — Humble - Proud

peurangeui	perangai	character
patéh, ta'at, seumatéh	patuh, turut, taat	obedient
leumöh-leumbôt	lemah-lembut	mild

göt akai, göt até	baik budi pekerti	humble, modest
sopan-santôn	sopan	ethical
meusaneut	bertatakerama	chivalrous
teukabô	tekabur	arrogant
jungkat	angkuh	arrogant
bateue, kreueh ulèe, batat	bandel, keras kepala	stubborn
cabak	nakal	restless, fidgety
curien	kejam	cruel, strict
keurumot	lekas marah	grumpy, irritable
krang-ceukang	berwatak kasar	rough and rude
teukeuch'ak	genit, dengan perasaan bangga	cheeky, flirty
lèk-lok	sembrono	careless
mbông	sombong	arrogant
raya haba	besar mulut, pembual	boastful, humbug
darôhaka	durhaka	insubordinate, accursed
muliya	mulia, luhur	sublime, worthy of honour
hina	hina	humiliate, insult
dèlat	daulat	majesty

4h. Akai — Akal — Mind

akai	akal	mind, personality
piké, pham	pikir	think
pikéran	pikiran	thought, idea
hékeumat	hikmat	wisdom
ingat	ingat	remember
rindu	rindu	long for
peuingat	meningatkan	remind
tuwö	lupa	forget
hareuto	menjelaskan	explain
pakoe, peuduli	peduli	pay attention
nyata	nyata	obvious, evident
muphôm	paham, mengerti	understand
kira	kira, duga	guess, expect

agak	kira	guess, suppose
teujalök	curiga, sangka	suspect, suppose
teujalök	duga	suspect, occur to
sangka	sangka	suppose, suspect
peurasat	firasat	premonition
chök	ragu	doubt
lalèe	lalai, lengah	negligent, careless
silap	silap, lupa	not concentrate, forget
dawôk	asyik	engrossed
kalôt	kalut, bingung	confused, irrational
padèe	luntur, pudar (pikiran)	not thinking straight
saphéh	gila	crazy
seudèe	kurang waras	mentally retarded
meukeusut	maksud	intention, purpose
niet	niat	intend, intention
thèe, tu-	tahu	know
tupeue	tahu apa	know what
tukri, tu'oh, tuban	tahu cara	know how
tupat	tahu tempat	know where
tusoe	tahu nama	know who, someone's name
tunè	tahu darimana	know from where
tujan	tahu kapan	know when
turi	kenal	recognize, familiar with
tuho	tahu arah	know where to
tudit	tahu jumlah	know how few
tudum	tahu jumlah	know how many
tukön	tahu alasan	know why
tubèe	cium bau	know what smell
mupeue	jelas apa	known what
meukri, meu'oh, muban	jelas cara	known how
mupat	jelas tempat	known where, found
meusoe	jelas nama	known who, what name
meunè	jelas asal arah	known from where
meujan	jelas waktu	known when
meuri	jelas sifat	familiar, identifiable

meuho	jelas arah	known where to
meudit	jelas jumlah	known how few
meudum	jelas jumlah	known how many
meukön	jelas alasan	known why
peukri	menjelaskan cara	clarify, determine how
peusoe	memperkenalkan	introduce, determine who
peujan	menjelaskan waktu	determine when
peuri	menjelaskan sifat	clarify
peudum	menjelaskan jumlah	determine how many

5. KOMUNIKASI — KOMUNIKASI — COMMUNICATION

5a. Peugah Haba — Bicara — Speaking

kheun	katakan	say
meututô, marit	bicara	speak, talk
peugah	bicara	tell, say
basa	bahasa	language
ucap	mengucapkan	utter
teuöh	menyebutkan	mention
peuingat	mengingatkan	remind
meuaku	mengaku	confess
calitra	cerita, bercerita	tell story
haba	kabar, berita	news, story
kisah	kisah, cerita	story, narrative
riwayat	riwayat, cerita	story, narration
narit, tutô	bicara	talk, speech, word(s)
huruh	huruf	letter
kata	kata	word
kalimat	kalimat	sentence
pubeuet, peurunoe	ajar	teach
baca, beuet	baca	read
aphai	hafal	recite
ibarat	ibarat, kiasan	simile, example
padan	tara, bandingan	comparison
misé, miseue	misal	example
h'iem	teka-teki	riddle

hëi, tawôk	panggil	call out to
kawôt	memanggil (memberi isyarat dengan tangan)	summon with a hand gesture
tanyöng	tanya	ask, question
sudi	menyelidiki	investigate
ikôt	ikut	agree
bantah	bantah	deny
rameunè	dalih, alasan	excuse, reason
jaweuep, seuôt	jawab	answer
koh haba	mengganggu	interrupt
tunyok	menunjuk	point
teugah	tegur	correct
balah	balas	reply, rejoinder
peuthèe, bri thèe	memberitahukan	inform
nasihat	nasehat	advise
tulak	tolak	refuse
lakèe	minta, mohon	request, beg
gadè	meminta-minta	beg
uroh, tueng, undang	undang	invite
yue, surôh	suruh	order, request
peurintah, titah	perintah	command, order
titah	perintah	order
tham	mencegah, melarang	forbit, prevent
peusan	pesan	send message, order
peuék	mengirim, menyampaikan (berita)	send, deliver (message)
turôt	menuruti	obey
meulawan, meulaén	debat	argue
dawa	debat, bertengkar	argue, quarrel
dhët	bentak, marah	scold, speak angrily to
carôt	memaki	abuse
teunak, seuep	maki, kutuk	berate, revile
meuupat	upat	gossip, slander
peusuna	pesuna	slander
pansie	men yindir	use an innuendo, make an offensive inference

KAMUS — THESAURUS

tudôh, dakwa	tuduh	accuse
waham	menuduh	accuse
usé	mengusir	chase away, expel
sumpah	sumpah	swear, oath
kutôk	kutuk	curse
seurapa	caci maki	curse
padan	bujuk	persuade
maba	ajak	invite, ask
janji	janji	promise
jamin	menjamin	guarantee
pakat	mufakat	agreement
mupakat	mufakat	agree, discuss
peuiem	mendiamkan, menentramkan	soothe, quieten
su	suara	voice
meusu	berbunyi, bersuara	make a sound, speak
iem	diam	keep quiet
s'ah	bisik	whisper
moe, klik	tangis	cry
ratap	meratap	lament
meuciek	memekik	yell
meurawông	berteriak	shout
geumurép	menjerit	scream
gagap	gagap	stutter
khém	ketawa	laugh
teuseunyom	senyum	smile
meungom-ngom	bergumam	mumble
idin	izin	permission
peuizin, peuidin	mengizinkan	excuse, permit
wayang	gurau, kelakar	joke
kra	seloro	joke
peukra	mengganggu	tease
beurakah	kocak, lucu	entertaining, funny
ratôh	mengoceh terus menerus	bable, talk nonsense
nujum	nujum	astrologer
meugah	terkenal	well-known, famous

meuceuhu	terkenal	famous
rahsiya	rahasia	secret
batén	batin	secret, esoteric
tanda	tanda, rambu-rambu	sign

5b. Tulésan — Tulisan, Naskah — Writing, Script

tuléh	tulis	write
baca, beuet	baca	read
aphai	hafal	recite
karang	karang	compose (verse)
gamba	gambar	draw
lukéh	lukis	paint
citak	cetak	print
tèp	ketik	type
peuteubiet	menerbitkan	publish
lhi	menghapus (tulisan)	erase
kheuet	khat, tulisan tangan, kaligrafi	handwriting, caligraphy
huruh	huruf	letter
jawoe	jawi	Malay in Arabic script
nah'u	tatabahasa Arab	Arabic grammar
kata	kata	word
kalimat	kalimat	sentence
kamuh	kamus	dictionary
buku	buku	book
kitap	kitab	religious text
bungong rampoe	bunga rampai	anthology
naseukah	naskah	manuscript
bap	bab	chapter
alat teumuléh	alat tulis	stationery
kènsè, peutalôt	pinsil	pencil
pèn	pena, pulpen	pen
meusén tèp	mesin ketik	typewriter
rôi, rhôi	rol, penggaris	ruler
keureutah	kertas	paper
buku tuléh	buku tulis	writing book

buku gamba	buku gambar	drawing book
seutip	pengapus karet	rubber eraser
batèe tuléh	batu tulis	slate
grép	gerip	slate pencil
daweuet	dawat	ink
plôk daweuet	tempat dawat	inkpot
makna	makna, arti	meaning
matan	matan, teks	text, written form

5c. Sikula, Beuet — Pendidikan — Education

meurunoe, beuet	belajar	study, learn
peurunoe, pubeuet	mengajar	teach
rumoh sikula	rumah sekolah	school
jak sikula	bersekolah	go to school
pasantrèn	pesantren	traditional Islamic school
aneuk murit	murid	student
pustaka	pustaka	library
gurèe, ustat	guru	teacher
keupala sikula	kepala sekolah	school principal
phak	fak, jurusan	discipline, subject
éleumèe	ilmu	knowledge, science
peulajaran	pelajaran	lesson
glah	kelas	classroom, grade
ujiyan	ujian	exam, test
lulôh	lulus	pass (exam)
tamat	selesai, tamat	complete, finish
papeuen tuléh	papan tulis	blackboard
gapu tuléh	kapur tulis	chalk
jangka	jangka, alat ukur	compass
bangku	bangku	bench
kurusi	kursi	chair
rak, sandéng	rak	shelf
tah	tas	bag

5d. Jasa Poh — Jasa Pos — Postal Services

kantô poh	kantor pos	post office
kirém	kirim	send
teurimong	terima	receive
alamat	alamat	address
surat	surat	letter
peurangko	perangko	stamp
amplop	ampelop	envelope
taligram	telegram	telegram
talipun	telepon	telephone
barang	barang, paket	package
ongkoh kirém	ongkos kirim	mailing cost, postage
keureutu	kartu	card
tông surat	kotak surat	letter box
wèsèl poh	wesel pos	money order

5e. Angkôtan — Angkutan — Transportation

kandran	kenderaan	vehicle
peudieng, angkôt	angkut	transport
gari, geuritan angèn	sepeda	bicycle, bike
geuritan apui	kereta api	train
moto	mobil, bus	car, bus
keurèta, honda	kenderaan roda dua	motor bike
moto prah, moto geurubak	truk	truck
labi-labi	bus mini	minibus
kapai phö	kapal terbang	plane
trën	turun	land (plane)
meusén	mesin	machine, engine
suwé	baling-baling	propeller
kapai laôt	kapal laut, kapal api	ship
peurahô	perahu	boat
jalô	sampan	canoe
rakét	rakit	raft
layeue	layar	sail
tasiyôn	stasiun	station

peulabôhan	pelabuhan	harbour, port
labôh	labuh	weigh anchor
saôh	jangkar, sauh	anchor
kayôh	kayuh	row
peungayôh	pengayuh	oar
keumudoe	kemudi	rudder
ruda	roda	wheel
sila	sadel	saddle (bike)
ah	as	axle
peulana	pelana	saddle (horse)
yôk	kuk	yoke
bècak meusén	becak mesin	motorized becak
bècak dayông	becak dayung	pedaled becak
sadô	sado, kereta kuda	horse cart
geurubak	gerobak	ox, buffalo cart
moto manyèt	mobil jenazah	ambulance
jalan	jalan	road, street, way
röt	jalan	road, main road
jurông	lorong, jalan kecil	path, trail
simpang jalan	simpang jalan	crossroads, intersection
tutue, titie	jembatan	bridge
dabeueh	barang	baggage, luggage
barang	barang	baggage
supé	supir	driver

6. NAPAKAH — MATA PENCAHARIAN — LIVELIHOOD

6a. Mublang, Meulampôh — Bertani — Farming

meugoe	bertani	farming
bijèh	bibit, benih	seed
timoh	tumbuh	grow, sprout
leuhu	tumbuh subur	thrive
pula	tanam	plant, cultivate
padé	padi	rice plant, paddy
seuneulông, neulông	bibit padi	rice seedling
lheue seuneulông	tempat penyemaian	seeding plot

raleue	menyemai bibit padi	sow (rice seeds)
lheue raleue	bedeng pembibitan padi	rice seeding plot
jagông	jagung	corn
kacang	kacang	beans
gulè	sayur	vegetable
ladang	ladang	uncleared
puga	membuka ladang	clear forest for farming
koh kayèe	tebang kayu	chop down trees
cah	tebang, potong semak-semak	clear bush
meu'ue	membajak	plow
creueh	menggaruk tanah	rake
lhom bijèh	menanam bibit	sow
lhông	semai bibit	to seed
seumè	semai	sow (seeds)
tabu	tabur	scatter
tajôk	menanam dengan tongkat	plant with dibble
gasi	cangkok, okulasi	graft
böh naleueng, ureueh	menyiangi (rumputan)	weeding
eumpoe	merumput	weed a garden
raweuet	membuat rumput dari selah-selah tanaman padi	weed among rice plants
koh	potong, panen	harvest (rice)
bët, lët	cabut	pull up, harvest
chët	jolok	pick fruit with knife on end of pole
pöt	petik	pick fruit
lhö	menggirik padi	thresh rice with feet
peukrui	menganginkan	winnow in wind
adèe	jemur	dry
top	tumbuk	pound rice
puliek, suliek	kupas	peel
tët	bakar	burn
hama	hama	plague
naleueng	rumput	grass, weeds

meunaleueng	berumput	overgrown with weeds
seukeuem	sekam	rice husk
jeundrang, nyirang	jerami	stubble
jeumpung	merang	rice straw
pupôk	pupuk	fertilizer
blang, umöng	sawah	rice field
lampôh	kebun	garden
ladang	ladang	cleared forest
roh	lahan yang tidak ditanami	uncultivated land
keubeueng	petak sawah	division of rice field
seuneubôk	huntang yang baru dibuka untuk ladang	newly cleared forest for farming
pacak	palang kayu	barrier
jeuneurop	tiang, pancang	stake
lhop	membendung, memagari	dam up, barricade
ie peuneuék	irigasi	irrigation
lueng ie	saluran air	canal
ateueng	pematang, tanggul	dike
ampéh	penahan air (biasanya di saway/sungai)	dam, plug a gap to retain water
pageue	pagar	fence
beunteueng	kayu yang digunakan untuk pagar	fence rail
kareuem	melingkari pohon dengan duri	obstruct a tree with thorny plants
rangkheuem	tumpukan tanaman berduri yang digunakan sebagai rintangan	pile of cut thorny plants used as obstruction
jambô	gubuk di sawah, kebun	shelter in rice field, garden
langai	bajak	plow
yôk	kuk	yoke
catok, cangkôi	cangkul	hoe
tukôi	cangkul kecil	small hoe
sadeuep	sabit	sickle
parang	parang	machete

sikin	pisau	knife
tawô	penyangga	buffer stick
maw'ah	bagi hasil	profit sharing

6b. Keumawé — Memancing — Fishing

kawé	pancing	fish with a line
mata kawé	mata pancing	fish hook
gö kawé	gagang pancing	fishing rod
taloe kawé	tali pancing	fishing line
peulampông	pelampung	buoy
bubèe	bubu	basket fish trap
suro	bubu kecil terbuat dari lidi	k.o. small fish trap
jap	mulut bubu	mouth of a fish trap
nyaréng	jaring	net
jeue	jala	casting net
nyhap	jaring bergagang	net with a handle
pukat	pukat	ocean fishing net
raga eungkôt	keranjang ikan	fish basket
reuleuet	keranjang kendi	jar-like basket
geuneugom	perangkap ikan	k.o. fish trap
sawök	sauk, pencedok	scoop (net or bamboo)
paruek	tempat menampung ikan yang terbuat dari upih pinang	fish container made from areca leaf sheath
theun	tahan, pasang	set a trap, net
tuba eungkôt	tuba, racun ikan	fish with poison
tumbak eungkôt	tombak ikan	spear fishing
seuet	buang air untuk ambil ikan	bail water to catch fish
lhuek eungkôt	ambil ikan dalam lobang	feel for fish in a hole
geue eungkôt	tangkap ikan dalam lumpur	catch fish in mud
rôh, keunöng	dapat (ikan)	caught (fish)

6c. Meurusa, Meuglueh — Berburu — Hunting

meurusa, meuglueh	berburu rusa, berburu kijang	hunt for deer
tarön, jrat	jeratan	trap
suda	ranjau	trap with a sharp stake
panah	panah	arrow
gö panah	busur	bow
beudé	bedil, senapan	gun
parang	parang	machete
peudeueng	pedang	sword
tumbak	tombak	spear
luem	intip	hunt from a blind
theun	pasang jeratan	set a trap
côh-côh	menakutkan binatang	raise, frighten animals
lét, tiyeuep, peucrok	kejar	chase
bakat, euncit	jejak	spoor, trail
timbak	tembak	shoot
drop	tangkap	catch
carueh	ikat kaki	tie legs together
top	tusuk	stab
tak	bacok	slash
sie	sembelih	slaughter
keunöng	kena	strike, hit
lheueh	lepas	free, miss
pawang	pawang	hunt leader expert

6d. Peularha Binatang — Beternak — Livestock Raising

peularha, peulara	pelihara, beternak	raise animals
bri eumpeuen, peueumpeuen	beri makan	feed
bri ie	beri minum	give drink
eumpung	kandang	animal's pen, nest, lair etc.
weue	kandang	stable for livestock
keureupôh	kandang (bebek)	duck pen
eumpung manok, siruweuen	kandang ayam	chicken pen

seureukap	kurungan ayam yang terbuat dari bambu	chicken cage made of bamboo
seuruweuen	kandang ayam	chicken house
kurông	kurung	keep in the stable, pen
rabé	gembala	take livestock to pasture
gubeue	menggembalakan	herd, watch over
peulheueh	lepas	free, release
röt	makan (ternak)	graze
ikat	ikat	tie
prah ie rabin	perah susu	to milk
gasi	kebiri	castrate
top idông	tusuk hidung	insert nose-ring
jarôm	suntik	inject
meureugôh	tegap, kuat	strong (of a bull), macho
palông	tempat makan ternak	manger, feed trough
peulana	pelana	saddle
taloe idông	keluan	nose rope (cattle)
geunta	genta, lonceng	bell
husy, sssh	kata untuk mengusir binatang	word for chasing animal
h'euh-h'euh	kata untuk memanggil binatang	word for calling animal
pih	kata untuk mengusir kucing	word for chasing a cat away
'èi-'èi	kata untuk memanggil kucing	word for calling a cat
kru-kru	kata untuk memanggil ayam	word for calling chicken
dôk-dôk	kata untuk memanggil anjing	word for calling a dog
cih	cis	word for chasing a dog
mèk-mèk	kata untuk memanggil kambing	word for calling a goat
w'èk-w'èk	kata untuk memanggil kerbau	word for calling a buffalo
nèk, datôk	kata paggilan untuk harimau	word for calling a tiger

po meurah	kata paggilan untuk gajah	word for calling an elephant

6e. Peukakah — Perkakas — Tools

peukakah	perkakas	tool
alat	alat	instrument, means
sikin	pisau	knife
sikin tawan	pisau cukur	razor
sikin lipat	pisau lipat	folding knife
sadeuep	sabit	sickle
kawét	pisau bengkok	curved knife
parang	parang	machete
ladieng	s.j. parang yang melengkung ke luar	k.o. of curved machete
peudeueng	pedang	sword
sarông	sarung	sheath
kilang	mesin jahit	sewing machine
gunténg	gunting	scissors
cangkôi, catok	cangkul	hoe
tukôi	cangkul kecil	small hoe
tukai	tukal	dibble
langgéh	langgis	crow bar
langai	bajak	plow
yôk	kuk	yoke
kangkông	kayu berbentuk segi tiga yang dipasang di leher kambing agar tidak bisa menembus pagar	a triangle-shaped yoke to prevent livestock from passing through fences
creueh	penggaruk	rake
seunuet	cemeti, cambuk	whip
lham	pacul	hole digger
lham sudok	sekop	spade
tumbak	tombak	spear
gampak	kampak	axe
galang	kampak pembelah	axe for splitting wood

sundak	sundak kelapa	spike for husking coconuts
beuliyông	beliung	adze
bo, bho	bor	bore, drill
palèe	palu	hammer
lantui	godam	wooden mallet
landah	paron	anvil
nuga	pentungan kayu	club
bajoe	baji, pasak	wedge
labang	paku	nail
paténg	pasak kayu	wooden peg
cucok	tusuk	pin
gögajoe	gergaji	saw
èk gogajoe	serbuk gergaji	sawdust
pheuet	pahat	chisel
nyhèh	ketam	plane
obèng	obeng	screw
tang	tang	pliers
rampagoe	pengepit pinang sirih	betelnut pincers
kiki	kikir	file
mata	mata	blade
gö	gagang	handle
kawét	sangkutan	hook
alèe	alu	pestle
leusông	lesung	mortar
jeuèe	penampi	winnowing basket
jeurukhô	upih pinang besar yang sudah kering	dried sheath (of areca palm)
jeungki, jingki	penumbuk padi	rice pounder
taloe	tali	rope, string
jaréng	jaring	net (generic term)
kaja	tali pinggir jaring	rope bordering a net
jeurabat	tali yang dililitkan pada mulut ternak, rotan pengikat mata beliung	harness

purieh	tangga bambu	ladder made of a single bamboo pole
reunöng	galah	small pole used to poke up at s.t.
batèe asah	basu asah	grindstone
asah	asah	whet
tajam	tajam	sharp
ong, tumpôi	tumpul	blunt
suwa	suluh	torch
pè	per	spring
meusén	mesin	machine, engine
pumpa	pompa	pump

6f. Barang Teumanyum — Anyaman — Woven Things

tika	tikar	mat
tika duek	alas kursi	sitting mat
eumpang, baluem	karung	woven sack, bag
eumpang tijik	karung kecil	woven carrying bag
gampét	kampit, s.j. kantong anyaman	woven sack
raga	keranjang	basket
raga tijik	keranjang jinjing	carrying basket
raga eungkôt	keranjang ikan	fish basket
jeuèe	penampi	winnowing basket
bleuet	anyaman daun kelape	coconut leaf screen
kipah ôn ibôh	kipas anyaman	woven fan
guni	goni	gunny sack
taloe	tali	rope
taloe tapéh	tali sabut	rope made of coconut husk
taloe jôk	tali ijuk	rope made of palm fiber
taloe guni	tali rami	jute
klah	ikatan	band

6g. Buet, Keureuja — Pekerjaan — Employment, Work

buet	kerja	work (noun)
pubuet	kerja	do, work
keureuja	kerja	to work
hareukat	mencari nafkah	make a living
ranto	rantau	a living place away from one's home
meutani	petani	farmer
meulaôt	nelayan	fisherman
utôh	tukang kayu	carpenter
utôh	tukang batu	builder
tukang ceumeucop	tukang jahit	tailor
tukang koh ôk	tukang pangkas	barber
tukang bèngkè	tukang bengkel	mechanist
tukang lah	tukang las	welder
tukang seumudè	tukang soder	solder
tukang meuh	tukang emas	goldsmith
tukang pandé	tukang besi	blacksmith
tukang bècak	tukang becak	becak peddler, driver
ureueng meukat	pedagang	trader, shopkeeper
mugè	tengkulak	middleman
guru	guru	teacher
hakim	hakim	judge
kali (kadhi)	penghulu	marriage celebrant
teuntra	tentera	soldier
pulisi	polisi	police
supé	sopir	driver
kantô	kantor	office
keurani	pegawai rendah	office clerk
kuli	buruh kasar	labourer, unskilled worker
leubèe	lebai	mosque caretaker
peunatu	tukang dobi	launderer
utôh	tukang	craftsman
dosèn	dosen	lecturer
pansiyôn	pensiun	retired

KAMUS — THESAURUS

gaji	gaji	wage, salary
upah	upah	wage

6h. Meukat — Berdagang — Trading

bloe	beli	buy
publoe	jual	sell
mubloe, jak u peukan	membeli, pergi ke pasar	shopping, going to market
pèng, p'èng	uang, duit	money
pèng keumali	uang kembali	change
s'èn	sen	cent
rupiya	rupiah	rupiah
peukan	pasar	market
peukan leumo, kamèng	pasar hewan	cattle market
peukan beungöh	pasar pagi	morning market
lhoh sie	pasar daging	meat market
lhoh manok	pasar ayam	live chicken market
lhoh eungkôt	pasar ikan	fish market
lhoh pisang	pasar pisang	banana market
uroe gantoe, uroe peukan	hari pekan	market day
keudè	kedai, toko	shop
warông	warung, kedai	shop
barang	barang	goods, products
céng, neuraca,	timbangan, neraca	scales
pangkai	modal	capital
bungong	bunga	interest
laba	laba, untung	profit
rugoe	rugi	loss
utang	hutang	debt
bayeue	bayar	pay
lagôt	laku, laris	current, in demand
meuh'ai	mahal	expensive
murah	murah	cheap
yum	harga	price
hareuga	harga	price, value

bôh yum, koh yum	menetapkan harga	set a price
peuék yum	menaikkan harga	raise a price
peutrën yum	menurunkan harga	lower a price
lakèe kureueng	tawar	bargain
rhët yum	jatuh harga	price drop
ureueng meukat	pedagang	seller, trader
cap	cap	trademark
ureueng mubloe	pembeli	buyer
langganan	langganan	customer
kônsi	kongsi	partnership
lèlang	lelang	auction
maw'ah	bagi hasil	profit sharing
meuniyaga	berdagang, berniaga	trade, conduct a trading business
pabrék	paberik	factory, mill
riba	riba	usury
teubôh	menebus	redeem
tunggè	menagih	collect debt
wasé	pajak	tax
mugè	tengkulak	middleman

7. MAKANAN-MINUMAN — MAKANAN-MINUMAN — FOOD-DRINK

7a. Maguen — Memasak — Cooking

taguen	masak	cook
masak	masak, matang	cooked, ripe
beungkai	mengkal	half ripe
meuntah	mentah	raw
lumpôk	empuk	soft, tender
peungèt	hangus	overcooked
apui	api	fire
asap	asap	smoke
ngeu	arang	charcoal
lôn	padam	extinguished
angoh	hangus	burnt, singed
reubôh	rebus	boil

KAMUS — THESAURUS

ju	mendidih	boiling
crôh	goreng	fry
tët	bakar	bake in fire, burn
lheue	gongseng	roast in pan
dadeueng	memanggang, mengeringkan	roast, dry by the fire
panggang	panggang	roast over fire
salè	mengasapkan	to smoke over a fire
seuöp	kukus	steam
tumèh	tumis	sauté
deudah	dadar	cook eggs in a leaf (omelette)
peungat	kolak	to cook (fruit) in sweetened coconut milk
peuseuuem	memanaskan	heat up
cawö, wöt	aduk	stir
kachôk	kocok	beat (egg)
jampu	campur	mix
keureunyai	mengaduk (daging, ikan, sayur) dengan bumbunya sebelum dimasak	mix all ingredients, including meat, before cooking
peus'ieng	membersihkan (ikan)	clean (fish)
lueh	cabut (bulu burung)	pluck chicken
karèh	mangarih (nasi yang sedang dimasak)	stir (rice) while cooking
keureumeuh	ampas kelapa	grated coconut from which the milk has been squeezed
sui	mengembang	expand, rise
leuiet	matang, masak (nasi)	cooked (rice)
leungk'uet, neuk'uet	bekatul, sisa beras	rice siftings
neuleuek	periuk belanga yang digunakan untuk menggongseng	earthenware plate used for roasting
bët, idang	hidang, saji	serve

7b. Peunajôh — Makanan — Food

bu	nasi	rice, a meal
bu leukat	ketan	sticky rice, glutinous rice
bu guréng	nasi goreng	fried rice
bu kulah	nasi yang dibungkus dengan daun pisang	rice wrapped in banana leaf
ie bu	bubur	rice porridge
breueh	beras	uncooked, hulled rice
teumön bu	lauk-pauk	dishes accompanying rice, courses
gulè	sayur	vegetable
asam, sambai	sambal	sauce
kuwah	kuah, gulai	gravy, curry
kuwah leumak	gulai santan	coconut milk curry
kuwah masam keueueng	gulai asam pedas	sour & hot curry
lado	sambal lado	cooked chilli sauce
eungkôt panggang	ikan panggang	roasted fish
eungkôt teutët	ikan bakar	baked fish
boh manok	telur ayam	chicken egg
boh iték	telur bebek	duck egg
boh iték jruek	telur bebek asin	salted duck egg
saté	sate	sate
kuwah ie	sayur bening	vegetable soup
gulè rampoe	sayur campuran	mixed vegetables
sie	daging	meat
sie leumo	daging sapi	beef
sie kamèng	daging kambing	goat meet
sie keubeue	daging kerbau	buffalo meat
sie manok	daging ayam	chicken
sie keubiri	daging domba	mutton
sie iték	bebek	duck
sie bui	daging babi	pork
eungkôt	ikan	fish
eungkôt masén	ikan asin	salted fish
kreueng	kerang	clam, shellfish
tirom	tiram	oyster

udeueng	udang	shrimp, prawn, lobster
sabèe	anak udang	baby shrimp
bieng	kepiting	crab
boh kayèe	buah-buahan	fruit
cagruek, kulak	kolak	fruit stewed with coconut milk & sugar
peucai	pecal	k.o. spicy salad
rujak, lincah	rujak	spicy fruit salad
bada	pisang goreng	fried banana
eumpieng	emping	grilled rice or gnemon seed pounded flat
tapè	tapai	fermented rice cake
keuripèt	keripik (pisang, ubi)	fried fruit chips (e.g. banana, cassava)
keumeue	brondong jagung	popcorn
mi	mie	noodle
martabak	martabak, martabak telur	pancake, scrambled egg
ruti	roti	bread
jruek	makanan yang telah diawetkan	preserved (food)
peujruek	mengawetkan, mengasinkan (makanan)	preserve, pickle
gadô-gadô	gado-gado	gado-gado
reumok, lumak, kuwéh, peunajôh	kue	cake, biscuit
leumak	kue	k.o. cake
leukat	ketan	glutinous (rice)
reumok	kue	k.o. cake
leumang	lemang	glutinous rice roasted in bamboo tubes
limpéng	s.j. kue terbuat dari tepung beras atau sagu	k.o. cake made of rice or sago flour
meuseukat	s.j. kue yang sangat manis	k.o. sweet cake
pulôt	pulut	glutinous rice roasted in banana leaf
putu	kue putu	k.o. rice flour cake

timphan	timfan	sweet cake wrapped in banana leaf
wajép	wajib	glutinous rice cake
dôdôi	dodol	k.o. sweet cake
apam	apam	rice-flour cake
haluwa	halwa	k.o. sweet cake, fruit preserved in sugar
s'euh	sisa (makanan atau minuman)	leftover food or drink

7c. Ie — Minuman — Drink

kupi, kuphi	kopi	coffee
tè	teh	tea
ie rabin	susu segar	milk
susu	susu	condensed milk
ie u	air kelapa	coconut juice
ie teubèe	air tebu	sugarcane juice
ie jôk	air nira	palm juice
ie arak	arak	palm wine
ie mandr'èt	bandrek	spicy ginger drink
ie boh limo	air jeruk	orange juice
limon	limun	soda, soft drink
lasôn	mengupas (kelapa muda) dengan rapi	trim a young coconut before drinking
èh	es	ice
s'euh	sisa (makanan atau minuman)	leftover food or drink

7d. Nyum — Rasa — Flavour

mangat, lazat	enak, lezat	delicious
mamèh	manis	sweet
phét	pahit	bitter
masén	asin	salty
tabeue	tawar, hambar	bland, tasteless
keueueng, peudah	pedas	hot, spicy
masam	asam	sour

klat	kelat	unpleasant unripe mouth-drying taste
basi	basi	stale
bèe banga	bau busuk	stale smell
kh'ieng, kh'op	busuk	rotten smell
ph'ong	bau busuk	bad smell
meuh'öng	bau maung	unpleasant flavor e.g. garlic
khie	rasa atau bau tengik	rancid, gone off
leumak	lemak	rich, greasy (of food)
luwih	manis dan lemak	rich and sweet (food)
leugeu	muak, nek	feeling sick after eating rich food
rapôh	gurih	crunchy

7e. Rukok, Ranup — Rokok, Sirih — Cigarette, Betel

bakông	tembakau	tobacco
bakông alôh	tembakau halus	soft tobacco
bakông asoe	tembakau kasar	hard tobacco
rukok ôn	rokok daun	palm leaf cigarette
rukok putéh	rokok	cigarette
rukok meusaréng	rokok filter	filtered cigarette
rukok curu	cerutu	cigar
rukok krètèk	rokok kretek	clove cigarette
grok	pipa rokok	pipe
kèh	korek	matches
p'iep rukok	merokok	smoke
sugoe	sugi tembakau	tobacco quid
ranup	sirih	betel
pajôh ranup	makan sirih	eat betel quid
ôn ranup	daun sirih	betel leaf
gapu	kapur sirih	lime for betel
ganja	ganja	marijuana, hemp
pineung	pinang	areca
gambé	gambir	gambier (betel quid ingredient)

seupah	ampas, sepah	betel dregs, waste
rampagoe	pengepit pinang sirih	betelnut pincers
plôk gapu	tempat kapur sirih	betel lime jar
baté	tempat sirih	betel bowl
ceurana	cerana, tempat sirih	tray for betel
ceureupa, plôk bakông	tempat tembakau	tobacco jar
keurandam	tempat kapur sirih	lime tin for betel
madat	candu, madat	opium, heroin
candu	candu	opium
banggi	pecandu	addict

7f. Alat Maguen — Bumbu Masak — Cooking Ingredients

sira	garam	salt
campli	cabe	chilli
saka	gula	sugar
meulisan	gula aren	palm sugar
ragoe	ragi	yeast
minyeuk	minyak	oil
leungöng	bijan, wijen	sesame
kulét manèh	kayu manis	cinnamon
campli b'om	cabe sayur	paprika
bak rheue	serai	lemongrass
lada	lada	pepper
bawang	bawang	onion
bawang mirah	bawang merah	shallots
bawang putéh	bawang putih	garlic
bawang pré	bawang perai	leek
haliya	jahe	ginger
aweueh	ketumbar	coriander: spices in general
beulacan	terasi	fish or shrimp paste
juka, cuka	cuka	vinegar
jira	jintan	caraway seed
jira manèh	adas	cummin
jira putéh	adas	fennel

boh kuyuen	jeruk nipis	lime, lemon
boh kruet	jeruk purut	k.o. citrus
boh mè	asam jawa	tamarind
ôn salam	daun salam	bay leaf
ôn sôp	daun sup	Chinese parsley
kunyèt	kunyit	tumeric
keumiroe	kemiri	candlenut
u lheue	kelapa gongseng	roasted ground coconut
pliek	ampas kelapa yang telah diperas minyaknya	copra from which oil has been extracted
santan	santan	coconut milk
sunti	belimbing asam kering	dried *blimbing*
teumurui	daun kari	curry leaf
bungong pala	bunga pala	mace
boh pala	buah pala	nutmeg
mantèga	mentega	margarine, butter

8. AREUTA — HARTA — POSSESSIONS

8a. Boinah — Harta — Possessions

po	pemilik	owner
areuta	harta	possession
milék	milik	possession
atra, ata	milik	belong to
bulueng	bagian	share
kaya	kaya	rich
bèng	bank	bank
meuh	emas	gold
pèng, p'èng	uang	money
biyaya	biaya	finance
beulanja	belanja	expenses
rumoh	rumah	house
tanoh	tanah	land
blang	sawah	rice field
lampôh	kebun	garden

krông	lumbung padi yang terbuat dari bambu atau kulit kayu	cylindrical rice storage container
leumo-keubeue	binatang ternak	livestock
jeumba	bagian, hak	share, portion
pusaka	pusaka	inheritance, heirloom
raseuki	rezeki	earnings
gasien, meuseukin	miskin	poor
meularat	melarat	poor, miserable
paki	fakir	poor
bankrôt	bankrut	bankrupt
papa	papa	destitute

8b. Neungui — Pakaian — Clothing, Accessories

pakayan, neungui	pakaian	clothes
bajèe	baju	shirt, blouse
siluweue	celana	trousers, pants
bajèe panyang sapai	baju lengan panjang	long sleeve shirt
bajèe paneuk sapai	baju lengan pendek	short sleeve shirt
kéh, baluem	saku, kantong	pocket
bajèe dalam	pakaian dalam	underwear
bajèe kôt	jas	coat
siluweue dalam	celana dalam	underwear
siluweue puntông	celana pendek	shorts
rok	rok	skirt
bajèe keutang	kutang, singlet	singlet
kupèk	kerah baju	collar
bajèe kutang	kutang	bra
bajèe bébé	baju bebe	dress
bajèe panyang	baju panjang	long dress
bajèe kôt	jas	coat
jubah	baju jubah	robe
ija krông	kain sarong	sarong
ija palikat	sarung palekat	sarong with plaid pattern
ija panyang	kain panjang	long cloth
ija sawak	selendang	scarf

KAMUS — THESAURUS

ija tingkue	kain gendong	sling for carrying child
ija awih, ija bungkôh	sapu tangan	handkerchief
taloe keuieng	tali pinggang	belt
taloe takue	kalung	necklace
gleueng	gelang	bracelet
euncien	cincin	ring
subang	anting-anting	earring
jeuem	jam	watch
manèk	manik-manik	beads
kasôt	kaus kaki	socks
stoking	stoking	stockings
seulop	selop, sandal	sandals
seulop jeupang	sandal jepit	slippers
seupatu, sipatu	sepatu	shoes
seupatu pacôk	sepatu bot	boots
seupatu cingklöt	sepatu tinggi (wanita)	high heels (woman)
minyeuk ôk	minyak rambut	hair lotion
minyeuk ata	parfum	perfume
beudak	bedak	powder
sugôt	sisir	comb
khèp, kèp	jepitan rambut	hair-pin
cucok	tusuk	pin
kupiyah	kopiah, topi	hat
tangkulôk	tengkuluk	headcloth, turban
tudông	tudung	cone-shaped head cover
seuleukôm, leukôm	mukena	prayer veil worn by Muslim women
tah	tas	bag, handbag
payông	payung	umbrella
tungkat	tongkat	walking stick
keumah	berpakaian rapi	well dressed
kandét	lipatan kain yang menyerupai kantong	carry wrapped in one's clothing

8c. Rumôh, Asoe Rumoh — Rumah, Perabotan — House, Household Goods

rumoh	rumah	house
rumoh kayèe	rumah kayu	wooden house
rumoh batèe	rumah batu, rumah beton	stone, concrete house
rumoh panggông	rumah panggung	house with pillars
jambô	pondok, rumah kecil dan sederhana	hut
tamèh	tiang	pillar
bubông	atap	roof
bara	balok utama rumah	roof beam
gaseue	kasok, kasau	rafter
bintéh	dinding	wall
pintô	pintu	door
tingkap	jendela	window
jeureujak	jerjak, terali	bars (e.g. on a window)
ceureumèn	cermin	mirror
aleue	lantai	floor
lhue	kasau, bendul atau balok lantai	floor joists
kama	kamar	room
jurèe	kamar pengantin	room for bride and groom: master bedroom
anjông	anjung	extension on house
kama éh	kamar tidur	bedroom
kama manoe	kamar mandi	bathroom
seuramoe	kamar depan, ruang tamu	front room
dapu	dapur	kitchen
para	loteng	attic
reunyeun	tangga	ladder, stairs
aneuk reunyeun	anak tangga	ladder steps
peuratah	ranjang	bed
kasô	tilam	mattress
bantai	bantal	pillow
seupré	kain seprei	bedsheet
sarông bantai	sarung bantal	pillow slip
ija limbôt	kain selimut	blanket

keuleumbu	kelambu	mosquito net
kaleueng	tatakan, sokongan	underlay, prop
ija ayôn	kain ayunan	cloth used as hammock
tirè	tirai	curtain
tabéng	tabir	screen, curtain
ija paweue, ija andôk	handuk	towel
tika, eungka	tikar	mat
tika duek	alas kursi	sitting mat
peureumadani	permadani	rug
mèja, mèh	meja	table
taplak mèja	alas meja	table cloth
kurusi	kursi	chair
rak	rak	shelf, rack
leumari	lemari	cupboard
peutoe	peti	cupboard
kopo, kopho	kopor	suitcase
radiyô	radio	radio
tivi	televisi	television
talipun	telepon	telephone
lilén	lilin	candle
panyöt, lampu	lampu	lamp
sulie	semprong	kerosene lamp glass
kandé	kandil, lampu gantung	hanging lamp
sugoe	sikat gigi	toothbrush
peujampôh	sapu	broom
sèntè	senter	battery flashlight
peutah	perangkap (tikus)	trap (mouse)
rambat	serambi, beranda	verandah
leuen	pekarangan, halaman	yard
geudông	gedung	building
tông	tong	barrel

8d. Alat Dapu — Alat Dapur — Kitchen Utensils

kanöt	periuk	cooking vessel
beulangöng	belanga, kuali	wok

panci	panci	pot, saucepan
sanga	kukusan	rice steamer
teureumoh	termos	thermos
talam, tabusi	talam, baki	tray
balang	baskom	basin
ciriek	cerek, teko	teapot, kettle
glah	gelas	glass
mangkok	cangkir, mangkok	cup
ceupé, cipé	ceper	saucer
cawan	cawan, mangkuk	bowl
pingan, piréng	piring	plate
peunè	pinggan tanah	earthenware plate
ceupé	ceper	saucer
camca, tanca	sendok	spoon
keureupu	garpu	fork
aweuek	sendok besar	ladle, spoon
sudok	sudu	k.o. large spoon
sudok bu	sendok nasi	rice serving spoon
guci	guci	big jar
tayeuen, utuyông	kendi	jug, pitcher
plôk	kaleng	jar, can
blèt, t'èm	kaleng besar	tin, can
pacôk	bambu penampung air	bamboo container
tima	timba	bucket, pail
cinu	ciduk, gayung	dipper, water scoop
sikin	pisau	knife
geulungku	kukuran	coconut grater
krut, grueh	parutan	scraper
parôt	parutan	grater, scraper
ayak	ayak, mengayak	sift, sifter
leusông	lesung	mortar
alèe	alu	pestle
batèe seumupéh	batu giling	grinding stone
kompo, kompho	kompor	stove
lungkèe	tungku	pot stand for fire
rak pingan	rak piring	rack for dishes

reungkan	lapik periuk, belanga	woven pot holder
salang	gantungan periuk	pot hanger

9. DISKRIPTIF — DESCRIPTIVES

9a. Sipheuet — Keadaan — State

na	ada	exist, be, be born
hana	tidak ada	not exist
jeuet	jadi	become
udép	hidup	alive
maté	mati	dead
jom	mati, rebah rata ke tanah	dead, lying flat
tuha	tua	old
useueng	usang	very old
barô	baru	new
silayeue	sebaya, seumur	of the same age, contemporary
meukachôk	gencar, seru	in full progress
mèh-moh	sibuk	busy
rancak	lincah	energetic
mèt-mot	bergerak-gerak	moving, in motion
lheueh	siap	finished
geunap	genap	even, complete
leungkap	lengkap, sempurna	complete
meuteulak	mutlak	absolute
gadöh	hilang	lost
lheueh	lepas	free, released
meurdèhka	merdeka	free, liberated
santök	terhalang, terhambat	obstructed, hampered
bagah, tajam, pantah	cepat	fast
drah	deras	fast, vigorous (movement)
rijang	lekas	quick
meugasui-gasui	serius, cepat-cepat	seriously, quickly
meulèt	lambat	slow
macam	macam, jenis	kind, type

sa, saban	sama	same
mutu	mutu	quality
laén	lain	different
parak	perbedaan	difference
pah	pas	exact
peureuséh	persis	exact
suci	suci	pure
rampoe	campuran	mixture
sijuek, leupie	sejuk, dingin	cold, cool
seuuem	panas	hot
nyaréng	nyaring (suara)	loud (voice)
subra	riuh	noisy
riyôh	ribut	noisy
paro	serak	husky (voice)
seungap	sunyi	quiet
peungeuh	terang	clear, bright
jeungèh	jernih	clear (of water)
trang	terang	bright
blé	kilau	sparkle
seulala	silau	dazzled
reudèe	suram	dim
seupôt	gelap	dark
hu	menyala	blaze, ablaze
reudom	redup, pudar	dull, dark
gléh	bersih	clean
cakap	rapi, sesuai	neat, ready
rapi	rapi	neat
sangsui	kusut	tousled
krang, gasa	kasar	rough, rude
halôh	halus	refined
rata, saré	rata	smooth, even
sanyum	lancar, tenang	smooth
licén	licin	slippery
kliet	lengket	sticky
leukiet	lekit	sticky
leukang	lekang	fall off, peeling

mubulèe	berbulu	hairy
lôh	gundul, tidak berbulu	bald, hairless
lhôn	telanjang	naked
thô	kering	dry
krang	kering dan keras	dry and stiff
basah	basah	wet
leuböt	keadaan setengah kering	half-dried, damp
geuhön, ghön, brat	berat	heavy
phui	ringan	light
pijuet	kurus	skinny
rampéng	ramping	slim
teumbôn	gemuk	fat
gulok	gemuk pendek	stubby
guntoe	pendek gemuk	stocky
köng	kuat, kokoh	strong, firm
tangkôh	tangguh, kuat	strong
meureugôh	tegap, kuat	strong (of a bull), macho
la'èh	lemah	weak
gap	kokoh	firm
kreueh	keras, padat	hard, solid, stiff
juwiet	kenyal, elastis	elastic
leunuet	lentur	flexible
leumiek	lembek	soft
leupön	lembut, empuk (tanah, kasur)	soft (soil, mattress)
leumöh	lemah	weak, soft
leumbôt	lembut	calm, soft
keundô	kendur, lemah	loose, slack (e.g. skin, knot)
leungö	goyang	loose, shaky
reunggang	renggang	loose, wide apart
geumbô	gembur	loose (of soil)
lut	terluka, dapat dilukai	penetrable by s.t. sharp
rapôh	rapuh	fragile
leubui	rapuh, tidak kokoh	fragile (cloth, thread, wood)

reulöh	rusak	out of order, damaged, broken
beukah	koyak, pecah	torn, broken
patah	patah	broken, snapped
putôh	putus	broken, cut off
puntông	puntung	cut off, truncated
pr'ien	kerdil	stunted
binasa	binasa	destroyed
beureutôh	meledak	explode(d)
reumok	remuk	crushed
ancô	hancur	shattered, dissolved
bicah	pecah	broken, smashed
lulôh	luluh	completely crushed
crah	retak	split, crack
reuhiek,	retak	crack
wah	merekah, retak	crack apart
ch'iep	peot, peok	dented
cumèh	sumbing	chipped
peureulôh	tembus	perforated, penetrated
reuhueng	lobang	punctured, having a hole
tiréh	bocor	leak
ueh	aus	worn out
peunoh	penuh	full
troe	kenyang	full, enough (food)
sarat	penuh muatan	fully loaded
soh	kosong	empty
habéh	habis	used up
meugeuratan	karatan	rusty
angoh	hangus	burnt, singed
sakét	sakit	sick
ucè	manja	spoiled
keumöng	bengkak	swollen, bloated
brôk	busuk	rotten
kh'ieng, kh'op, kh'èp	bau busuk	bad smell
apak	usang, jelek	spoiled, no longer fresh
ghuen, kai	kental	thick, stiff (liquids)

meuie, cayé	cair	thin, watery
meujeuen-jeuen	bertaburan	spilled, spread over a surface
likat	kental	thick (of liquid)
keuöt	mengering, menua	wither, dry up
mala	layu, suram	withered, dim
layèe	layu	withered
jie	kering dan layu	withered
krôt	kerut	wrinkled, contracted
kuto, teuböh	kotor	dirty
meuluténg	kotor, terkena kotoran	dirty
najih	najis	filthy
seumak	kotor	messy
kéng-keueng	porak-poranda, pontang-panting	messy, chaotic
kalang	daki	dirt on the skin
meuligan	terkena kotoran	smeared with something dirty
takèh	endapan	dregs
sue	ampas	waste

9b. Wareuna — Warna — Colour

itam	hitam	black
sukla	hitam pekat	pure black
mirah	merah	red
mirah darah	merah tua	dark red
mirah meuh'è-h'è	merah	bright red
putéh	putih	white
itam k'èt, itam kl'a	hitam pekat	very black
ijô	hijau	green, blue
ijô ôn	hijau daun	dark green
kunèng	kuning	yellow
keulabèe	kelabu, abu-abu	grey
biru	biru	blue
coklat	coklat	brown
seumaran	merah muda	pink

gadông, lambayông	ungu, lembayung	purple
reudom	pudar	pale, dull
burék	bintik-bintik	dotted
kuréng	loreng	striped
jagat	pirang	blond
plang	belang	spotted

9c. Lumbôi — Nomor — Numbers

bileueng	hitung	count
atô	mengatur	put in sequence
angka	angka	numeral digit
numbôi, lumbôi	nomor	number
siteungöh, sikhan	separuh, setengah	half
sukèe	perempat	quarter
sa	satu	one
duwa	dua	two
lhèe	tiga	three
peuet	empat	four
limöng	lima	five
nam	enam	six
tujôh	tujuh	seven
lapan	delapan	eight
sikureueng	sembilan	nine
siplôh	sepuluh	ten
siblah	sebelas	eleven
duwa blah	dua belas	twelve
silusén	selusin	dozen
lhèe blah	tiga belas	thirteen
blah	belas	-teen
duwa plôh	dua puluh	twenty
sireutôh	seratus	one hundred
silaksa	selaksa	ten thousand
siribèe	seribu	one thousand
sijuta	sejuta	one million
phôn	pertama	first

keuduwa	kedua	second
keulhèe	ketiga	third
keupeuet	keempat	fourth
kali	kali	times, multiply
tamah	tambah	add
weuek	bagi	divide
kureueng	kurang	subtract, minus
peulë	memperbanyak	multiply
leubèh	lebih, sisa	remainder
peureusèn	persen	percent
jumlah	jumlah	total

9d. Ukôran — Ukuran — Measure, Size

bubé, ubé, bé	besarnya	size, amount
ukô, sipat	ukur	measure
timang	timbang	weigh
sukat	sukat	measure (volume)
eunci, inci	inci	inch
ceukue	telapak tangan	open handful
jeumpét	jempit	pinch with first three fingers
geutu	sedikit sekali	a small amount
reugam	genggam	fistful
jeungkai	jengkal	a handspan
pangkèe	pangku	armful
deupa	sedepa	a fathom
keurunyong	sepanjang badan	fathom from feet to outstretched tip of fingers
lhuek	sepanjang lengan	cubit
paleuet	telapak tangan	palm's width, open palm full
hah	sehasta	ell
jaroe	jari	finger's width
tèp	setetes	a drop
tumpôk	tumpukan	heap, pile

metè	meter	metre
sènti	senti	centimetre
kilometè	kilometer	kilometre
sipasang	sepasang	a pair of
arè	bambu (ukuran)	amount of less than a litre, one bamboo
kai	ukuran satu paruhan batok kelapa	a measure of a half coconut shell (of grain)
lìtè	liter	litre
kilo	kilo	kilogram
krak	ukuran kain	measure of cloth
kayèe	2 helai kain	2 pieces of cloth
kudoe	20 helai kain	20 pieces of cloth
leupéh	lepitan	in folds
palét	lilit	roll (measure of cloth)
katoe	kati	1/3 pound or 617 grams
manyam	ukuran timbangan emas	measure of gold
ranté	ukuran luas sawah, kebun	measure of rice field, garden area
keubeueng	petak sawah	division of rice field
gantang	ukuran padi, kacang	measure of rice, beans (2 *arè*)
naléh, katéng	ukuran 20 bambu padi, kacang	measure of rice, beans (16 *arè*, 20 *arè*)
gunca	ukuran padi, kacang	measure of rice, beans (10 *naléh*)
kuyan	koyan, ukuran sepuluh *gunca* padi	a measure of ten *gunca* of rice
yôk	ukuran luas sawah	measure of rice field area
geucai	cekak, berkas kecil	small bunch, size between finger and thumb
ila	ela, ukuran setengah depa	ell (from finger tip to elbow)
rayëk, raya	besar	big
ubit, ubeut, cut	kecil	small, little
ch'èk	kecil sekali	tiny
bacut, duwa neuk	sedikit	a little

KAMUS — THESAURUS

lë, jai, dum	banyak	much, many
ramè	ramai	crowded, numerous
sép, mumada	cukup	enough
ban, man-, mandum	semua	all
habèh	semua	all
dit, mit, nit	sedikit	few
ladôm	sebagian	some
löt	muat, pas, cocok ukuran	fit
susôt	susut, berkurang	shrink, decrease
keunyuet	kerut, kecut	shrink
leubèh	lebih	more, left over
kureueng	kurang	less
liwat	lewat, melebihi	exceed, beyond
lucôt	kurang, tidak cukup	not having enough, short of s.t.
seudang	sedang	medium
tiep	tiap	every
jeuep-jeuep	tiap, setiap	each, every
maséng-maséng	masing-masing	each
luwah	luas	wide
arat, ubeut, ubit	sempit	narrow
lhôk	dalam	deep
deue	dangkal	shallow
paneuk, tu'èt	pendek	short
'èt	pendek, ukuran yang dianggap sedikit	short, length, distance
manyang	tinggi	high
miyup	rendah	low
panyang	panjang	long, tall
linteueng	lebar	breadth
lipéh	tipis	thin
teubai	tebal	thick
geuhön, ghön, brat	berat	heavy
phui	ringan	light

9e. Arah, Teumpat — Arah, Teumpat — Direction, Position

arah	arah	direction
teumpat	tempat	place
asai	asal	origin
utara	utara	north
barat	barat	west
barat daya	barat-daya	southwest
timu	timur	east
tunong	sebelah gunung	toward the hills, south
barôh	sebelah laut	toward the sea, north
kiblat	kiblat	direction of Mecca
mudék	mudik	upstream
meurandéh	seberang sungai	across the river
jeuôh, jiôh, jarak	jauh	far, distant
toe, rap	dekat	near
jap	rapat, dempet	touching
cöt	tegak lurus	vertical
công	di atas, tinggi	on top of
ateueh	atas	above, top of
yup, miyup, barôh	bawah	under, below
uram	pangkal	base, beginning point
keue	depan	front
nap	depan	front (of body)
likôt	belakang	back, behind
dalam	dalam	inside
asoe	isi	contents
antara	antara	between
teungöh	tengah	middle, between, centre
luwa	luar	outside
baréh	baris	row, line
ceue	batas	boundary, border
hat	had	border
hingga	hingga	until, limit
binèh, geuniréng	di samping	side, edge, beside
blah	sisi	side, place
seulingka	sekitar	around

wie	kiri	left
uneun	kanan	right
meuklèh, meungklèh	terpisah, terasing	separated, isolated
sinoe, hinoe	disini	here
sinan, hinan	disana	there
sidéh, hidéh	disana (jauh)	there (far)
blahnoe	sebelah sini	this side
blahdéh	sebelah sana	that side
langsông	langsung	direct, straight
söt	semula	original place, back

9f. Beuntuk — Bentuk — Shapes

teupat	lurus, lempang	straight
sulu	lurus (tumbuh-tumbuhan)	straight (plant)
keuwieng	bengkok	curved
kiwieng	bengkok	bent, crooked
glông	gulungan, bundar	round, roll
bulat	bulat	circle
bulat boh manok	lonjong	oval
ceue	batas	border, edge
hat	batas	boundary
sagoe	segi, pojok	corner
cakë	canggung, miring	awkward, askew
irang, irôt	miring, mencong	crooked, askew
sih'èt	miring	askew
sirông	serong, tidak lurus	slant, askew
lhèe sagoe	segi tiga	triangle
peuet sagoe timang	segi empat	square
peuet sagoe panyang	segi empat panjang	rectangle
rata	rata	flat, level
ph'èp	datar	flat, level
timphiek	datar, ceper	flat
lapang	lapang, terbuka	open, spacious
panyang	panjang	long

manyang	tinggi	high, tall
paneuk	pendek	short
miyup	rendah	low
raya	besar	big
ubeut, ubit, cut	kecil	small, little
lhôk	cekung	concave, sunken
lingkôk	lengkung	curved
leunték	lentik	curving upwards
meunga-nga	terbuka lebar	wide open
keumöng, bunthok	gembung	swollen
cincu, tincu	runcing	sharp
bugam	tidak runcing	blunt
tiruet	lancip	tapering
géng	miring	slanting
mancông	mancung	pointed (nose)

10. DÔNYA — DUNIA — WORLD

10a. Asoe Dônya — Bumi dan Alam — Geographical Features

dônya	dunia	world
alam	alam	world, nature
langèt	langit	sky
bumoe	bumi	earth
dairah	daerah	region
blang, padang	padang	plains, field
padang pasi	padang pasir	desert
gunong	gunung	mountain
glé, cöt	bukit	hill
gaki glé	kaki bukit	foot of mountain
uteuen	hutan	forest, overgrown land
rimba, uteuen raya	rimba	jungle, thick forest
pantön	lembah	valley
urông	jurang	ravine
jeureulông	jurang yang dalam	gorge, ravine
peureulông	tubir	chasm
guha	gua	cave, crevice

KAMUS — THESAURUS

uruek	lubang (tanah)	hole in the ground
pucak	puncak	peak
aneuk batèe, keurikéh	kerikil, batu koral	gravel
batèe	batu	stone
batèe kareueng	batu karang	bedrock
anoe gasa, keureusék	pasir kasar	pebbles
anoe	pasir	sand
abèe, dhôi	debu, abu	ash, dust, earth
tanoh	tanah	earth
tanoh kliet	tanah liat	clay
tanoh cak	gumpalan tanah	clod
tanoh maté	tanah tandus, tanah gersang	barren land
tanoh anoe	tanah pasir	sandy soil
tanoh kareueng	tanah karang	gravelly soil
leuhop	lumpur	mud
bueng	rawa-rawa	morass
rawa	rawa-rawa	swamp
lön	lanau, endapan lumpur	silt
krueng	sungai	river
alue	anak sungai	stream, creek
reuleueng	pinggir sungai, tebing sungai	steep riverbank
tuwi	lubuk sungai	deep part of a river
pucôk krueng	hulu sungai	source of river
mieng kuwala	muara sungai	river mouth
panté	pantai	beach, riverside
laôt	laut	sea
pasi	pantai atau tepi laut	seashore
kareueng	batu karang	coral reef
darat	daratan	land (not sea)
pulo	pulau	island
ujông	semenanjung	peninsula
dusôn	pedalaman	inland
kuta	kota	town, city

kuen	tumpukan pepohonan di padang rumput	copse
taman	taman	park
wilayah	wilayah	region
geumpa	gempa	earthquake

10b. Bahan — Bahan — Materials

gapeueh	kapas	cotton
geutah	karet	rubber
ie raksa	air raksa	mercury, quicksilver
seumèn	semen	cement
bata	bata	brick
jubén	ubin	tile
kaca	kaca	glass
kayèe	kayu	wood
kayèe balok	kayu gelondongan, balok	log, beam
krak	kerak, inti	core, heartwood
batèe marmar	marmar, batu pualam	marble
cèt, labô	cat	paint
nilon	nilon	nylon
peulaseutik	plastik	plastic
meuh	emas	gold
suwasas	suasa	gold with large alloy mixture
intan	intan	diamond
meutiya	mutiara	pearl
pirak	perak	silver
platina	pelatina	platinum
beusoe	besi	iron
beusoe beurani	besi berani	magnet
èk beusoe, geuratan	karatan	rust
sèng	seng	zinc
ceumpaga	belerang	sulphur
sutra	sutera	silk
teumaga	tembaga	copper
loyang	kuningan, loyang	brass

timah	timah	tin
timah itam	timah hitam	lead
minyeuk	minyak	oil
minyeuk angèn	minyak angin	medicated oil
minyeuk ata	minyak wangi, parfum	perfume
minyeuk bénsén	minyak bensin	gasoline, petrol
minyeuk kacang	minyak kacang	peanut oil
minyeuk meusén	pelumas	motor oil
minyeuk ôk	minyak rambut	hair cream, hair oil
minyeuk tanoh	minyak tanah	kerosene
minyeuk u	minyak kelapa	coconut oil
arang	arang	charcoal
adang	jelaga	soot
batèe kèh	batu geretan	flint
kayèe maguen, rujèe	kayu bakar, kayu api	firewood
keumeunyan	kemenyan	incense
lha	serpih	flakes, chips (of wood)
lilén	lilin	wax
malo	embalau	shellac
peuja	bubuk sodium boraks	borax
pipa	pipa	pipe
p'uep	gorong-gorong	culvert
seurahi	botol	bottle
ija	kain	cloth
rambèe	benang untuk menjahit	sewing thread
taloe	tali	rope, string
tawah	tawas	alum
tuba, racôn	racun	poison
tutôp	tutup	cover, lid
lapék	lapik	base, underlayer
lapéh	lapis	layer
batèe sira	batu apung	pumice

10c. Ie — Air — Water

ie	air	liquid, water
ujeuen	air hujan	rain
mbôn	embun	dew
salju	salju	snow
mata ie	mata air, sumber air	spring
kulam	kolam	pool
kulah	baik air	water tank
kubang	kubang	wallowing hole
paya	rawa, paya	marsh, swamp
alue	anak sungai	creek
taleuek	kolam	pond, small lake
dano	danau	lake
seuneulhop	bendungan	dam
mon	sumur	well
munjéng	cincin sumur	wall of a well
neuheun	tambak ikan	fishpond
parék	parit	ditch
lueng	parit, selokan	water channel
krueng	sungai	river
ilé	mengalir	flow
ie lé	air mengalir	running water
tuwie	palung sungai	deep hole in river
abeuek	kubang	stagnant waterhole
ie rhët	air terjun	waterfall
ie raya	banjir, air bah	flood
kuwala	muara sungai	mouth of river, estuary
laôt	laut	sea
ie masén	air asin	salt water
ie paseueng	pasang	high tide
ie surôt	air surut	low tide
beurawang	telaga	intertidal zone
kuboh	buih, busa	foam
lhôk	teluk	bay, harbour, gulf
riyeuek	riak	ripple, wave
umbak	ombak	wave

geulumbang, alôn	gelombang	ocean waves, swell
bakat	berombak, ganas	rough (water)
teudôh	teduh	calm
ie jeungèh	air jernih, air bening	clear water
ie adén	air limbah	waste water
ie batré	air aki	battery acid
ie bit	air mentah	uncooked water
ie gapu	air kapur	lime water
ie leuhop	air lumpur	muddy water
ie seumayang	air wudhuk	water for ritual abolution
ie tabeue	air tawar	sweet water, fresh water
lagang	payau	brackish, salty
ie zamzam	air zamzam	water from the holy well in Mecca
basah, jum	basah	wet
meujèm-jèm	meleleh	drip
jhuek, lijhuek, bulut, bucho	kuyup	soaked, very wet, drenched
thô	kering	dry
lhôk	dalam	deep
deue	dangkal	shallow
leuiet	licin	slippery
leuhop	lumpur	mud
lubeueng	kotoran, lumpur	mud
rh'uep	becek	muddy
keudo	keruh, kotor (air)	dirty, muddy (water)
ngop	tenggelam	submerged, sink
lham, karam	tenggelam	sink
nom	selam	dive
langue	renang	swim
timue	timbul	float
bhuek	tenggelam	drown
hanyöt	hanyut	drift in water, drown in ocean
plè	tuang	pour
sibu	siram	to water, sprinkle, shower

meujoh-joh	menetes	dripping
ju	mencair	melt
lilèh	meleleh	melt, drip
limpah	limpah, meluap	overflow
linceuet	terpercik	spatter
tijoh	menetes	expell (liquid)
rô	tumpah	spill

10d. Kutika, Cuwaca — Cuaca — Weather, Sky

paksa	cuaca, iklim	weather, climate
mata uroe	matahari	sun
ujeuen	hujan	rain
preue, prèk-prèk	gerimis, rintik-rintik	drizzle
leueueng	berkurang, reda	easing (rain)
pirang	reda (hujan, angin)	ease off (rain, wind)
beuneung raja timoh	pelangi	rainbow
geulanteue	petir, guntur	thunder
kilat	kilat	lightning
blé	cahaya kilat	flash
sijuek, leupie	dingin	cold, cool
seuuem	panas	warm, hot
hugôp	panas	feel too warm, stuffy
khueng	kemarau	drought
langèt	langit	sky
awan	awan	cloud
reudôk, peugom	mendung	cloudy
criet	cerah, panas sekali (matahari)	clear, sunny, very hot (sun)
seupôt, klam	kelam, gelap	darkness
buleuen	bulan	moon
cahya buleuen	cahaya bulan	moonlight
buleuen peungeuh	bulan terang, purnama	full moon
bintang	bintang	star
èk bintang	bintang beralih	shooting star
reului, cheue	rindang, teduh	shady
bayang, bayeueng	bayang	shadow

angèn	angin	wind, air
meuangèn	berangin	windy, breezy
dirui	sepoi-sepoi	gentle, cool (breeze)
angèn badè	badai	strong wind, storm
angèn puténg beuliyông	puting beliung, angin puyuh	whirlwind
angèn barat	angin barat	west wind
angèn timu	angin timur	east wind
angèn laôt	angin laut	sea wind
angèn gunong	angin gunung	mountain wind
pôt	berhembus	blow (wind)
sagôp	kabut	fog, mist
mbôn	embun	dew
musém	musim	season
ugôp	panas, sumuk	hot and humid
geurana mata uroe	gerhana matahari	solar eclipse
geurana buleuen	gerhana bulan	lunar eclipse

10e. Watèe — Waktu — Time

jan, watèe	waktu	time
gö, seun	kali	time, frequency
masa	masa	time, period
mèn	masa, waktu	period, time
uroe	hari	day
malam	malam	night
uroe nyoe	hari ini	today
singoh	besok	tomorrow
singoh-ngoh	lain kali	some other time in the future
lusa	lusa	day after tomorrow
baroe	kemarin	yesterday
beuklam	tadi malam	last night
baroesa, éh siuroe	kemarin dulu	day before yesterday
seunanyan	senin	Monday
seulasa	selasa	Tuesday

rabu	rabu	Wednesday
hamèh	kamis	Thursday
jumeu'at	jum'at	Friday
satu, saptu	sabtu	Saturday
aleuhat	minggu	Sunday
beungöh	pagi	morning
leuhô, cöt uroe	tengah hari	midday
asa	sore	afternoon
seupôt	petang, sore	afternoon, evening
euntreuk, eunteuk	nanti	later today
bunoe	tadi	earlier today
awai	awal	ealier, former
dudoe	yang belakangan, terakhir	later, latter
teubiet uroe	terbit matahari	sunrise, daybreak
luep uroe, mugrép	terbenam matahari	sunset
jula	larut (malam atau siang), terlambat	late in the day or night
sinja, 'insya, 'incha	senja	twilight
meulé-lé	hampir terbenam (matahari atau bulan)	about to set (sun, moon)
teungöh malam	tengah malam	midnight
suboh	subuh, fajar	dawn
minèt	menit	minute
jeuem	jam	hour
poh	pukul	time of day
tanggai	tanggal	date
buleuen	bulan	month
buleuen u keue	bulan depan	next month
buleuen u likôt	bulan lalu	last month
buleuen nyoe	bulan ini	this month
musém	musim	season
thôn	tahun	year
thôn nyoe	tahun ini	this year
thôn u keue	tahun depan	next year
thôn u likôt	tahun lalu	last year

KAMUS — THESAURUS

jameun	zaman	period, age, a long time ago
jameun dilèe	zaman dulu	long time ago, ancient time
phôn	pertama	first
keuneulheueh, seuneulheueh	terakhir	last
akhé	akhir	last, end
kiyamat	kiamat	end of world
jinoe	kini, sekarang	now, at the moment
ban lami	baru saja	just now
lawét nyoe	selama ini	currently
jampang	bilamana, kapan-kapan	whenever, any time
bak watèe nyan	ketika itu	at that time, then
dilèe	dulu	formerly, earlier on
yôh gohlom nyan	sebelum itu	before that
'oh lheueh nyan	setelah itu	after that
siat, sikeujap, blét	sebentar, sekejap	a moment
sigra, bagah-bagah	segera	immediately
lawét	lama, tempo waktu	duration
trép	lama	long time
jangka	jangka, tempo waktu	period of time, time span
lantak	sampai dengan	until
lazém	lazim, biasa	common
phana	fana	transitory
keukai	kekal, abadi	eternal, lasting

11. KAYÈE, TANAMAN — TUMBUHAN — PLANTS

11a. Bak Kayèe — Pohon — Trees and Woody Plants

kayèe	kayu	wood
balok	balok, gelondongan	log
papeuen	papan	board, plank
ukheue	akar	root
beuluka	belukar	brush, undergrowth
tukok, utôm,	tunggul	stump
bak	batang	trunk

bateueng	batang kayu mati	felled tree trunk
peureudèe	rumpun	clump of bamboo, bole of tree
cabeueng, dheuen	cabang, dahan	branch
cabeueng duwa	cabang dua	fork
rantèng	ranting	twigs
peuleupeuek	pelepah	stem of a palm branch or banana leaf
purèh	lidi	palm leaf rib
situek	upih pinang	areca leaf sheath
tampôk	kelopak	calyx
pucôk	pucuk	tree top
mu	tandan	bunch (fruit)
sisi	sisir	hand of bananas
ôn	daun	leaf
pucôk ôn	daun muda	young leaf
tarôk	tunas	sprout
ceudieng	taruk, tunas	sprout, shoot
bungong	bunga	flower
keumang	mekar, terbuka	to blossom, open (flower)
kuncôp	kuncup, kuntum	bud
boh	buah	fruit
aneuk	biji	seed, stone
bijèh	bibit	seed for planting
kulét	kulit	bark, rind
tapéh	sabut	husk
tangké	tangkai	stalk
duroe	duri	thorn
bulèe	bulu	hair
geutah	getah	sap
dama	damar	resin
uboe	pangkal pohon	tree base
ramphak	rindang	shady
sulu	lurus (tumbuh-tumbuhan)	straight (plant)

11b. Nan Bak Kayèe — Nama Pohon — Names of Trees

bak panah	nangka	jackfruit tree
bak mamplam	mangga	mango
bak sawôh	sawo	zapot tree
bak limèng, seulimèng	belimbing buluh	belimbing
bak geutah, bak saban	karet, para	rubber tree
bak panjoe	kapok	kapok
bak seukè	pandan	pandanus
bak gapeueh	kapas	cotton
bak u	kelapa	coconut
bruek	tempurung kelapa	coconut shell
ôn 'ue	daun kelapa	coconut leaf
bubeue	daun kelapa kering	dry coconut leaves
bak pineung	pinang	areca palm
bak jôk	enau, nira	sugar palm
bak ibôh	pohon lontar	palmyra palm
bak teue	sejenis lontar	ko. palmyra palm
bak nibông	nibung	k.o. palm
bak nipah	nipah	thatch palm
bak meuriya	rumbia	sago plant, general
bak sagèe	sagu	sago trunk
bak pisang	pisang	banana
ôn geurusông	daun pisang kering	dry banana leaf
bak mè	asam jawa	tamarind
bak jatoe	jati	teak
bak kayèe putéh	kayu putih	eucalyptus
bak pala	pala	nutmeg
bak lawang	cengkeh	clove
kayèe gharu	pohon gaharu	aloe wood
kayèe ceundana	pohon cendana	sandalwood
bak jeulatang	jelatang	nettle
bak keutapang	ketapang	terminalia cattapa
bak beuringèn, bak nga	pohon beringin	banyan
bak drien	durian	durian
bak rambôt	rambutan	rambutan
bak langsat	langsat, duku	langsat

bak mulieng	belinjo	gnemon
bak ara	pohon ara	wild fig
bak arôn	cemara, pohon aru	casuarina tree
bak sala	pinus	pine tree
bak keureundông	batang kuda-kuda	k.o. tree used used for 'live' fences
bak seumantôk	kayu semanttuk	k.o. timber tree
bak meuranté	meranti	k.o. timber tree
bak meureubo	merbau	k.o. timber tree
bak murông	kelor	k.o. tree
bak bangka	pohon bakau	mangrove

11c. Boh Kayèe — Buah-buahan — Fruits

boh, boh kayèe	buah	fruit
boh rambôt	rambutan	rambutan
boh langsat	langsat, duku	langsat
boh drien	durian	durian
pansa	ruas buah durian	space or compartment inside durian
boh peuték	pepaya, kates	papaya
boh u	kelapa	coconut
boh keutupông, boh leupieng	kelapa yg telah dilobangi tupai atau tikus	coconut eaten through by a squirrel or rat
pisang	pisang	banana
boh seulimèng meusagoe	belimbing	starfruit
boh jambèe	jambu	water apple, jambu
jambèe hana malèe		cashew
boh geulima	delima, jambu biji	guava, pomegranate
boh panah	nangka	jackfruit
boh kulu	kulur (s.j. sukun berbiji)	breadnut
boh limo	jeruk manis	orange
boh giri	jeruk besar	pomelo
boh kuyuen	jeruk nipis	lime
boh munteue, calông	jeruk asam	k.o. sour citrus
boh kruet	jeruk perut	wild lime
boh mè	asam jawa	tamarind

boh seutui	sentul	sentul
boh aneuh	nenas	pineapple
boh markisa	markisa	passion fruit
boh meukuta, boh mangohta	manggis	mangosteen
boh pukat	pokat	avocado
boh keumukôh	buah batok	shell fruit
boh meuriya	rumbia	sago fruit
boh mamplam	mangga	mango (Indian mango)
boh kuwini	kuini	kuini, k.o. mango
boh mancang	bacang	bacang, horse-mango
boh keumeudèe	mengkudu	*morinda citrifolia*
boh keureundông	kedondong	great hog plum
boh sawôh	sawo	zapot, sapodilla
boh sukôn	sukun	breadfruit
boh timon bruek	semangka	watermelon
boh kandéh	kandis	k.o. sour fruit
boh keureuma	kurma	date
masak	masak	ripe
puték, bajik	putik	immature, not yet ripe
batat	mengeras, tidak akan masak	unripe, and will not ripen
ruek	tua dan kering (pinang)	overripe and dry (areca)
riek	tua dan kering	overripe and dry (coconut)
manu	setengah masak (buah-buahan, khususnya asam jawa)	half ripe (esp. tamarind)
leubah	ranum	over ripe
meungkai	mengkal	unripe
nyèn	sangat muda (buah-buahan)	green, immature (fruit)
pateuen	muda (buah-buahan)	unripe, green
prom	peram	keep (fruit) to ripen
ranom	ranum	overripe

11d. Tanaman Muda, Uröt — Palawija, Umbi-umbian — Crops, Tubers

padé	padi	rice plant, seed
jagông	jagung	corn
kacang kunèng	kedele	soybean
gandôm	gandum	wheat
kacang ijô	kacang hijau	mung beans
dogé	tauge	mungbean sprouts
tahu	tahu	tofu, beancurd
reuteuek	kacang panjang	long beans
kacang tanoh	kacang tanah	peanut
campli, capli	cabe	chilli, red pepper
lada	lada	pepper
trueng	terong	eggplant
labu tanoh	labu tanah	pumpkin, squash
labu ie	labu putih	bottle gourd
labu jeupang	labu jepang	chayote, choko
boh kundô	kundur	fuzzy melon
piek, pik	gambas	angled luffa
timon	mentimun	cucumber
peuriya	pare, peria	bitter squash
bayam	bayam	Chinese spinach
rumpuen, rumpun	kangkung	water spinach
rheue	serai	lemongrass, citronella
kulat	cendawan, jamur	mushroom
boh	ubi-ubian	bulb, tuber
langkuweueh	lengkuas	galingale
ubi	ubi, singkong	cassava
ampeuek, birah	keladi, talas	taro
kueh	birah (s.j. keladi gatal)	k.o. itching taro
leubue	s.j. keladi	k.o. taro
gadông	gadung	purple yam
janèng	ubi rambat	k.o. yam
keutila, keupila	ketela	sweet potato
gantang	kentang	potato
tumat	tomat	tomato
boh kôl	kol, kubis	cabbage

KAMUS — THESAURUS

wortèl	wortel	carrot
sawi	sawi	mustard greens
teubèe	tebu	sugarcane
reulieng	s.j. tebu kecil	k.o. small sugarcane
bakông	tembakau	tobacco
uröt	tumbuhan jalar	vine
anggô	anggur	grape
awé	rotan	rattan
trieng	bambu	bamboo
trieng gadéng	bambu kuning	yellow k.o. bamboo
bulôh	buluh	small k.o. bamboo
reubông	rebung	sprout, bamboo shoot
bak jiem-jiem	teratai	lotus, waterlily
nilam	nilam	patchouli
paku	paku, pakis	k.o. edible fern
peugaga	tanaman pegagan	k.o. edible vine
sumpueng	urang-aring	k.o. herb
ceumalô	benalu	parasite

11e. Tumbuhan Lain — Other Plants

barom, ngom, daroh	sejenis rumput untuk	k.o. reeds
angrèk	angrek	orchid
meulu	melati	jasmine
pih mie	putri malu	sensitive plant
bungong jeumpa	bunga cempaka	k.o. tropical magnolia
maw'o	mawar	rose
siseuek	lumut	moss, lichen

12. MEULATANG, BEULANTANG — BINATANG — ANIMALS

12a. Umum — Umum — General

meulatang, beulantang	binatang	animal
hiweuen	hewan	animal
'eui, 'eue	merangkak	crawl
phö	terbang	fly

agam	jantan	male
inöng, nang	betina	female
meuagam, meuseutöt	kawin	mate
ulu	bunting	pregnant
aneuk	anak	offspring
tôh aneuk	melahirkan	bear offspring
eue	mandul	barren (of animals)
boh	telur	egg
tôh boh	bertelur	lay egg
karom	eram	brood, sit on eggs
meujaba	kelakuan ayam yang akan bertelur	clucky, of a hen about to lay an egg
cèh	menetas	hatched (eggs)
kom	busuk (telur), mati	rotten (egg)
ie tèk, abin	susu	milk
eumpung	sarang	nest, den, lair, hive
bueh	buas	wild
meunta	galak, buas	fierce, wild
ladang	liar	wild, untamed
seuiet	jinak	tame
raghoe	jinak, terlatih	tame, well trained (animal)
cintra	sangkar	cage
weue	kandang	stable, pen
eumpeuen	makanan	feed, food for animals
peueumpeuen	beri makan	feed
jakeuen, kakeuen	memamah	chew the cud
ulak	memuntahkan	regurgitate
teumbôn	gemuk	fat
pijuet	kurus	thin, skinny
gasi	kebiri	castrate
landôk, mbôk	pejantan	male stud animal
lungkèe	tanduk	horns
gôh	ponok	hump
pök	menanduk	butt, gore
jumoh	muka, moncong	snout, face (of animal)

KAMUS — THESAURUS

kulét	kulit	skin, hide, pelt
bulèe	bulu	fur, feathers, quill
sisék	sisik	scales, skin of reptile
sirép	sirip	fin
gadéng	gading	ivory
tarieng	taring	tusk
iku	ekor	tail
iseueng	insang	gills
beuralè	belalai	trunk
tangeun	kaki depan (hewan)	front legs (animal)
abin, tèk	tetek	breast, udder
beue	tembolok	crop
peudeue	tembolok	craw, giblets
sayeuep	sayap	wing
peurincuen	buntut	tail ('parson's nose')
ku'uek	berkokok	crow (rooster)
klôh, drôh	gonggong	bark (dog)
coh, cutok	patuk	peck, bite (snake)
pathuek	mencotok, mematuk	peck
kireueh	kais	scrape (chicken)
èk	kotoran	dung, manure
bisa	bisa	venom, poison
kawan	kawanan	herd of animals

12b. Cicém — Burung — Birds

kleueng	elang	kite
siwah, tiwah	burung elang	hawk
ak-ak	gagak hitam	crow
cicém peurimpieng, cicém duwa babah	burung enggang	rhinocerous hornbill
nggang	enggang	crane
tangiriek	bangau	stork
kuek	bangau putih	cattle egret
bakoh	burung bangau coklat	heron
cakeuek	pekakak	kingfisher

bayeuen	bayan	k.o. parrot
nuri	nuri	k.o. parrot
kakaktuwa	kakaktua	cockatoo
mirahpati	merpati	pigeon
cémpala	srigunting	fantail
cémsubang, cémbangga	burung gereja	finch, rice-thief bird
tulô	burung pipit	sparrow
miriek	tempua	weaver
keureundét	kenari	canary
jampôk	burung hantu	owl
geureudhuek tampi	burung hantu besar	large owl
geureuda	burung garuda	mythical bird
tiyông	bayan	parakeet
peureuléng	perling	starling
brujuek, beurijuek	kutilang, merbah	bulbul
brujuek balè	burung murai	brown bulbul
praikô	burung barau-barau	yellow-crowned bulbul
cicém ujeuen	burung layang-layang	swallow
tok-tok beuragoe	burung pelatuk	woodpecker
puyôh	puyuh	quail
meurak	merak	peacock
leuek	balam, perkutut	dove
punui	punai	woodpigeon
meureubôk	perkutut	k.o. pigeon
cama	camar	seagull
keudidi	kedidi (s.j. burung rawa yang selalu menggerak-gerakkan ekornya)	k.o. small plover
manok	ayam	fowl, chicken
manok agam	ayam jantan	rooster, cock
manok inöng	ayam betina	hen
manok uteuen	ayam hutan	wild chicken
jalak	ayam jantan yang berkaki kuning	yellow-legged rooster
lambéng	jengger	rooster's comb
susôh	taji	rooster's spur

langkubè	s.j. burung sawah	k.o. black waterhen
meunom	s.j. burung ayam hitam yang mermata merah	coote
iték	itik, bebek	duck
iték angsa	bebek angsa	goose
iték ara	belibis	wild duck

12c. Binatang Meulata — Binatang Melata — Reptiles and Creeping Animals

buya	buaya	crocodile
meuruwa	biawak	iguana
meuruwa raya	biawak komodo	comodo
uleue	ular	snake
uleue lhan	ular piton	python
uleue seudông	ular sendok, kobra	cobra
uleue ie	ular sawah	water snake
uleue brôh	ular	bush snake
uleue ijô	ular daun	green tree snake
uleue tiyông	ular bakau	mangrove snake
sarông uleue	kelongsong ular	sloughed snake skin
pa'è	tokek	gecko
tarum	kadal	wild lizard
tarum ijô	kadal hijau, bunglon	chameleon
cicak, ticak	cecak	house lizard
punyie, punyi	penyu	turtle
banèng	jelebau, sj. kura-kura air tawar	k.o. tortoise
banèng, labi-labi, tông-tông gapu	kura-kura darat	tortoise
lantui	s.j. penyu air tawar	k.o. land tortoise
sipôt, sigeundông	siput, keong	snail
abô	siput air tawar	water snail
cue	sj siput air payau	k.o. sea snail
umot	s.j. siput air tawar	k.o. fresh water snail
cangguek	kodok, katak	frog
aneuk abiek	berudu, cebong	tadpole

lintah	lintah	leech
lintah situek	lintah darat	land leech
bieng kông	kepiting darat	land crab
lata	melata, merayap	crawl, creep

12d. Binatang Meutèk — Binatang Menyusui — Mammals

leumo	lembu, sapi	cow
keubeue	kerbau	buffalo
aneuk w'èk, 'èk, 'ue	anak kerbau	buffalo calf
kamèng	kambing	goat
keubiri	biri-biri, domba	sheep
kibah	kibas, domba	Arabic sheep
guda	kuda	horse
gajah	gajah	elephant
cagèe	beruang	bear
rusa	rusa	rusa deer
glueh	kijang	kijang deer
peulandôk	kancil	mouse deer
napôh	s.j. pelanduk	k.o. mousedeer
singa	singa	lion
rimueng	harimau	tiger
rimueng bulôh	harimau buluh	leopard
badeuek	badak	rhinocerous
unta	unta	camel
jeurapah	jerapah	giraffe
keuleudè	keledai	ass, donkey
bui	babi	pig
asèe	anjing	dog
mie	kucing	cat
bue	monyet	long-tailed macaque monkey
eungköng	sj kera	k.o. monkey
maw'ah	mawas	orangutan
himbèe	siamang	gibbon
lutông	monyet berekor panjang	leaf monkey
bue angèn	loris	loris

srigala	serigala	wolf
areunap	kelinci	rabbit
tupè	tupai	squirrel, tree shrew
ceurapè	cerpelai	mongoose, weasel
landak	landak	porcupine
tanggiléng	tenggiling	anteater
musang	musang	civet
musang jabeuet	musang jebat	civet cat (strong smelling)
musang bulôh	musang buluh	civet (gives off no smell)
mangoh	musang	civet cat (smells like pandanus)
bubrang	berang-berang	otter
tikôh	tikus	rat, mouse
seumantông	kelelawar	bat
luntie	kelelawar kecil	small k.o. bat
lhöng	kalong	flying fox
kh'ung-kh'ung	suara gonggongan anjing	sound of barking

12e. Eungkôt — Ikan — Fish

eungkôt	ikan	fish
surè	tongkol	tuna
yèe	ikan hiyu	shark
pawôh	paus	whale
leulumba	lumba-lumba	dolphin
paroe	pari	ray, stingray
salam	salem	salmon
mulôh	bandeng	bandeng
keurimèn	s.j. ikan laut	k.o. sea fish
eungkôt phö	ikan terbang, ikan belalang	flying fish
eungkôt thôk	ikan pedang	sword fish
biléh	ikan teri, ikan kecil	anchovy, white-bait
karéng	ikan teri	dried anchovies
kadra	ikan belanak	mullet
rambeue	ikan bawal	bream fish
taleueng	ikan talang	k.o. fish

tangiroe	ikan tenggiri	mackerel
noh	cumi-cumi	squid, cuttle-fish
gurita	gurita	octopus
lijeu, iléh	belut	eel
kirè, linong	lindung	small eel
bacé	ikan gabus	gudgeon
seungkö	lele, keli	catfish
limbèk	ikan limbat	k.o. catfish
seupat	sepat	k.o. thin river fish
kruep	ikan batok	climbing perch
eungkôt cina	ikan mas	goldfish, carp
keureulieng	s.j. ikan sungai	k.o. fresh water fish
udeueng	udang	shrimp
bieng	kepiting	crab
kreueng	kerang	clam, shellfish
tirom	tiram	oyster
ubô-ubô	ubur-ubur	jellyfish

12f. Seureungga — Serangga — Insects

sidom	semut	ant
sidom mirah	semut merah	red ant
sidom apui	semut api	stinging ant
sidom kuwa	semut kepala batok	shell-headed ant
keumuto, geumuto	tawon	wasp
keumarôh	tawon kecil	small wasp
h'ueng	tawon hitam	large black wasp
lhang	s.j. tawon	k.o. wasp
pitok	langau	hornet
unoe	lebah	bee
linot	s.j. lebah kecil yang biasanya bersarang dalam lubang kayu	k.o. small bee which nests in holes in wood and produces wax
dén-dén	capung	dragonfly
daruet	belalang	grasshopper
keubangbang, bambang	kupu-kupu, rama-rama	butterfly

jamok, nyamok	nyamuk	mosquito
lalat	lalat	fly
langöng, leungöng	langau	bluebottle fly, horse fly
keurimue	lalat buah	k.o. small fruit fly
keuraleuep	kecoak, lipas	cockroach
kamue	anai-anai, rayap	white ant, termite
rambideuen	laba-laba	spider
ca'ie	sj labah-labah	k.o. house spider
daruet kléng	jengkrik	cricket
meuk, meukmbè	kunang-kunang	firefly
limpeuen	lipan	centipede
kala	kala	scorpion
seupah buleuen	halipan	millipede
pacat	pacat	leech
gutèe	kutu	louse
pijét	kutu busuk	bedbug
piet	kutu lembu	tick
leubéng	kutu (badan) kecil	scabies
reungèt	agas	gnat
peueng	belatung	maggot
pleuen	jentik, tempayak	maggot
adi-adi kh'ueng, d'èe-dèe khueng	sejenis jangkrik yang hidup di pohon	cicada
ujo	kumbang pemakan umbut kelapa	coconut beetle
bubôk	rayap	woodborer
glang	cacing	worm
ulat	ulat	caterpillar, worm

13. KA'IDAH BASA — TATA BAHASA — GRAMMAR

13a. Kata Keterangan dan Partikel — Adverbs and Particles

lagèe	cara	manner, style
that, leupah, lagoina	sangat	very
kira-kira	kira-kira	more or less
sép	cukup	enough

kureueng	kurang	less
paléng	paling, ter-	most
sabé	selalu	always
kayém	sering	often
biyasa	biasa	usual, usually, common
meujan-jan	kadang-kadang	some time
trép-trép sigö	sesekali	once in a while
tom	pernah	ever
ban khong, ban lami	baru saja	just, a moment ago
lom	lagi	again
bacut	sedikit	a little
bacut treuk	sedikit lagi	a bit more
leubèh	lebih	more than
leugat	lekas, segera	quickly, immediately
bagah-bagah, sigra	segera	immediately
lé, laju, lanja	segera	immediately
peuleuheuen	pelan	slowly
beurangkaho	ceroboh, kemanapun	carelessly
laju	terus	continuing on
hana karu-karu, hana riyôh-riyôh	diam-diam	silently, quietly
bak watèe nyan, bak masa nyan	ketika itu	then, at that time
bak saboh watèe, bak saboh uroe	suatu ketika, suatu hari	one day, once, at a certain time
phôn-phôn	mula-mula	firstly, at first
layeue	tatkala, ketika	at the time, when
'oh lheueh nyan	setelah itu	after that
söt	yang sama, yang semula	the same, the former
hana tasangka-sangka	kebetulan	by chance
bit-bit	benar-benar, sungguh	indeed
sagai	sama sekali, hanya	indeed, only
pih	pun, juga	even, also
cit, sit	juga, memang	also, indeed
ka teuntèe	tentu saja	of course, certainly
bah, bah that, bak	biar, biar saja	let it be so

treuk	kemudian	then, next
bôh ka	ngomong-ngomong	by the way
lompih	lagipun	moreover
cuma	hanya	only
bôh, bëh	ajakan, mengiyakan	urging particle, do it
lèh	-lah	please
bèk	jangan	don't
beu-	semoga	do!, hopefully
kadang	mungkin	maybe
lagoe	ternyata	apparently
mungkén	mungkin	possible, possibly
lah	untunglah	fortunately
mudah-mudahan	mudah-mudahan	hopefully
hinoe, sinoe	disini	here
hinan, sinan	disana	there
hidéh, sidéh	disana	there
keunoe	kesini	here, to here
keunan, keudéh	kesana	there, to there
lagèe, meu-, ban, bagoe	seperti	like, manner
lagèe nyan, meunan	begitu	like that
lagèe nyoe, meunoe	begini	like this
teuma	kemudian, lalu	so, in that case

13b. Kata Keterangan Awal — Preverbal Auxiliaries

na	ada	actually, did, indeed
h'an, tan	tidak	not
hana	tidak, tidak ada	not, indeed not
kön, bukön	bukan	not, on the contrary
ban	baru	just, just now
ban lheueh	baru siap, baru selesai	just after
mantöng	masih	still
goh lom, goh	belum	not yet
h'an töm	tidak pernah	never
jeuet	boleh, dapat	can, able, may
h'an jeuet	tidak dapat, tidak bisa	cannot

h'an jeuet	tidak boleh	may not
h'an mèe	tidak boleh, tidak dibenarkan	may not, not allowed to
ka	sudah	already, now
ka lheueh	sudah siap	already
teungöh	sedang	in process
rap	hampir	almost
bèk	jangan	hopefully not

13c. Kata Depan — Prepositions

bak	di, pada	at, on
di, i	di, dari	at, from
di, i	kata penyerta subyek	focus, subject marker
u	ke	to
lam, dalam	dalam	in, inside
ngön, deungön	dengan	with
keu	kepada	to
nibak	dari pada	from
ubak	kepada	to
lé	oleh	by

13d. Padanan Kata — Classifiers

boh	buah, ekor (binatang)	general classifier
bak	batang	trees, long things
ôn	daun, lembar, helai	leaf, sheet, piece of
krak, krèk	potongan	cut piece, word
droe	orang	person
keupéng	keping	flat thin things
neuk	biji	seeds, small stones, seedlings
yue	pelepah	leaf of banana or palm

13e. Kata Sambung — Connectives

atra, ata	milik	belonging to
ngön	dengan, dan	with, and

tapi, teutapi	tetapi	but
sangkira	seandainya	if only
cuma	tetapi	but, however
nyang	yang	which, that
beu-	supaya	in order that
bèk	agar tidak	in order not
lagèe nyan	seperti itu	like that
mangat jeuet	supaya	in order to
mangat bèk	supaya tidak	so that not
sampé	sampai	until
sampoe	hingga	until
sabap, seubap, kareuna	sebab, karena	because
keurusa	gara-gara	because
atawa, ato	atau	or
maléngkan	melainkan	on the contrary
padahai	padahal	although, even though
meuseuki	meskipun	although, in spite of
dum ék, bah that, beu that	meskipun	no matter how much
meunyö, meung-, meu-	jika	if
meungkön	jikan tidak	if not
sang	seolah-olah, barangkali	as if, possibly
euntah	entah	maybe, who knows whether
sigohlom, yôh gohlom	sebelum	before
sira	sambil	while
'oh lheueh	setelah	after
ban	segera setelah	as soon as
'oh	ketika, waktu	when
yôh	ketika	when, at the time
makén	makin	the more, increasingly

13f. Kata Seuru — Kata Seru — Exclamations, Interjections

ô, ë	oh	suprise, pleasure
ô kuh	astaga	surprise
jak keuh	waduh	surprise
ô po lôn, ô potallah	ya Tuhan	surprise

astaghfirullah	astaghfirullah	surprise
ô ma	aduk mak	oh dear
nyan nah	itulah	mild discontent
nyan keuh	itulah	there, you see
alah	alah	mild discontent
nyan	yah	yeah
nyo	ya	yes, right
hana peue	tidak apa-apa	it doesn't matter
gèt, göt, jeuet, ka jeuet	baik	OK
h'an	tidak	no
kön	bukan	no
'eu	ya	yes, u huh
hôm	saya tidak tahu	I don't know
piyôh	tutup mulut	say no more, shut up
ka sép, ka jeuet, ka mumada	cukup, sudahlah	that's enough
hana peue-peue	tidak apa-apa	never mind
èh	hai	hey (rebuke)
hai, héi	hai, hei	hi, hey
rôh that	luh	oh dear
nyan nyang ka	nah	oh dear
ô hai budôk	bajingan	damn him/her
jak lét leumo	pigi sana	get lost
ka paléh, ka paloe, ka bala	aduh	damn!
keubit	sungguh-sungguh, benar-benar	indeed, truly
wahé	wahai	oh you
ka	o ya	yes, OK

13g. Kata Teumanyöng — Kata Tanya — Interrogatives

peue, pue	apa	what, whether
soe	siapa	who
soe	kata tanya perbandingan	which of comparison
pat	dimana	where, from where
ho	kemana	whither
panè	darimana	from where

panè 'èh, panè 'èt, 'èh na, 'èt na	berapa jauh, panjang	how long, how far
padum, padup, padit	berapa	how much, how many
pakri, pakri ban	bagaimana	how
pakön	kenapa, mengapa	why
töh	yang mana	which one
siré	yang mana	which one
panè ubé	sebesar apa	how big, what size
pakri, panè	bagaimana	how
pajan	kapan	when
supo	siapa punya	whose

13h. Kata Keterangan Tak Tentu — Indefinites

beurang-, barang-, beurang-ka-, beurangga-	barang-	any
beuranggapeue	apa saja	whatever
beuranggasoe	siapa saja	whoever
beuranggapat	dimana saja	wherever
beuranggajan	kapan saja	whenever
beuranggakri	bagaimanapun	however
beuranggari	yang manapun	whichever
beuranggadum	sebanyak manapun	however much
peue	apa	something
soe	siapa	whoever, someone
ho	kemana	to somewhere
pat	di mana	somewhere
dumpeue	apa saja	everything
dumsoe	siapa saja	everyone
dumpat	dimana saja	everywhere
sipeue	sejenis	a certain something
hana peue	tidak ada	nothing
hana soe	tidak ada siapa	no-one
hana pat	tidak ada tempat	nowhere
hana jan	tidak ada waktu	there's no time
h'an töm	tidak pernah	never
sapat	satu tempat	same place, together

sadum	sama jumlah	same amount, as much as
sajan	bersama	together (same time)
sabé	sama ukuran	same size, as big as
saho	sama arah	same direction
ladôm	sebagian	some
bacut sapeue	campuran	bit of everything

13i. Kata Tunyok — Kata Ganti Penunjuk — Demonstratives

nyoe, -noe	ini	this
nyan, -nan	itu, dekat	that
jéh, -déh	itu, jauh	that, further away
meudéh	begitu, seperti itu	like that
meunan	demikian	like that, such
meunoe	begini	like this

INDEKS BASA ACÈH

abèe debu, abu : ash, dust, earth : 10a
abeuek kubang : stagnant waterhole : 10c
abi ayah, bapak : father : 1b
abiek: aneuk abiek berudu, cebong : tadpole : 12c
abin tetek : breast, udder : 12a
abin: ie abin susu : milk : 12a
abô siput air tawar : water snail : 12c
abu ayah, bapak : father : 1b
abuwa paman, om : elder uncle: male relative older than parent, but on the same generation as parent : 1b
acèh aceh : Acehnese : 1c
adang jelaga : soot : 10b
adap: hana adap biadab : impolite : 1d
adat adat : custom : 1e, 1h
adé adil : just : 1h
adèe jemur : dry in the sun : 3h, 6a
adék adik : younger sibling or ygr relative of the same generation : 1b
adén: ie adén air limbah : waste water : 10c
adi-adi kh'ueng sejenis jangkrik yang hidup di pohon : cicada : 12f
adoe adik : younger sibling or ygr relative of the same generation : 1b
aduen abang : elder brother, elder male relative of the same generation : 1b
agak kira : guess, suppose : 4h
agam laki-laki, jantan : male : 1b, 12a
agam: meuagam kawin : mate : 12a
agama agama : religion : 1i
ah as : axle : 5e
ajai ajal : predetermined time of death : 1k

ak-ak gagak hitam : crow : 12b
akai akal : mind, personality : 4h
akhé akhir : last, end : 10e
akhirat akhirat : the hereafter, doomsday : 1i
alah alah : mild discontent : 13f
alam alam : nature : 10a
alam bendera : flag : 1e
alamat alamat : address : 5d
alat alat : means, instrument : 6e
alèe alu : pestle : 6e, 8d
aleue lantai : floor : 8c
aleuhat minggu : Sunday : 10e
alôn gelombang : wave, swell : 10c
alue anak sungai : stream, creek : 10a
amai amal : (good) works : 1i
ambôn ambon : Ambonese : 1c
amèrika amerika : American : 1c
ampéh penahan air (biasanya di saway/sungai) : dam, plug a gap to retain water : 6a
ampeuek keladi, talas : taro : 11d
amplop ampelop : envelope : 5d
ampôn ampun : pardon : 1h
ancô hancur : shattered, dissolved : 9a
andôk: ija andôk handuk : towel : 8c
aneuh nenas : pineapple : 11c
aneuk anak : child, offspring : 1b, 12a
aneuk biji : seed, stone : 11a
aneuk batèe kerikil, batu koral : gravel : 10a
aneuk beudé peluru : bullet : 1g
aneuk gaki jari kaki : toe : 2a
aneuk lidah anak tekak : uvula : 2a
aneuk panah panah : arrow : 1g
aneuk reunyeun anak tangga : ladder steps : 8c
aneuk seudati anak sedati : reciter in

INDEKS BASA ACÈH

a seudati dance : 1f
angèn angin : wind, air : 10d
angèn: meuangèn berangin : windy, breezy : 10d
angèn: minyeuk angèn minyak angin : medicated oil : 10b
anggô anggur : grape : 11d
anggôk angguk : nod : 3a
anggota tubôh anggota badan : body parts : 2a
angka angka : numeral, digit : 9c
angkôt angkut : transport : 5e
angkôtan angkutan : transportation : 5e
angoh hangus : burnt, singed : 7a, 9a
angrèk angrek : orchid : 11d
angsa: iték angsa bebek angsa : goose : 12b
anjông anjung : extension on house : 8c
anoe pasir : sand : 10a
antara antara : between : 9e
'ap suap : put in mouth : 3h
apa paman, om : younger uncle: male relative yngr than parent, but on the same generation as parent : 1b
apak usang, jelek : spoiled, no longer fresh : 9a
apam apam : rice-flour cake : 7b
aphai hafal : recite : 5a, 5b
apotèk apotik : pharmacy, drugstore : 2b
apui api : fire : 7a
apui: sidom apui semut api : stinging ant : 12f
ara pohon ara : wild fig : 11b
ara: iték ara belibis : wild duck : 12b
arah arah : direction, position : 9e
arak: ie arak arak : palm wine : 7c
arang arang : charcoal : 10b
arap arab : Arab : 1c
arat sempit : narrow : 9d
arè bambu (ukuran) : amount of less than a litre, one bamboo : 9d
areunap kelinci : rabbit : 12d
areuta harta : possession : 8a
arôn cemara, pohon aru : casuarina tree : 11b
arôn: boh arôn batu ginjal : kidney stone : 2b
aruwah arwah : soul of dead person : 1j
asa kecewa : disappointed : 4d
asa sore : afternoon : 10e
asah asah : whet : 3e, 3i, 6e
asam sambal : sauce : 7b
asap asap : smoke : 7a
asèe anjing : dog : 12d
asék geleng : shake head : 3a
asoe daging, isi : contents, flesh : 2a, 9e, 11a
astaghfirullah astaghfirullah : surprise : 13f
ata milik : belong to : 8a
ata: minyeuk ata minyak wangi, parfum : perfume : 8b, 10b
atawa atau : or : 13e
até hati : liver, seat of emotions : 2a, 4d
até: boh até buah hati : sweetheart : 4e
ateueh atas : above, top of : 9e
ateueng pematang, tanggul : dike : 6a
ato atau : or : 13e
atô atur : put in sequence : 9c
atôt buku, tulang sendi : joint, knuckle : 2a
atra milik : possession, belong to : 8a
australi australia : Australian : 1c
awai awal : earlier, former : 10e
awak orang : person : 1a
awak nyan mereka : they : 1a

awan awan : cloud : 10d
awé rotan : rattan : 11d
aweueh ketumbar : coriander: spices in general : 7f
aweuek sendok besar : ladle, spoon : 8d
awih barang bawaan yang dibungkus dengan kain : carry wrapped up in a bundle on back : 3g
ayah ayah, bapak : father : 1b
ayak ayak, mengayak : sifter, sift : 3c, 8d
ayeuem mainan : toy : 1f
ayôn ayunan, mengayun : cradle, rock a baby : 3h
ayôn: ija ayôn kain ayunan : cloth used as hammock : 8c
'azeuep azab : punishment : 1i
ba bawa : take, carry : 3g, 3h
babah mulut : mouth : 2a
babah: cicém duwa babah burung enggang : rhinocerous hornbill : 12b
baca baca : read : 5a, 5b
bacé ikan gabus : gudgeon : 12e
bacut sedikit : a little : 9d, 13a
bacut sapeue campuran : bit of everything : 13h
bada pisang goreng : fried banana : 7b
badan badan, tubuh, jasad : body : 2a
badè: angèn badè badai : storm wind : 10d
badeuek badak : rhinocerous : 12d
badom biri-biri : beri-beri : 2b
baë meratap : wail : 4d
bagah cepat : fast : 9a
bagah-bagah segera : immediately : 10e, 13a
bagoe seperti : like, manner : 13a
bah biar, biar saja : let it be so : 13a
bah that biar, biar saja : let it be so : 13a

bahan bahan : materials, ingredients : 10b
bahgiya bahagia : good fortune : 4d
bahô bahu : shoulder : 2a
bajèe baju : shirt, blouse : 8b
bajeueng bajang, anak haram : bastard : 1b
bajeueng: aneuk bajeueng anak haram : illegitimate child : 1k
bajik putik : immature, not yet ripe : 11c
bajoe baji, pasak : wedge : 6e
bak batang : trunk, long things : 11a, 13d
bak di, pada : at, on : 13c
bak pohon : tree : 11b
bak beuringèn beringin : banyan : 11b
bakai jelek, tidak sopan : rough, ill-formed : 4a
bakat bakat, jejak : talent, spoor, trail : 6c
bakat ombak, gelombang: waves, ripples : 10c
bakeuti bakti : honour 4a
bakoh burung bangau coklat : heron : 12b
bakông tembakau : tobacco : 7e, 11d
bala musibah, bala : disaster, calamity 4a
bala: ka bala aduh : damn! : 13f
balah balas : reply, rejoinder : 5a
balang baskom : basin : 8d
balap balap : race : 1f
balè balai : meeting platform : 1e
balèe duda, janda : widowed, divorced : 1b
balèe: inöng balèe janda : widow : 1b
balék balik : turn over : 3h
bali bali : Balinese : 1c
balok balok, gelondongan : log : 11a
balok: kayèe balok kayu gelondon-

gan, balok : log, beam : 10b
balôt balut, bungkus : wrap : 3j
baluem saku, kantong : pocket : 8b
baluem beudé dewa air : spirit which drowns people : 1j
bambang kupu-kupu : butterfly : 12f
ban baru : just, just now : 13b
ban segera setelah : as soon as : 13e
ban semua : all : 9d
ban seperti : like, manner : 13a
ban khong baru saja : just, a moment ago : 13a
ban lheueh baru siap, baru selesai : just after : 13b
ban: muban jelas cara : known how : 4h
ban: pakri ban bagaimana : how : 13g
ban: tuban tahu cara : know how : 4h
banci benci : hate : 4e
bandêng banding : compare : 3k
banèng jelebau, sj. kura-kura air tawar : k.o. tortoise : 12c
bang abang : elder brother, elder male relative of the same generation : 1b
banga: bèe banga bau busuk : stale smell : 7d
bangai bodoh : ignorant, stupid : 4a
banggali benggali : Bengalese : 1c
banggi pecandu : addict : 7e
bangka pohon bakau : mangrove : 11b
bangké bangkai : carcass : 1k
bangkrôt bangkrut: bankrupt : 8a
bangku bangku : bench : 5c
bangoe wangi : fragrant : 2c
bangsa bangsa : race : 1c
bangsat bangsat, tidak taat kepada kewajiban-kewajiban agama : brutal, insolent, impious : 1i, 4a
bangsi bangsi : flute : 1f
bansi bangsi : flute : 1f
bantah bantah : deny : 5a

bantai bantal : pillow : 8c
bantai: sarông bantai sarung bantal : pillow slip : 8c
bantu bantu, tolong : help : 3k
bap bab : chapter : 5b
bara balok utama rumah : roof beam : 8c
barah barah, tumor : tumor, swelling : 2b
barang barang : baggage, goods, products : 5e, 6h
barang barang, paket : package : 5d
barang- barang- : any : 13h
barat barat : west : 9e
barat daya barat-daya : southwest : 9e
baréh baris : row, line : 9e
barô baru : new : 9a
baroe kemarin : yesterday : 10e
barôh bawah : under, below : 9e
barôh sebelah laut : toward the sea, north : 9e
barom senjenis rumput untuk anyaman : reed : 11e
basa bahasa : language : 5a
basah basah : wet : 9a, 10c
basi basi : stale : 7d
basô sakit biri-biri : biri-biri : 2b
bata bata : brick : 10b
batak batak : Batak : 1c
batat bandel, keras kepala : stubborn : 4g
batat mengeras, tidak akan masak : harden, unripe and will not ripen : 11c
baté tempat sirih : betel bowl : 7e
batèe batu : stone : 10a
batèe asah basu asah : grindstone : 6e
batèe seumupéh batu giling : grinding stone : 8d
batèe tuléh batu tulis : slate : 5b
batén batin : secret, esoteric : 5a

bateue bandel, keras kepala : stubborn : 4g

bateue batal : invalid, expired : 4b

bateueng batang kayu mati : felled tree trunk : 11a

batôk batuk : cough : 2b, 2e

batôk kréng tebese : tuberculosis : 2b

bawang bawang : onion, garlic, shallots : 7f

bayam bayam : Chinese spinach : 11d

bayang bayang : shadow : 2a, 10d

bayeue bayar : pay : 6h

bayeuen bayan : k.o. parrot : 12b

bé besarnya : size, amount : 9d

bècak becak : becak : 5e

bécak: tukang bècak tukang becak : becak peddler, driver : 6g

bèe bau : smell (noun) : 2c

bëh ajakan, mengiyakan : urging particle, do it : 13a

bèk jangan, agar tidak : don't, in order not : 13a, 13e

bèng bank : bank : 8a

bèngkè: tukang bèngkè tukang bengkel : mechanist : 6g

bénsén: minyeuk bénsén minyak bensin : gasoline, petrol : 10b

bët angkat : lift, raise : 3h

bët cabut : pluck, uproot : 3c

beu that meskipun : no matter how much : 13e

beu- semoga : do!, hopefully : 13a

beu- supaya : in order that : 13e

beudak bedak : powder : 8b

beudé bedil, senapan : gun : 1g, 6c

beudöh bangun : stand up, get up : 3a

beue tembolok : crop : 12a

beuet baca, belajar : read, study, learn : 5a, 5b, 5c

beuet: pubeuet ajar, mengajar : teach : 5a, 5c

beuhë berani : brave : 4f

beukah koyak, pecah : torn, broken : 9a

beuklam tadi malam : last night : 10e

beulacan terasi : fish or shrimp paste : 7f

beulanda belanda : Dutch : 1c

beulangöng belanga, kuali : wok : 8d

beulanja belanja : expenses : 8a

beulantang binatang : animal : 12a

beuliyông beliung : adze : 6e

beuluka belukar : brush, undergrowth : 11a

beuna benar : right, true : 4b

beuneung raja timoh pelangi : rainbow : 10d

beungèh marah : angry : 4e

beungkai mengkal : half ripe : 7a

beungöh pagi : morning : 10e

beunteueng melintang : lay horizontal : 3h

beunteueng kayu yang digunakan untuk pagar : fence rail : 6a

beuntuk bentuk : shapes : 9f

beuö malas : lazy : 4c

beuôt angkat : lift, raise : 3h

beuragoe: tok-tok beuragoe burung pelatuk : woodpecker : 12b

beurakah kocak, lucu : entertaining, funny : 5a

beuralè belalai : trunk : 12a

beurang- barang- : any : 13h

beurangkaho ceroboh, kemanapun : carelessly, wherever : 13a

beurawang telaga : intertidal zone : 10c

beureugu terompet tanduk : horn for summons : 1e

beureuhi birahi : happy, excited, sexual excitement : 4e

beureukah memberkas : tie in a bun-

dle : 3j
beureukat berkat : blessing : 1i
beureusén bersin : sneeze : 2e
beureutôh meledak : explode(d) : 9a
beurigèn marah : get mad : 4e
beusoe besi : iron : 10b
beutawi betawi : native of Jakarta : 1c
beutéh betis : calf : 2a
beutôi betul : true : 4b
bhan: sipak bhan sepak bola : soccer : 1f
bho bor : bore, drill : 3e
bhôm makam, kuburan : grave : 1k
bh'öt suka makan apasaja : gluttonous : 4c
bhuek tenggelam : drown : 10c
bibeue memintal : twist, spin (rope) : 3i
bibi bibir : lip : 2a
bicah pecah : broken, smashed : 9a
bicara nasehat, rencana : plan, counsel : 4c
bicôh lepuh : blister, pustule : 2b
bidan bidan : midwife : 2b
biek keturunan : lineage : 1b
bieng kepiting : crab : 7b, 12e
bijèh bibit, benih : seed for planting : 11a, 6a
biléh ikan teri, ikan kecil : anchovy, white-bait : 12e
bileueng hitung : count : 9c
binasa binasa : destroyed : 9a
binèh di samping : beside : 9e
bingkèng lekas marah : bad tempered : 4d
bingong bingung: dull, confused : 4a
binoe bini : wife : 1b
bintang bintang : star : 10d
bintéh dinding : wall : 8c
birah keladi, talas : taro : 11d
biru biru : blue : 9b

bisa bisa : venom, poison : 12b
bisan besan : in-laws: relationship between parents of a couple : 1b
bit benar-benar : genuine, true : 4b
bit-bit benar-benar, sungguh : indeed : 13a
biyasa biasa : usual, usually, common : 13a
biyaya biaya : finance : 8a
biyula biola : violin : 1f
blah belas : -teen : 9c
blah sisi : side, place : 9e
blah: peusiblah memisahkan : put aside : 3h
blahdéh sebelah sana : that side : 9e
blang sawah : rice field : 8a
blang: mublang bertani : farming : 6a
blé cahaya kilat, kilau : flash, sparkle : 9a, 10d
blèt kaleng besar : tin, can : 8d
blèt kedip : blink : 2c
blét sekejap : a moment : 10e
bleuet anyaman daun kelapa : coconut leaf screen : 6f
bleut buka mata : open eyes : 2c
blie tatap : stare : 2c
bloe beli : buy : 6h
bloe: mubloe membeli, pergi ke pasar : shopping, going to market : 6h
blôh melangkah kedalam air : wade : 3a
bo bor : bore, drill : 6e
bôh ajakan, mengiyakan : urging particle, do it : 13a
boh buah, ekor (binatang) : general classifier : 13d
boh buah, ubi-ubian, telur : fruit, bulb, tuber, egg : 11a, 12a
böh buang : throw away, discard : 3h
bôh bubuh, memasang : put, set : 3h
boh zakar : penis : 2a

bôh ka ngomong-ngomong : by the way : 13a
boh kayèe buah-buahan : fruit : 11c
boh keuieng buah ginjang : kidney : 2a
bôh naleueng menyiangi : weeding : 6a
bôh yum menetapkan harga : set a price : 6h
boinah harta : possession : 8a
bôt angkat : lift, raise : 3h
böt merentangkan badan : stretch : 3a
brat berat : heavy : 9a, 9d
brè lesu, kurang bersemangat : uninterested, indifferent : 4c
brët puki, kemaluan wanita : vagina, vulva : 2a
breueh beras : uncooked, hulled rice : 7b
bri beri, kasih : give : 3f
bri ie beri minum : give drink : 6d
brôh: uleue brôh ular : bush snake : 12c
brôk buruk, jelek, busuk : bad, ugly, rotten : 4a, 9a
brön tidak enak badan : feel the need to stretch (e.g. when waking up) : 2e
bruek tempurung kelapa : coconut shell : 11b
bruek ulèe tengkorak : skull : 2a
bruek: timon bruek semangka : watermelon : 11c
brujuek kutilang, merbah : bulbul : 12b
bu nasi : rice, a meal : 7b
bubé besarnya : size, amount : 9d
bubèe bubu : basket fish trap : 6b
bubeue daun kelapa kering : dry coconut leaves : 11b
bubôk rayap : woodborer : 12f
bubông atap : roof : 8c

bubrang berang-berang : otter : 12d
bucho kuyup : drenched, very wet : 10c
budha budha : Buddhism : 1i
budôk lepra, kusta : leprosy : 2b
budôk: ô hai budôk bajingan : damn him/her : 13f
bue monyet : long-tailed macaque monkey : 12d
bueh buas : wild : 12a
bueng rawa-rawa : morass : 10a
buet gerakan, tindakan, kerja : action, work : 3 , 6g
bugam tidak runcing : blunt : 9f
bugéh bugis : Bugis : 1c
buhu irama : rhythm : 1f
bui babi : pig : 12d
bui: pungo bui sawan, ayan : epilepsy : 2b
bukön bukan : not, on the contrary : 13b
buku buku : book : 5b
bulat bulat : circle : 9f
bulèe bulu : body hair, fur, feathers, quill : 2a, 11a, 12a
bulèe: mubulèe berbulu : hairy : 9a
buleuen bulan : moon, month : 10d, 10e
bulô rakus, congok : greedy, gluttonous : 4c
bulôh buluh : small k.o. bamboo : 11d
bulôh: musang bulôh musang buluh : civet (gives off no smell) : 12d
bulôh: rimueng bulôh harimau buluh : leopard : 12d
bulueng bagian : share : 8a
bulut kuyup : drenched, very wet : 10c
bumoe bumi : earth : 10a
bungka berangkat : depart : 3a
bungkôh balut, bungkus : wrap : 3j
bungong bunga : flower, interest : 6h,

11a
bungong jaroe hadiah, pemberian : gift : 1d
bungong pala bunga pala : mace : 7f
bunoe tadi : earlier today : 10e
bunthok gembung : swollen : 9f
buntui tiada ibu : orphan, no mother : 1b
bupati bupati : regent : 1e
burék bintik-bintik : dotted : 9b
burông hantu, kuntil anak : k.o. female ghost : 1j
busu ketepel : slingshot : 1f
buta buta : blind : 2b, 2c
buya buaya : crocodile : 12c
cabak lasak : restless, fidgety : 4g
cabeueng cabang, dahan : branch : 11a
cabok borok : festering sore : 2b
cacah menginjak-injak : trample in (mud) : 3d
cacat cacat : bodily defect : 2b
cagèe beruang : bear : 12d
cagruek kolak : fruit stewed with coconut milk & sugar : 7b
cah anak cicit : great great grandchild : 1b
cah tebang, potong semak-semak : clear bush, undergrowth : 3e, 6a
caheueng tonggos : buck teeth : 2a
cahya buleuen cahaya bulan : moonlight : 10d
ca'ie sj labah-labah : k.o house spider : 12f
cakap rapi, sesuai, neat, ready : 9a
cakap terampil : skillful : 4c
cakë canggung, miring : awkward, askew : 9f
cakeuek pekakak : kingfisher : 12b
calitra cerita, bercerita : story, tell story : 5a

calông jeruk asam : k.o. sour citrus : 11c
cama camar : seagull : 12b
camat camat : subdistrict head : 1e
camca sendok : spoon : 8d
campa champa : Cham : 1c
campli cabe : chilli : 7f
canang canang : cymbal, small gong : 1f
candi candi : temple (Hindu) : 1i
candu candu : opium : 7e
canè canai : whet : 3e, 3i
cang bacok, cincang : slash, strike, slice, chop : 1g, 3e
cangguek kodok, katak : frog : 12c
cangkôi cangkul : hoe : 6e
cap cap : stamp, seal, trademark : 1e, 6h
capiek pincang : lame, having a limp : 2b
carong pandai, mahir : clever, skilful : 4c
carôt memaki : abuse : 5a
carueh ikat kaki, ikat tangan dan kaki : tie legs together, tie up hands and feet : 3j, 6c
catô catur : chess : 1f
catok cangkul : hoe : 3e
cawan cawan, mangkuk : bowl : 8d
caw'iek sangkutan, menyangkutkan : hook, to hook : 3h
cawö aduk : stir : 3d, 7a
cayé cair : thin, watery : 9a
cèh hancur, lincin : pulverized, finished pounding or grinding : 3e
cèh menetas : hatched (eggs) : 12a
cémbangga burung gereja : finch, rice-thief bird : 12b
cémpala srigunting : fantail : 12b
cémsubang burung gereja : finch, rice-thief bird : 12b

céng timbangan, neraca : scales : 6h
cèt cat : paint : 3i, 10b
ceubeueh berani : valiant : 4f
ceudah cerdas : smart : 4a
ceudieng taruk, tunas : sprout, shoot : 11a
ceue batas : boundary, border, edge : 9e, 9f
ceukak: aneuk ceukak anak tekak : uvula : 2a
ceukén masam muka : grumpy : 4d
ceukiek mencekik : throttle : 3d
ceukue telapak tangan : open handful : 9d
ceumalô benalu : parasite : 11d
ceumeukök keteguk : hiccup : 2e
ceumpaga belerang, tanah belerang : sulphur : 10b
ceumuru cemburu : jealous : 4c
ceundana: kayèe ceundana pohon cendana : sandalwood : 11b
ceupé ceper : saucer : 8d
ceurana cerana, tempat sirih : tray for betel : 7e
ceurapè cerpelai : mongoose, weasel : 12d
ceureudék cerdik : clever, shrewd : 4a
ceureumèn cermin : mirror : 8c
ceureupa tempat tembakau : tobacco jar : 7e
chén: meuchén terkesan : impressed by, affection : 4e
chèt jolok : poke up with a stick, pick fruit with knife on end of pole : 3d, 6a
cheue rindang, teduh : shady : 10d
ch'iep peot, peok : dented : 9a
chik kakek : grandfather : 1b
chik: michik nenek : grandmother : 1b
chik: ureueng chik orangtua : parents : 1b
chök ragu : doubt : 4h
chön lompat, loncat : jump, skip : 3a
ci coba : try, test : 4c
cicak cecak : house lizard : 12c
cicém burung : bird : 12b
cih cis : word for chasing a dog : 6d
cilèt mencolek : smear : 3d
cina cina : Chinese : 1c
cina: eungkôt cina ikan mas : goldfish, carp : 12e
cincu runcing : sharp, pointed : 9f
cingklöt: seupatu cingklöt sepatu tinggi (wanita) : high heels (woman) : 8b
cintra sangkar : cage : 12a
cinu ciduk, gayung : dipper, water scoop : 8d
cipé ceper : saucer : 8d
cirét mencret : diarrhea : 2b
ciriek cerek, teko : teapot, kettle : 8d
cit juga, memang : also, indeed : 13a
citak cetak : print : 5b
coh patuk : peck, bite (snake) : 12a
côh-côh menakutkan binatang : raise, frighten animals : 6c
cok ambil : take, get : 3f
coklat coklat : brown : 9b
côm cium : smell (verb), nosekiss : 2c
cong cucu cicit : great, great, great grandchild : 1b
công di atas, tinggi : on top of : 9e
cop jahit : sew : 3i
cop: tukang ceumeucop tukang jahit : tailor : 6g
cöt bukit : hill : 10a
cöt cicit : great grandchild : 1b
cöt tegak lurus : vertical : 9e
cöt uroe tengah hari : midday : 10e
crah retak : split, crack : 9a
cré cerai : divorce : 1k

creue memotong cabang pohon : lop : 3e
creueh menggaruk tanah, penggaruk tanah : rake : 6a, 6e
criek menyobek : tear, rip : 3e
criet cerah, panas sekali (matahari) : clear, sunny, very hot (sun) : 10d
crôh goreng : fry : 7a
crông menimba : draw water : 3h
cruep telungkup : lie on stomach : 3a
cuba coba : try : 4c
cubét mencubit : pinch : 3d, 3g
cucô bilas : rinse : 3c
cuco cucu : grandchild : 1b
cucok tusuk : pin : 6e, 8b
cuda kakak yang tua : elder sister : 1b
cue curi : steal : 3f, 1h
cue sj siput air payau : k.o. sea snail : 12c
c'ueh memadamkan, mendinginkan : quench, cool in water : 3h
cuet kecil sekali : tiny : 9d
c'uet mencerut : tie very tight : 3j
cui mengorek dengan benda tajam : dig, pick out with a sharp point : 3c
cui meruncingkan : sharpen to a point : 3e, 3i
cuka cuka : vinegar : 7f
cukèh menggamit : touch lightly to attract attention : 3d
cukô mencukur : shave : 3c
culét mencungkil : gouge out : 3c
culok colok : poke, poke into : 3e, 3h
cuma hanya, tetapi : only, but, however : 13a, 13e
cumèh sumbing : chipped, harelip : 2b, 9a
cumuet bisul : boil : 2b
cupo kakak yang tua : elder sister : 1b
curéh menggores : scratch : 3d
curien kejam : cruel, strict : 4g
curu: rukok curu cerutu : cigar : 7e
cut gelar bangsawan (wanita) : royal title (female) : 1e
cut kecil : small, little : 9d, 9f
cut yang muda : younger : 1b
cutbang abang tertua : eldest brother : 1b
cuti kakak yang termuda : youngest elder sister : 1b
cut'iet cubit : pinch with fingernails : 3d, 3g
cutok patuk : peck, bite (snake) : 12a
da kakak : elder sister, elder female relative of the same generation : 1b
dabeueh barang : baggage, luggage : 5e
dabôh: top dabôh dabus : dance with knife and sword : 1f
dada dada : chest : 2a
dadeueng memanggang, mengeringkan : roast, dry by the fire : 7a
dairah daerah : region : 1e, 10a
dakwa tuduh : accuse : 1h, 5a
dalam dalam : in, inside : 13c, 9e
dalém abang : elder brother, elder male relative of the same generation : 1b
dalupa sandiwara : play, drama : 1f
dam dendam : revenge : 1h
dama damar : resin : 11a
damè damai : reconciliation : 1h
dano danau : lake : 10c
danöh nanah : pus : 2b
dapu dapur : kitchen : 8c
dara dara : virgin : 1k
dara barô pengantin wanita : bride : 1k
darah darah : blood : 2a
darat daratan : land (not sea) : 10a
daroh senjenis rumput untuk anyaman : reed : 11e

darôhaka durhaka : insubordinate, accursed : 4g
daruet belalang : grasshopper : 12f
dawa, meudawa debat, bertengkar : argue, quarrel : 1g, 5a
daweuet dawat : ink : 5b
dawôk asyik : engrossed : 4h
daya daya, usaha : effort : 3k
daya: barat daya barat daya : southwest : 9e
dayak dayak : Dayak : 1c
d'èe-dèe khueng sejenis jangkrik yang hidup di pohon : cicada : 12f
déh itu, jauh : that, further away : 13i
dèk buah dada, payudara : breast : 2a
dèlat daulat : majesty : 4g
dén-dén capung : dragonfly : 12f
dèsya dosa : sin : 1h
deudah dadar : cook eggs in a leaf (omelette) : 7a
deue dangkal : shallow : 9d, 10c
deuek lapar : hungry : 2e
deuh tampak, terdengar : visible, audible : 2c
deuka mujur, bertangan dingin : lucky : 4a
deumam demam : fever : 2b
deunda denda : fine : 1h
deungki dengki, iri hati : envy, grudge : 4e
deungö dengar : hear, listen : 2c
deungön dengan : with : 13c
deupa depa : fathom : 9d
dhët bentak, marah : scold, speak angrily to : 5a
dheuen cabang, dahan : branch : 11a
dhiet indah : attractive, fascinating : 4a
dhoe dahi : forehead : 2a
dhôi debu, abu : ash, dust, earth : 10a
di di, dari : at, from : 13c
di- dia : he, she : 1a
diet diat, denda : fine, pay a fine, redeem : 1h
dilah lidah : tongue : 2a
dilèe dulu : formerly, earlier on : 10e
dirui sepoi-sepoi : gentle, cool (breeze) : 10d
dit sedikit : few : 9d
dit: meudit jelas jumlah : known how few : 4h
dit: padit berapa : how much, how many : 13g
dôdôi dodol : k.o. sweet cake : 7b
doe sumbat : block off, fill in : 3j
dogé tauge : mungbean sprouts 11d
dôk-dôk kata untuk memanggil anjing : word for calling a dog : 6d
dokto dokter : doctor : 2b
döm bermalam : stay overnight : 3a
döng berdiri : stand, stop going : 3a
dônya dunia : world : 1i, 10a
dosèn dosen : lecturer : 6g
dra dera : scourge, whip : 1h
drah deras : fast, vigorous (movement) : 9a
drien durian : durian : 11b
droe diri : self : 1a
droe orang : person : 13d
droeneuh saudara, anda : you : 1a
drôh gonggong : bark (dog) : 12a
drop tangkap : arrest, catch : 1h, 3g, 6c
du ayah, bapak : father : 1b
du'a: meudu'a berdoa : say a prayer : 1i
dudoe yang belakangan, terakhir : later, latter : 10e
duek duduk : sit, dwell : 3a
duek: peuduek meletakkan : put : 3h
dukông dukung : carry on back, support : 3g

dum banyak : much, many : 9d

dum ék meskipun : no matter how much : 13e

dum: meudum jelas jumlah : known how many : 4h

dum: padum berapa : how much, how many : 13g

dum: peudum menjelaskan jumlah : determine how many : 4h

dumpat dimana saja : everywhere : 13h

dup: padup berapa : how much, how many : 13g

duroe duri : thorn : 11a

dusôn pedalaman : inland : 10a

duwa dua : two : 9c

duwa neuk sedikit : a little : 9d

ë oh : suprise, pleasure : 13f

èh es : ice : 7c

éh hai : hey (rebuke) : 13f

éh tidur : sleep, lie down : 3a, 2d

'èh: panè 'èh, 'èh na berapa jauh, panjang : how long, how far : 13g

'èi-'èi kata untuk memanggil kucing : word for calling a cat : 6d

ék panjat, daki : climb, go up : 3a

ék sanggup, mampu : able, feel like : 4c

èk taik, berak, kotoran : faeces, dung, manure : 2a, 12a

èk beusoe karatan : rust : 10b

èk geulinyueng taik telinga : ear wax : 2a

èk gogajoe serbuk gergaji : sawdust : 6e

èk idông ingus : snot : 2a

èk lalat taik lalat : mole, freckle : 2b

èk mata taik mata : sleep (in the eye) : 2a

èk: meutheun èk sembelit : constipation : 2b

ék: peuék yum menaikkan harga : raise a price : 6h

ék: peuneuék: ie peuneuék irigasi : irrigation : 6a

éleuham ilham : revelation : 1i

éleumèe ilmu : knowledge, science : 1i, 5c

èliya aulia : saint : 1i

éndatu nenek moyang, leluhur : ancestor : 1b

'èrat aurat : nakedness : 1i

éseulam islam : Islam : 1i

'èt pendek : short, length, distance : 9d

'èt: panè 'èt, 'èt na berapa jauh, panjang : how long, how far : 13g

eu lihat : see, look : 2c

'eu ya : yes, u huh : 13f

eue mandul : barren (of animals) : 12a

'eui, 'eue merangkak : crawl : 3a, 12a

eumpang karung : woven sack, bag : 6f

eumpeuen makanan : feed, food for animals : 12a

eumpeuen: peueumpeuen beri makan : feed : 6d, 12a

eumpieng emping : grilled rice or gnemon seed pounded flat : 7b

eumpoe merumputi : weed a garden : 3c, 6a

eumpung kandang, sarang : animal's pen, nest, lair, hive : 6d, 12a

eunci inci : inch : 9d

euncien cincin : ring : 8b

euncit jejak : spoor, trail : 6c

eungka tikar : mat : 8c

eungkhèk berjalan pincang : limp, hobble : 2b, 3a

eungköng sj kera : k.o. monkey : 12d

eungkôt ikan : fish : 7b, 12e

euntah entah : maybe, who knows

whether : 13e
euntat antar : accompany : 3a, 3k
euntèe jin, hantu : ghost, spirit : 1j
euntèe sisa, jejak, bekas : leftover, remnant : 7b
eunteuk nanti : later today : 10e
euntreuk nanti : later today : 10e
gaca pacar : henna : 1k
gadè meminta-minta : beg : 5a
gadéng gading : ivory : 12a
gadéng: trieng gadéng bambu kuning : yellow k.o. bamboo : 11d
gadô-gadô gado-gado : gado-gado : 7b
gadôh hilang : lost : 9a
gadôh ribut : uproar, tumult : 1g
gadông gadung, ungu, lembayung : purple yam, purple : 9b, 11d
gagap gagap : stutter : 5a
gah: meugah terkenal : well-known, famous : 5a
gah: peugah bicara : tell, say : 5a
gah: peugah haba bicara : speaking, talk : 5a
gajah gajah : elephant : 12d
gajah: gaki gajah penyakit kaki gajah : elephantitis : 2b
gaji gaji : wage : 6g
gaki kaki : foot, leg : 2a
gaki glé kaki bukit : foot of mountain : 10a
gala gadai : pawn : 3f
galah main tangkap-tangkapan : catch game : 1f
galak senang, suka : happy, fond of : 4c, 4d
galang kampak pembelah : axe for splitting wood : 6e
galeue menjatuhkan diri, merebahkan diri : throw yourself down : 3a
gamba gambar : draw, picture : 1f, 3i, 5b

gambé gambir : gambier (betel quid ingredient) : 7e
gamèt menggamit : to nudge, to tap s.o. on the shoulder, arm, etc. : 3d
gampak kampak : axe : 6e
gampét kampit, s.j. kantong dari anyaman : woven sack : 6f
gampôh menyambung tali atau benang : join rope or thread : 3i, 3j
gampôi menggulung benang atau sutera : wind thread : 3j
gampông kampung, desa : village : 1e
gandéng ganding : put alongside : 3h
gandoe ketepel : slingshot : 1f
gandôm gandum : wheat : 11d
ganja ganja : marijuana, hemp : 7e
ganong hantu, roh jahat : evil spirit : 1j
gantang kentang : potato : 11d
gantang ukuran padi, kacang : measure of rice, beans (2 arè) : 9d
gantoe: uroe gantoe hari pekan : market day : 6h
gantöh: teugantöh tersandung : stumble, trip : 3a
gantung gantung : hang : 3h
gantung: meugantung bergantung : hang : 3a
gap kokoh : firm : 9a
gapah lemak : fat : 2a
gapeueh kapas : cotton : 10b, 11b
gapi bulai, kuning keputih-putihan : albino : 2a
gapiet kepit : carry under arm : 3g
gapu kapur sirih : lime for betel : 7e
gapu tuléh kapur tulis : chalk : 5c
garéh garis : line : 3e
gari sepeda : bicycle, bike : 5e
garô garuk : scratch : 3d
gasa kasar : coarse, rude, rough : 1d, 9a

gasai berkas, ikat : sheaf, bunch of paddy : 6a
gaséh cinta : love : 4e
gaséng gasing : top : 1f
gaseue kasok, kasau : rafter : 8c
gasi cangkok, okulasi : graft : 6a
gasi kebiri : castrate : 6d, 12a
gasien miskin : poor : 8a
gasui : meugasui-gasui serius, cepat-cepat : seriously, quickly : 9a
gata kamu : you : 1a
gatai gatal : itchy : 2b, 2e
gatip nikah : marriage : 1k
gatok main guli : marbles (using areca nuts) : 1f
gatok mata kaki : ankle : 2a
gayo gayo : Gayonese : 1c
géng miring : slanting : 9f
g'èng-g'ong kecapi mulut : jew's harp : 1f
gèt baik : good, beautiful, OK : 4a, 13f
geu- dia, beliau : he, she (higher) : 1a
geucai cekak, berkas kecil : small bunch, size between finger and thumb : 9d
geuchik kepala desa : village head : 1e
geudeu-geudeu gulat aceh : Acehnese wrestling : 1f
geudông gedung : building : 8c
geue raba : feel, touch, grope : 3d
geue eungkôt tangkap ikan dalam lumpur : catch fish in mud : 6b
geuh dia, mereka, milik dia, milik mereka : him, his, her, them, their : 1a
geuhön berat : heavy : 9a, 9d
geulanggang gelanggang : arena, ring : 1f
geulanteue petir, guntur : thunder : 10d

geulawa lempar dengan kayu : throw with a stick : 3h
geulayang layang-layang : kite : 1f
geulima delima, jambu biji : guava, pomegranate : 11c
geulinyueng telinga : ear : 2a
geulumbang gelombang : ocean waves : 10c
geulungku kukuran : coconut grater : 8d
geumbô gembur : loose (of soil) : 9a
geumeurép menjerit : scream : 5a
geumeuto tawon : wasp : 12f
geumpa gempa : earthquake : 10a
geunap genap : even, complete : 9a
geunap setiap : each, every : 9d
geundrang genderang : k.o. drum : 1f
geuneugom perangkap ikan : k.o. fish trap : 6b
geuniréng di samping : beside : 9e
geunta genta, lonceng : bell : 6d
geuntët kentut : fart : 2e
geunteut hantu raksasa : tall spirit : 1j
geunue tumit : heel : 2a
geupai kepal : squeeze in fist : 3g
geurana buleuen gerhana bulan : lunar eclipse : 10d
geurana mata uroe gerhana matahari : solar eclipse : 10d
geuratan karatan : rust : 10b
geuratan: meugeuratan karatan : rusty : 9a
geurèja gereja : church : 1i
geureuda burung garuda, rakus, congok : mythical bird, greedy, gluttonous : 4c, 12b
geureudhuek tampi burung hantu besar : large owl : 12b
geuritan angèn sepeda : bicycle, bike : 5e
geuritan apui kereta api : train : 5e

geurubak gerobak : ox, buffalo cart : 5e

geurubak: moto geurubak truk : truck : 5e

geurusông: ôn geurusông daun pisang kering : dry banana leaf : 11b

geusök gosok : play (violin) : 1f

geusök gosok : rub, iron : 3c

geusuen pengecut : cowardly, timid : 4f

geutah getah, karet : sap, rubber : 10b, 11a, 11b

geutanyoe kita : we, inclusive : 1a

geutèp jaroe petik jari : snap fingers : 3d

geuti ketik, mementil : flick with finger : 3d

geutiek ketiak : armpit : 2a

geutu sedikit sekali : small amount : 9d

geutuet kutil : wart : 2b

gharu: kayèe gharu pohon gaharu : aloe wood : 11b

gheuem geraham : molar : 2a

ghön berat : heavy : 9a, 9d

ghuen kental : thick, stiff (liquids) : 9a

gidöng injak : step on, stamp on, stand on : 3d

giduek mengendarai, duduk atas sesuatu : ride, sit on : 3a

gigèh tekun, getol : industrious : 4c

gigoe gigi : tooth : 2a

giléng giling : grind, mill : 3e

gilhö injak : step on, stamp on, stand on : 3d

gintön tindis : press, weigh down : 3j

giri jeruk besar : pomelo : 11c

gisa kembali : return : 3a

giséng gesek : rub against : 3d

giték kelingking : little finger : 2a

glah gelas : glass : 8d

glah kelas : classroom, grade : 5c

glah até lega : relieved : 4d

glah: peuglah melepaskan : untie : 3j

glang cacing : worm : 12f

glap gelap : dark : 9a

glap penjara, bui : prison, jail : 1h

glé bukit : hill : 10a

gléh bersih : clean : 9a

gléh: peugléh membersihkan : clean : 3c

gleueng gelang : bracelet : 8b

gli geli : ticklish : 2b

gliep periksa : examine, look through : 2c

glih dahak : phlegm : 2b

glik-glik gelitik : tickle : 3d

glông gulungan, bundar : roll, round : 9f

glueh kijang : kijang deer : 12d

glueh: meuglueh berburu kijang : hunting deer : 6c

glueng terjang : kick with heel : 3d

glum panau : white spots on skin : 2b

gö gagang : handle : 6e

gö kali : time, frequency : 10e

gö kawé gagang pancing : fishing rod : 6b

gö panah busur : bow : 6c

gö tambô pentungan beduk : drumstick : 1f

gö: trép-trép sigö sesekali : once in a while : 13a

goe: peugoe membangunkan : arouse, wake up : 2d

gögajoe gergaji : saw : 6e

gögasi raksasa : giant : 1j

gôh ponok : hump : 12a

goh, goh lom belum : not yet : 13b

gôh: tanoh gôh gundukan tanah : pile of earth : 10a

gom telungkup : invert a container : 3j

gông gong : gong : 1f
gop orang lain : stranger, others : 1e
gopnyan dia, beliau : he, she (higher) : 1a
gôt tarik : pull on : 3h
göt até baik budi pekerti : humble, modest : 4g
göt baik : good, beautiful : 4a
göt: peugöt buat, perbaiki : make, fix, build : 3i
gotong royong gotong royong : working bee : 1d
grah haus : thirsty : 2e
grak angkat : lift, raise : 3h
gréh mengarit : cut into segments : 3e
grép gerip : slate pencil : 5b
grôh menyeterika, menggosok : iron : 3c
grok pipa rokok : smoking pipe : 7e
grôp lompat, loncat : jump, skip : 3a
grueh parutan : scraper : 8d
gruep cekal, memeluk kuat-kuat : grasp, hold firmly : 3g
gubernur gubernur : governor : 1e
gubeue menggembalakan : herd, watch over : 6d
guci guci : big jar : 8d
guda kuda : horse : 12d
guha gua : cave, crevice : 10a
gui menjambak : pull s.o.'s hair angrily : 3h
gukèe kuku : nail : 2a
gulam pikul : carry on shoulder : 3g
gulé guling : roll : 3h
gulè sayur : vegetable : 6a, 7b
gulok gemuk pendek : stubby : 9a
gulông gulung : roll up : 3j
guna jasa : merit, service : 4e
gunca ukuran padi, kacang : measure of rice, beans (10 naléh) : 9d
gunci kunci : lock : 3j
gundah khawatir : worry, troubled : 4f
guni goni : gunny sack : 6f
guni: plueng lam guni lari dalam karung, goni : sack race : 1f
gunong gunung : mountain : 10a
gunténg gunting : scissors : 6e
guntoe pendek gemuk : stocky : 9a
gura lucu, menyenangkan : funny, enjoyable : 4d
gurèe guru agama, guru : teacher of religion, teacher : 1e, 1i, 5c
guréh gores : scratch : 3e
gurita gurita : octopus : 12e
guru guru : teacher : 6g
guruek longggar : loose : 9a
gusi gusi : gums : 2a
gusuek belai : stroke : 3d
gutèe kutu : louse : 12f
haba kabar, berita : news, story : 5a
habéh habis, semua : used up, complete, all : 9a, 9d
hadap hadap, menghadap : face towards : 3a
hadih hadis : prophet's sayings and actions : 1i
hadiyah hadiah : prize : 1f
hah buka (mulut) : open mouth : 3b
hah sehasta : ell : 9d
hah babah buka mulut : open mouth : 3b
hah: peuhah buka : open : 3j
hai hai, hei : hi, hey : 13f
hajat hajad, maksud : wish : 4c
haji haji : pilgrim to Mecca : 1i
hak hak : duty, right : 1e
hakim hakim : judge : 1h, 6g
haleue halal : allowed, rightful, legal : 1i
haliya jahe : ginger : 7f
halôh halus : fine, refined : 1d, 9a
haluwa halwa : k.o. sweet cake, fruit

preserved in sugar : 7b
hama hama : plague : 6a
hamba hamba : slave : 1e
hamè hamil : pregnant : 1k, 2e
hamèh kamis : Thursday : 10e
h'an tidak : no : 13b, 13f
h'an jeuet tidak boleh : may not : 13b
h'an mèe dilarang, tidak disenangi : prohibited, offensive : 4a
h'an töm tidak pernah : never : 13h
hana tidak ada, tidak : not exist, not, indeed not : 9a, 13b
hana peue tidak ada, tidak apa-apa : nothing, it doesn't matter : 13f, 13h
hana peue-peue tidak apa-apa : never mind, no worries : 13f
hanyöt hanyut : carried away by water, drown in ocean : 10c
harapan harapan : hope, expectation : 4c
hareubap rebab : k.o. violin : 1f
hareuem haram : forbidden, illegal : 1i
hareuga harga : price, value : 6h
hareukat mencari nafkah : make a living : 6g
hareutoe menjelaskan : explain : 4h
harök tertarik pada : interested in : 4c
harôm harum : fragrant : 2c
hat batas, had, ajal : boundary, border, time of death : 1k, 9e, 9f
hat: meuhat tertentu : certain, decided : 4b
hawa hasrat : desire : 4c
hayeue lucu, menyenangkan : funny, enjoyable : 4d
h'è-h'è: mirah meuh'è-h'è merah : bright red : 9b
héi hai, hei : hi, hey : 13f
hëi panggil : call out to : 5a
hèk lelah, letih : tired, weary, exhausted : 2b, 2e

hékeumat hikmat : wisdom : 4h
h'euh-h'euh kata untuk memanggil binatang : word for calling animal : 6d
h'eut: meuh'eut hasrat : desire : 4c
hi menyerupai : look like : 2c
hidéh disana (jauh) : there (far) : 9e, 13a
h'iem teka-teki : riddle : 5a
hikayat hikayat : epic poetry : 1f
hila hela : pull heavily : 3h
himbèe siamang : gibbon : 12d
himpôn himpun : collect, put together : 3h
hina hina : humble, humiliate, insult : 4g, 9a
hinan disana : there : 13a, 9e
hindu hindu : Hinduism : 1i
hingga hingga : until, limit : 9e
hinoe disini : here : 9e, 13a
hireuen heran : amazed, wonder : 4b
hiro memperdulikan : concern, care : 4e
hirôp hirup : suck, slurp : 3b
hiruep hirup : sniff, suck in, inhale : 3b
hiweuen hewan : animal : 12a
ho kemana : to somewhere, whither : 13h, 13g
ho: meuho jelas arah : known where to : 4h
hôm saya tidak tahu : I don't know : 13f
honda kenderaan roda dua : motor bike : 5e
h'ong lempar : throw, strike by throwing : 3d, 3h
h'öng: meuh'öng bau maung : unpleasant flavor e.g. garlic : 7d
hôreumat hormat : respect, honour : 4e

hu menyala : blaze, ablaze : 9a
hue seret, hela : pull, lead with a rope : 3h
huek ketulangan : choke on a (fish) bone : 2e
h'ueng tawon hitam : large black wasp : 12f
hugôp panas : feel too warm, stuffy : 10d
hukôm hukum : law : 1h
hukôm: meuhukôm membawa perkara ke pengadilan : appeal in court, sue a case : 1h
hurô-hara kacau balau : conflict : 1g
huruh huruf : letter : 5a, 5b
husi kata untuk mengusir binatang : word for chasing animal : 6d
i di, dari : at, from : 13c
i- dia : he, she : 1a
ibadat ibadah : religious duty : 1i
ibarat ibarat, kiasan : simile, example : 5a
iblih iblis : evil spirit : 1j
ibôh lontar : palmyra palm : 11b
idang hidang, saji : serve : 7a
idin izin : permission : 5a
idin: peuidin mengizinkan : excuse, permit : 5a
idông hidung : nose : 2a
ie air, minuman : liquid, water, drink : 7c, 10c
ie babah air liur : saliva : 2a
ie batré air aki : battery acid : 10c
ie bit air mentah : uncooked water : 10c
ie bu bubur : rice porridge : 7b
ie gapu air kapur : lime water : 10c
ie jeungèh air jernih, air bening : clear water : 10c
ie lé air mengalir : running water : 10c
ie mata air mata : tears : 2a

ie raya banjir, air bah : flood : 10c
ie rhët air terjun : waterfall : 10c
ie tabeue air tawar : sweet water, not salty water : 10c
ie teubèe air tebu : sugarcane juice : 7c
ie tuleueng sumsum : marrow : 2a
ie u air kelapa : coconut juice : 7c
ie: labu ie labu putih : bottle gourd : 11d
ie: meuie cair : thin, watery : 9a
ie: uleue ie ular sawah : water snake : 12c
'iek kencing, air seni : urine : 2a
iem diam : keep quiet : 5a
iem: peuiem mendiamkan, menentramkan : soothe, quieten : 5a
ierupa eropah : European : 1c
-ih dia, mereka, milik dia, milik mereka : him, his, her, them, their : 1a
ija kain : cloth : 8b, 10b
ija awih, ija bungkôh sapu tangan : handkerchief : 8b
ija krông kain sarong : sarong : 8b
ija panyang kain panjang : long cloth : 8b
ijô hijau : green, blue : 9b
ijô ôn hijau daun : dark green : 9b
ikat ikat : tie : 3j, 6d
ikôt ikut : agree, follow, obey : 3a, 3k, 5a
iku ekor : tail : 12a
ila ela, ukuran setengah depa : ell, a measure from finger tip to elbow : 9d
ilat licik : tricky : 4b
ilé mengalir : flow : 10c
iléh belut : k.o. eel : 12e
iman iman : belief, faith : 1i
imeum imam : village religious leader : 1e
'incha senja : twilight : 10e

inci inci : inch : 9d
indah indah : beautiful : 4a
ingat ingat : remember : 4h
ingat: peuingat mengingatkan : remind : 4h, 5a
inggréh inggris : British : 1c
ingoh batang hidung : bridge of nose : 2a
inöng betina, perempuan, wanita : female : 1b, 12a
inöng jaroe ibu jari : thumb : 2a
inseueh sayang : pity : 4e
'insya senja : twilight : 10e
intan intan : diamond : 10b
intat antar : accompany : 3a
irang miring, mencong : crooked, askew : 9f
iréh iris : cut into pieces : 3e
irôt miring, mencong : crooked, askew : 9f
isap isap : suck, draw on a cigarette or pipe : 3b
iseueng insang : gills : 12a
itali italia : Italian : 1c
itam hitam : black : 9b
iték itik, bebek : duck : 12b
izin: peuizin mengizinkan : excuse, permit : 5a
ja nenek moyang : ancestor : 1b
jaba: meujaba kelakuan ayam yang akan bertelur : clucky, of a hen about to lay an egg : 12a
jabeuet: musang jabeuet musang jebat : civet cat (strong smelling) : 12d
jadèh jadi, akur, setuju : agreed, decided : 4c
jaga jaga, kawal : awake, wake up, guard :1h, 2d, 3k
jaga: meujaga bergadang, jaga : stay awake, stay up : 2d
jagat pirang : blond : 9b
jagông jagung : corn : 6a, 11d
jahé berkata kotor, jahil, tidak mengindahkan aturan-aturan agama : vulgar, ignorant of religious teaching : 1d, 1i
jai banyak : much, many : 9d
jak pergi : go : 3a
jak éh pergi tidur : go to bed : 2d
jakeuen memamah : chew the cud : 12a
jakeuet zakat : tithe : 1i
jakhap terkam : grab in mouth : 3b
jalak ayam jantan yang berkaki kuning : yellow-legged rooster : 12b
jalan jalan : road, street, way : 5e
jalén merangkai dengan rotan : tie, weave or braid together with rattan : 3j
jalô sampan : canoe : 5e
jalök: teujalök duga : suspect, occur to : 4h
jamak jamak, melakukan dua shalat pada waktu yang sama : performing two shalat (ritual prayers) at one time : 1i
jambèe jambu : water apple, jambu 11c
jambô rumah kecil dan sederhana, gubuk di sawah, kebun, pondok : hut , shelter in field : 6a, 8c
jamèe tamu : guest, stranger : 1e
jameun zaman : period, age, a long time ago : 10e
jameun dilèe zaman dulu : long time ago, ancient time : 10e
jamin menjamin : guarantee : 5a
jamok nyamuk : mosquito : 12f
jampang bilamana, kapan-kapan : whenever, any time : 10e
jampôk burung hantu : owl : 12b
jampu campur : mix : 7a

jan waktu : time : 10e
jan: meujan jelas waktu : known when : 4h
jan: meujan-jan kadang-kadang : some time : 13a
jan: pajan kapan : when : 13g
jan: peujan menjelaskan waktu : determine when : 4h
janèng ubi rambat : k.o. yam : 11d
janggai janggal : awkward, clumsy : 4c
janggôt jenggot : beard : 2a
jangka jangka, alat ukur : compass : 5c
jangka jangka, tempo waktu : period of time, time span : 10e
jangkét berjangkit, menular : break out (of epidemic) : 2b
janji janji : promise : 5a
jantông jantung : heart : 2a
jap mulut bubu : mouth of a fish trap : 6b
jap rapat, dempet : touching : 9e
japhok menepuk air : splash : 3d
jarak jauh : far, distant : 9e
jaréng jaring : net : 6e
jaroe jari : finger's width : 9d
jaroe tangan : hand : 2a
jaroe mamèh jari manis : ring finger : 2a
jaroe teungöh jari tengah : middle finger : 2a
jarôm suntik, suntikan : inject, injection : 2b, 6d
jasat badan, tubuh, jasad : body : 2a
jatoe jati : teak : 11b
jawa jawa : Javanese : 1c
jaweuep jawab : answer : 5a
jawie kidal : left-handed : 4c
jawoe jawi : Malay in Arabic script : 5b

jayéh remeh, melecehkan : belittle : 4a
jéh itu, jauh : that, further away : 13i
jèm: meujèm-jèm meleleh : drip : 10c
jén jin : spirits (good and evil) : 1j
jép minum : drink : 3b
jerman jerman : German : 1c
jeue jala : casting net : 6b
jeuèe penampi : winnowing basket : 6e, 6f
jeuem jam : hour, watch : 8b, 10e
jeuen: meujeuen-jeuen bertaburan : spilled, spread over a surface : 9a
jeuep-jeuep tiap, setiap : each, every : 9d
jeuet berani : dare : 4f
jeuet bisa, boleh : able, allowed : 4c
jeuet boleh, dapat : can, able, may : 13b
jeuet jadi : become : 9a
jeuet: peujeuet menciptakan : create : 3i
jeuheut jahat : wicked, bad : 4a
jeulatang jelatang : nettle : 11b
jeumala kepala, ubun-ubun : top of head : 2a
jeumba bagian, hak : share, portion : 8a
jeumeurang menyeberangi : cross (river) : 3a
jeumot rajin : diligent : 4c
jeumpa: bungong jeumpa bunga cempaka : k.o. tropical magnolia : 11e
jeumpét jempit : pinch with first three fingers : 9d
jeumpung merang : rice straw : 6a
jeunamè mahar, emas kawin : bride-price : 1k
jeundrang jerami : stubble : 6a
jeuneurop tiang, pancang : stake : 6a
jeungèh jernih : clear (of water) : 9a
jeungeuk tengok, lihat : look into : 2c

jeungkai jengkal : a handspan : 9d
jeungki penumbuk padi : rice pounder : 6e
jeuôh jauh : far, distant : 9e
jeupang jepang : Japanese : 1c
jeupang: labu jeupang labu jepang : chayote, choko: 11d
jeupang: seulop jeupang sandal jepit : slippers : 8b
jeupat peras : squeeze : 3c
jeupét pijat : massage : 3g
jeurabat tali yang dililitkan pada mulut ternak, rotan pengikat mata beliung : harness : 6e
jeurapah jerapah : giraffe : 12d
jeurat kuburan : grave : 1k
jeureujak jerjak, terali : bars (e.g. on a window) : 8c
jeureukhô upih pinang besar yang sudah kering : dried sheath (of areca palm) : 6e
jeureulông jurang yang dalam : gorge, ravine : 10a
Jeureuman Jerman : German, Germany : 1c
jheut jahat : wicked, bad : 4a
jhô mendorong dengan kuat : shove : 3d, 3h
jhuek kuyup : soaked, very wet : 10c
jhung menarik ke atas : pull s.t. upward : 3h
ji- dia : he, she : 1a
jie kering dan layu : withered, wilted : 9a
jiem-jiem: bak jiem-jiem teratai : lotus, waterlily : 11d
jiep mengisap (tebu) : suck (sugarcane) : 3b
jih dia : he, she : 1a
jih dia, mereka, milik dia, milik mereka : him, his, her, them, their : 1a
jihat jihad : holy war : 1i
jinèh jenis, keturunan : type, race, descent : 1b
jing mengankat sebelah kaki : lift one foot off the ground : 3a
jingki penumbuk padi : rice pounder : 6e
jinoe kini, sekarang : now, at the moment : 10e
jiôh jauh : far, distant : 9e
jira jintan : caraway seed : 7f
jira manèh adas : cummin : 7f
jira putéh adas : fennel : 7f
jirat kuburan : grave : 1k
joh: meujoh-joh menetes : dripping : 10c
jôk beri, kasih : give : 3f
jôk enau, nira : sugar palm : 11b
jom rebah rata ke tanah, mati : lying flat, dead : 3a, 9a
jônjôngan junjungan (sebutan untuk nabi) : the blessed (term of address for a prophet) : 1i
jra jera : exhausted, suffer : 2b
jra: peujra menyakiti, menghukum : cause to suffer, punish : 1h
jrat jeratan : trap : 6c
jroh hebat, baik sekali : excellent : 4a
jruek makanan yang telah diawetkan : preserved (food) : 7b
jruek: boh iték jruek telur bebek asin : salted duck egg : 7b
jruek: peujruek mengawetkan, mengasinkan (makanan) : preserve, pickle : 7b
ju mendidih : boiling, melt : 7a, 10c
jubah baju jubah : robe : 8b
jubén ubin : tile : 10b
judi judi : gamble : 1f
judô pasangan, jodoh : spouse : 1b
jugèt joget, menari : dance : 1f

jugi pertapa : ascetic, hermit : 1i
juh juz : section of the Holy Koran : 1i
juka cuka : vinegar : 7f
jula larut (malam atau siang), terlambat : late in the day or night : 10e
juléng juling : crosseyed : 2c
jum basah : wet : 10c
jumeu'at jum'at : Friday : 10e
jumlah jumlah : total : 9c
jumoh muka, moncong : face, snout (of animal) : 12a
jumoh tamak, rakus : greedy : 4c
jungka rahang : jaw : 2a
jungkat angkuh : arrogant : 4g
jungkat jungkat : tilt, rock : 3h
junub junub : ritual impurity : 1i
jupat peras : squeeze : 3c
jurèe kamar pengantin : room for bride and groom: master bedroom : 8c
juri juri, wasit : referee : 1f
jurông lorong, jalan kecil : path in village, trail : 1e, 5e
juruet melurut : strip off (leaves, etc.) by running through the fingers : 3c
juwah galak, bengis : fierce : 4h
juwara juara, pemenang : champion, winner : 1f
juwiet kenyal, elastis : elastic : 9a
juwön malas, tidak bersemangat : lazy, unmotivated : 4c
ka- kamu, kau, engkau : you (lower) : 1a
ka o ya : yes, OK : 13f
ka sudah : already, now : 13b
ka- kamu, kau, engkau : you (lower) : 1a
ka jeuet baik : ok : 13f
ka lheueh sudah siap : already : 13b
Ka'bah Ka'bah : Kabah : 1i

kabom kulum : hold in mouth : 3b
kabupatén kabupaten : district, regency : 1e
kaca kaca : glass : 10b
kacak ancam : threaten : 1g
kacang kacang : beans : 6a
kacang ijô kacang hijau : mung beans : 11d
kacang kunèng kedele : soybean : 11d
kacang tanoh kacang tanah : peanut : 11d
kacang: minyeuk kacang minyak kacang : peanut oil : 10b
kacho kacau : disturb, stir : 1g, 3d
kachôk kocok : beat (egg), splash (water) : 3d, 7a
kachôk: meukachôk gencar, seru : in full progress : 9a
kada takdir, nasib : fate : 1k
kadang mungkin : maybe : 13a
kadi: teungku kadi penghulu : marriage celebrant : 1e
kadra ikan belanak : mullet : 12e
kah kamu, kau, engkau : you (lower) : 1a
kai kental : thick, stiff (liquids) : 9a
kai ukuran satu paruhan batok kelapa : a measure of a half coconut shell (of grain) : 9d
kaja tali pinggir jaring : rope bordering a net : 6e
kakaktuwa kakaktua : cockatoo : 12b
kakeuen memamah : chew the cud : 12a
kala kadha, mengganti (kewajiban agama yang tertinggal seperti shalat atau puasa) : substitute, make up (of a missing religious duty such as praying or fasting) : 1i
kala kala : scorpion : 12f
kalang daki : dirt on the skin : 9a

kaleueng : ganjal : tackle : 1f
kaleueng tatakan, sokongan : underlay, prop : 8c
kali kali : times, multiply : 9c
kali (kadhi) penghulu : marriage celebrant : 6g
kalimat kalimat : sentence : 5a, 5b
kaliphah pemimpin dalam permainan *dabus* : the person leading the *dabus* performance : 1f
kalön lihat : see, look : 2c
kalôt kalut, bingung : confused, irrational : 4h
kaluet bertapa : withdraw o.s. to meditate (to acquire magical powers) : 1i
kama kamar : room : 8c
kama éh kamar tidur : bedroom : 8c
kama manoe kamar mandi : bathroom : 8c
kamat iqamat : a short version of the call to prayer : 1i
kambam mengikat (ternak) pada pohon kayu : tether : 3j
kamèng kambing : goat : 12d
kamoe kami : we, exclusive : 1a
kamue anai-anai, rayap : white ant, termite : 12f
kamuh kamus : dictionary : 5b
kandé kandil, lampu gantung : hanging lamp : 8c
kandéh: boh kandéh kandis : k.o. sour fruit : 11c
kandét lipatan kain yang menyerupai kantong : carry wrapped in one's clothing : 8b
kandông rahim : womb : 2a
kandran kenderaan : vehicle : 5e
kangkông kayu berbentuk segi tiga yang dipasang di leher kambing agar tidak bisa menembus pagar : a triangle-shaped yoke to prevent livestock from passing through fences : 6e
kanjai malu : ashamed, embarrassed : 4d
kanjie kanji : starch : 3c
kanöt periuk : cooking vessel : 8d
kanteulè pengawas daerah pada masa pemerintahan Belanda : regional controller under the Dutch government : 1e
kantô kantor : office : 6g
kantô poh kantor pos : post office : 5d
kanun peraturan, undang-undang : regulations, law : 1h
kaôi nazar : vow (to God) conditional upon answered prayer : 1i
kap gigit : bite : 3b
kap: peukap daruet kléng adu jangkrik : cricket fight : 1f
kapai laôt kapal laut, kapal api : ship : 5e
kapai phö kapal terbang : plane : 5e
kaphan kafan : shroud : 1k
kaphé kafir : infidel, unbeliever : 1i
kaphô kapur barus : camphor : 1k
karam karam : sink : 10c
karang karang, susun : compose (verse) : 1f, 5b
karat: peukarat desak : urge : 5a
karaté karate : karate : 1f
karèh mengarih (nasi yang sedang dimasak) : stir (rice) while cooking : 7a
karéng ikan teri : dried anchovies : 12e
kareue menggulung tali atau benang : wind (rope or thread) : 3j
kareuem melingkari pohon dengan duri : obstruct a tree with thorny plants : 6a
kareueng batu karang : coral reef : 10a

kareuna karena : because : 13e
kari qari, orang yang mahir membaca al-Quran : expert in Quranic recitation : 1i
karom eram : brood, sit on eggs : 12a
karông: wali karông kerabat dekat, kaum kerabat : kin, family : 1b
karônya kurnia : grace, blessing : 1i
karu kacau : disturbance : 1g
karu: peukaru ganggu : disturb : 3k
kasap sulaman benang emas : gold embroidery : 1f
kasat kasad, niat : intention, purpose : 1i
kasiet khasiat, kegunaan : use, virtue, purpose : 2b
kasô tilam : mattress : 8c
kasôt kaus kaki : socks : 8b
kasti kasti, softball : softball : 1f
kata kata : word : 5a, 5b
katéng ukuran 20 bambu padi, kacang : measure of rice, beans (16 arè, 20 arè) : 9d
katoe kati : 1/3 pound or 617 grams : 9d
kawai kawal : guard, escort : 3k
kawan kawanan : herd of animals : 12a
kawé pancing : fish with a line : 6b
kawé: mata kawé mata pancing : fish hook : 6b
kawé: taloe kawé tali pancing : fishing line : 6b
kawén kawin : coitus : 2e
kawén: meukawén perkawinan : marriage, get married (custom) : 1k
kawét pisau bengkok : curved knife : 6e
kawét sangkutan : hook : 6e
kawôm kerabat, famili : relatives : 1b
kawôt memanggil (memberi isyarat dengan tangan) : summon with a hand gesture : 5a
kaya kaya : rich : 8a
kayap kayap, sariawan : mouth ulcer : 2b
kayèe kayu : wood : 10b, 11a
kayèe ukuran kain : a measure of cloth : 9d
kayèe putéh kayu putih : eucalyptus : 11b
kayém sering : often : 13a
kayôh kayuh : row : 5e
kèe aku : I (lower) : 1a
kèh korek : matches : 7e
kéh saku, kantong : pocket : 8b
kèh: batèe kèh batu geretan : flint : 10b
k'èng-k'èng suara kasar : loud and rude voice : 4d
kéng-keueng porak-poranda, pontang-panting : messy, chaotic : 9a
kènsè pinsil : pencil : 5b
kèp jepitan rambut : hair-pin : 8b
k'èt: itam k'èt hitam pekat : very black : 9b
keu kepada : to : 13c
keubai kebal : invulnerable : 1g
keubangbang kupu-kupu, rama-rama : butterfly : 12f
keubeue kerbau : buffalo : 12d
keubeueng petak sawah : division of rice field : 6a, 9d
keubiri biri-biri, domba : sheep : 12d
keubit sungguh-sungguh, benar-benar : indeed, truly : 13f
keucamatan kecamatan : subdistrict : 1e
keuch'ak: teukeuch'ak genit, dengan perasaan bangga : cheeky, flirty : 4g
keuchik kepala desa : village head : 1e
keudap tenang, teduh (angin, air) :

quiet, still (water, wind) : 4a
keudè kedai, toko : shop : 6h
keudéh kesana : there, to there : 13a
keudidi kedidi (s.j. burung rawa yang selalu menggerak-gerakkan ekornya) : k.o. small plover : 12b
keudo keruh, kotor (air) : dirty, muddy (water) : 10c
keuduwa kedua : second : 9c
keue depan : front : 9e
keue: thôn u keue tahun depan : next year : 10e
keuèh: boh keuèh kelenjar, daging tumbuh : swollen gland : 2b
keueng dagu : chin : 2a
k'eueng gigit : bite : 3b
keueueng pedas : hot, spicy : 7d
keuh kamu, milik kamu : you, your : 1a
keuieng pinggang : waist : 2a
keuieng: taloe keuieng tali pinggang : belt : 8b
keuih menguis, menepis : shove s.t. aside : 3h
keujap: sikeujap sebentar, sekejap : a moment : 10e
keuji keji, memalukan : shameful : 4a
keukai kekal, abadi : eternal, lasting : 10e
keukarah s.j. kue yang menyerupai sarang burung tempua : k.o. nest-like cake : 7b
keulabèe kelabu, abu-abu : grey : 9b
keuleudè keledai : ass, donkey : 12d
keuleumbu kelambu : mosquito net : 8c
keulhèe ketiga : third : 9c
keumah berpakaian rapi : well dressed : 8b
keumah sanggup : possible for s.t. to be done : 4c

keumah siap, selesai : ready, finished : 9a
keumali: pèng keumali uang kembali : change : 6h
keumang mekar, terbuka : to blossom, open (flower) : 11a
keumarôh tawon kecil : small wasp : 12f
keumawé lam sirahi memancing dalam botol : k.o. bottle race : 1f
keumbeue kembar : twins : 1k
keumeue brondong jagung : popcorn : 7b
keumeung bermaksud : intend, be going to : 4c
keumeunyan kemenyan : incense : 10b
keumiet jaga : guard : 3k
keumiroe kemiri : candlenut : 7f
keumöng bengkak, gembung : swollen, bloated : 9a, 9f
keumudèe mengkudu : *morinda citrifolia* : 11c
keumudoe kemudi : rudder : 5e
keumuen saudara sepupu : cousin : 1b
keumukôh buah batok : shell fruit : 11c
keumuto tawon : wasp : 12f
keunan kesana : here, to here : 13a
keundô kendur, lemah : loose, slack (e.g. skin, knot) : 9a
keunèng alis : eyebrow : 2a
keuneulheueh terakhir : last : 10e
k'eung gigit, gerogot : gnaw : 3b
keunoe kesini : here, to here : 13a
keunöng kena, dapat (ikan) : strike, hit, touch, meet, caught (fish) : 3d, 6b, 6c
keunyuet kerut, kecut : shrink : 9d
keuöt mengering, menua : wither, dry up : 9a

keupéng keping : flat thin things : 13d
keupila ketela : sweet potato : 11d
keupông mengepung : besiege : 1g
keuprak mengepakkan sayap : flap (of wings) : 3a
keurajeuen kerajaan : kingdom : 1e
keuraleuep kecoak, lipas : cockroach : 12f
keuramat keramat : sacred, holy : 1i
keurandam tempat kapur sirih : lime tin for betel : 7e
keurani pegawai rendah : office clerk : 6g
keurawat pegal : tired (of muscle) : 2b
keurèta kenderaan roda dua : motor bike : 5e
keureubeuen korban, kurban : sacrifice : 1i
keureuja kerja : work : 3k, 6g
keureuja pesta : feast, ceremonial meal : 1d
Keureuja Indra Kerja Indera : Senses : 2c
keureuléng melirik : see s.t. at a glance : 2c
keureulieng s.j. ikan sungai : k.o. fresh water fish : 12e
keureuma kurma : date : 11c
keureumeuh ampas kelapa : grated coconut from which the milk has been squeezed : 7a
keureumon kerumun, mengerumuni : crowd, surround : 1d, 3a
keureunda kerenda, peti manyat : coffin : 1k
keureundét kenari : canary : 12b
keureundông kedondong : k.o. sour fruit : 11c
keureundông: bak keureundông batang kuda-kuda : k.o. tree usually used for 'live' fences : 11b

keureungkhèng penjara, bui : prison, jail : 1h
keureunyai mengaduk (daging, ikan, sayur) dengan bumbunya sebelum dimasak : mix all ingredients, including meat, before cooking : 7a
keureupôh kandang (bebek) : duck pen : 6d
keureupu garpu : fork : 8d
keureusék pasir kasar : pebbles : 10a
keureutah kertas : paper : 5b
keureutôh kelongsong peluru : spent cartridge : 1g
keureutu kartu : card : 5d
keurikéh kerikil, batu koral : gravel : 10a
keurimèn s.j. ikan laut : k.o. sea fish : 12e
keurimue lalat buah : k.o. small fruit fly : 12f
keuripèt keripik (pisang, ubi) : fried fruit chips (e.g. banana, cassava) : 7b
keurumot lekas marah : grumpy, irritable : 4g
keurunyong sepanjang badan : fathom from feet to outstretched tip of fingers : 9d
keurusa gara-gara : because : 13e
keuruweuet tidak enak badan : feel the need to stretch (e.g. when waking up) : 2e
keutang: bajèe keutang kutang, singlet : singlet : 8b
keutapang ketapang : terminalia cattapa : 11b
keutila ketela : sweet potato : 11d
keutupông: boh keutupông kelapa yg telah dilobangi tupai atau tikus : coconut eaten through by a squirrel or rat : 11c
keuwieng bengkok : curved : 9f

kha perkasa : brave : 4f
khan: sikhan separuh, setengah : half : 9c
khanduri kenduri, pesta : party : 1d
khatip: teungku khatip khatip, pembaca khutbah : preacher for Friday prayer : 1e
khèk jelek, tidak berkualitas : bad, poor quality : 4a
khém ketawa : laugh : 4d, 5a
kh'èp bau busuk : bad smell : 2c, 9a
khèp jepitan rambut : hair-pin : 8b
kheue keras kepala : stubborn : 4f
kheueh bersih, halal : genuine, not corrupt : 4a
kheuet khat, tulisan tangan, kaligrafi : handwriting, caligraphy : 5b
kheun baca, hafal : recite (hikayat) : 1f
kheun katakan : say : 5a
kheundak harapan : hope, expectation : 4c
khie rasa atau bau tengik : rancid, gone off : 7d
kh'ieng bau busuk : bad smell, rotten smell : 2c, 7d, 9a
kh'ieng naph'ah bengek, asma : asthma : 2b
khiyanat benci : hate : 4e
kh'op bau busuk : bad smell, rotten smell : 2c, 7d, 9a
khôp menelungkupkan : place s.t. face downward : 3h
khôp menutup : cover : 3j
khöt: meukhöt-khöt gemetar, menggigil : tremble (frightened), shiver : 2e
khueng kemarau : drought : 10d
kh'ung-kh'ung suara gonggongan anjing : sound of barking : 12d
kibah kibas, domba : Arabic sheep : 12d

kiblat kiblat : direction of Mecca : 9e
kieh kias, persamaan : analogical reasoning : 1h
kiki kikir : file : 6e
kilang mesin jahit : sewing machine : 6e
kilat kilat : lightning : 10d
kilèk mengelak, menangkis : evade : 3d
kilo kilo : kilogram : 9d
kilometè kilometer : kilometre : 9d
kipah kipas : fan : 6f
kiparat kifarat, denda : penance (of religious deed) : 1i
kira kira, duga : guess, expect : 4h
kira-kira kira-kira : more or less : 13a
kirè lindung : small eel : 12e
kirém kirim : send : 5d
kireueh kais : scrape (chicken) : 12a
kirôh ribut, gaduh : noisy, disturbance : 1g
kirôk juling : crosseyed : 2c
kisah kisah, cerita : story, narrative : 5a
kitap kitab : religious text : 5b
kiwieng bengkok : bent, crooked : 9f
kiyamat kiamat : end of world : 10e
kla: itam kl'a hitam pekat : very black : 9b
klah ikatan : band : 6f
klam kelam, gelap : darkness : 10d
klat kelat : unpleasant unripe mouth-drying taste : 7d
kléng india : Indian (southern) : 1c
kléng: daruet kléng jengkrik : cricket : 12f
klèp mata kedip mata : blink : 2c
klèrèng kelereng : marbles : 1f
kleueng elang : kite : 12b
kleuet liar : wild : 4f
kliet lengket : sticky : 9a

klik tangis : cry : 4d, 5a
klo bisu : dumb : 2b, 2c
klôh gonggong : bark (dog) : 12a
klok cubit : pinch : 3d
koh potong : cut, cut off : 3e
koh potong, panen : harvest (rice) : 6a
koh seberang : cross : 3a
koh haba mengganggu : interrupt : 5a
koh kayèe tebang kayu : chop down trees : 6a
koh yum menetapkan harga : set a price : 6h
kôl kol, kubis : cabbage : 11d
kom busuk (telur), mati : rotten (egg) : 12a
kômpeuni kompeni, Belanda : Dutch : 1c
kompo, kompho kompor : stove : 8d
kön bukan : no, not, on the contrary : 13b, 13f
kön: meukön jelas alasan : known why : 4h
kön: pakön kenapa, mengapa : why : 13g
kön: tukön tahu alasan : know why : 4h
köng kuat, kokoh : strong, firm : 9a
kông menubruk : hit, collide : 3k
kông: bieng kông kepeting darat : land crab : 12c
kônsa waria, wadam : hermaphrodite : 1b
kônsi kongsi : partnership : 6h
kopo, kopho kopor : suitcase : 8c
korèa korea : Korean : 1c
kôt: bajèe kôt jas : coat : 8b
kra seloro : joke : 5a
kra: peukra mengganggu : tease : 5a
krak kerak, inti : core, heartwood : 10b
krak potongan : cut piece, word : 13d
krak ukuran kain : measure of cloth : 9d
krang kasar : rough, rude : 9a
krang kering dan keras : dry and stiff : 9a
krang-ceukang berwatak kasar : rough and rude : 4g
krèh buah zakar, pelir : testicle : 2a
kréh keris : kris : 1g
kréh raut : whittle : 3e
krèk potongan : cut piece, word : 13d
krèstèn kristen : Christianity : 1i
krètèk: rukok krètèk rokok kretek : clove cigarette : 7e
kreueh keras, padat : hard, solid, stiff : 9a
kreueh ulèe bandel, keras kepala : stubborn : 4g
kreueng kerang : clam, shellfish : 7b, 12e
kri: meukri jelas cara : known how : 4h
kri: pakri bagaimana : how : 13g
kri: pakri, pakri ban bagaimana : how : 13g
kri: peukri menjelaskan cara : clarify, determine how : 4h
kri: tukri tahu cara : know how : 4h
kriet kikir, pelit : stingy : 4c
krông lumbung padi yang terbuat dari bambu atau kulit kayu : cylindrical rice storage container : 8a
krôt kerut : wrinkled, contracted : 9a
kru ketombe : dandruff : 2b
kru-kru kata untuk memanggil ayam : word for calling chicken : 6d
krueng sungai : river : 10a, 10c
kruep ikan batok : climbing perch : 12e
kruet jeruk perut : k.o. citrus : 7f, 11c
krui: peukrui menganginkan : win-

now in wind : 3c, 6a
krut korek, gores, parutan : scrape, scraper : 3c, 8d
ku- aku : I (lower) : 1a
kubang kubang : wallowing hole : 10c
kuboh buih, busa : foam : 10c
kubu kuburan : grave : 1k
kuch'uek khusyuk : engrossed : 1i
kudé kudis : scabies : 2b
kudoe 20 krak kain : 20 krak of cloth : 9d
kudôk tengkuk : nape of neck : 2a
kueh birah (s.j. keladi gatal) : k.o. itching taro : 11d
ku'èh dengki, iri hati : envy, grudge : 4e
kueh gali : dig : 3e
kuek bangau putih : cattle egret : 12b
kuen tumpukan pepohonan di padang rumput : copse : 10a
kuet pungut, kumpul : gather up : 3h
kuh saya, milik saya : me, my : 1a
kulah bak air : water tank : 10c
kulah: bu kulah nasi yang dibungkus dengan daun pisang : rice wrapped in banana leaf : 7b
kulak kolak : fruit stewed with coconut milk & sugar : 7b
kulam kolam : pool : 10c
kulat cendawan, jamur : mushroom : 11d
kulét kulit : bark, rind, skin, hide, pelt : 2a, 11a, 12a
kulét manèh kayu manis : cinnamon : 7f
kulét mata pelupuk mata : eyelid : 2a
kuli buruh kasar : labourer, unskilled worker : 6g
kulu: boh kulu kulur (s.j. sukun berbiji) : breadnut : 11c
kumeun kuman : germ : 2b

kuncôp kuncup, kuntum : bud : 11a
kundô kundur : fuzzy melon : 11d
kunèng kuning : yellow : 9b
kunjông kunjung : visit : 3a
kunyèt kunyit : tumeric : 7f
kupèk kerah baju : collar : 8b
kupi, kuphi kopi : coffee : 7c
kupiyah kopiah, topi : hat : 8b
kuran makan dengan lahap : eat greedily : 3b
kurap kurap : ringworm : 2b
kuréng loreng : striped : 9b
kureueng kurang : less, subtract, minus : 9c, 9d, 13a
kurông kurung : keep in the stable, pen : 6d
kuruan alqur-an : Koran : 1i
kurusi kursi : chair : 5c, 8c
kuta kota : town, city : 10a
kutika cuaca : time, weather : 10d
kuto kotor : dirty : 9a
kutôk kutuk : curse : 5a
ku'uek berkokok, kokok : crow (rooster) : 12a
kuwa: sidom kuwa semut kepala batok : shell-headed ant : 12f
kuwah kuah, gulai : gravy, curry : 7b
kuwah ie sayur bening : vegetable soup : 7b
kuwah leumak gulai santan : coconut milk curry : 7b
kuwah masam keueueng gulai asam pedas : sour & hot curry : 7b
kuwak menguak : break open : 3e
kuwala muara sungai : mouth of river, estuary : 10c
kuwasa kuasa : power, authority : 1h
kuwéh kue : cake, biscuit : 7b
kuwien tidur membengkokkan badan : sleep curled up : 3a
kuwini kuini : k.o. mango : 11c

kuyan koyan, ukuran sepuluh *gunca* padi : a measure of ten *gunca* of rice : 9d

kuyu gemetar ketakutan : tremble, frightened : 4f

kuyuen jeruk nipis : lime, lime, lemon : 7f, 11c

laba laba, untung : profit : 6h

labah bebas, tidak terikat dengan anak, suami atau isteri : independent, having no children : 1b

labang paku : nail : 6e

labi-labi bus mini : minibus : 5e

labi-labi sj. kura-kura darat : k.o. tortoise : 12c

labô cat : paint : 10b

labôh labuh : weigh anchor : 5e

labôh: peulabôhan pelabuhan : harbour, port : 5e

labu labu : gourd, squash, pumpkin : 11d

lada lada : pepper : 7f, 11d

ladang ladang : cleared forest, : 6a

ladang liar : wild, untame, uncleared : 6a, 12a

ladieng s.j. parang yang melengkung ke luar : k.o. curved machete : 6e

lado sambal lado : cooked chilli sauce : 7b

ladôm sebagian : some : 9d, 13h

la'èh lemah : weak : 9a

laén lain : different : 9a

laén: meulaén debat : argue : 5a

lagak cantik : beautiful : 4a

lagang payau : brackish, salty : 10c

lagèe cara : manner, style : 13a

lagèe lagu : melody : 1f

lagèe seperti : like, manner : 13a

lagoe ternyata : apparently : 13a

lagoina sangat : very : 13a

lagôt laku, laris : current, in demand : 6h

lagu lagu : song : 1f

lagu: meulagu bernyanyi : sing : 1f

lah untunglah : fortunately : 13a

lah: tukang lah tukang las : welder : 6g

lahé lahir, kelahiran : born, birth : 1k

lahèe berkata atau berlaku porno : vulgar, coarse language : 1d

laju segera : immediately : 13a

laju terus : continuing on : 13a

lakèe minta, mohon : request, beg : 5a

laknat laknat : curse, condemn : 4e

lakoe laki-laki : male : 1b

lakoe suami : husband : 1b

laksa laksa : ten thousand : 9c

lakseumana laksamana : admiral : 1e

lalat lalat : fly : 12f

lalèe lalai, lengah : negligent, careless : 4h

lam dalam : in, inside : 13c

lambayông lembayung : purple : 9b

lambéng jengger : rooster's comb : 12b

lambông lambung, sisi (badan) : side of chest : 2a

lambông melambungkan : throw upwards : 3h

lami: ban lami baru saja : just now : 10e

lamiet budak, pembantu : servant, slave : 1e

lampôh kebun : garden : 6a, 8a

lampôh: meulampôh bertani : farming : 6a

lampu lampu : lamp : 8c

lan jijik : disgust : 4e

landah paron : anvil : 6e

landak landak : porcupine : 12d

landôk pejantan : male stud animal : 12a

langai bajak : plow : 6a, 6e**

langèt langit : sky : 10a, 10d
langèt-langèt langit-langit : palate : 2a
langganan langganan : customer : 6h
langgéh langgis : crow bar : 6e
langgéh menyita, menguasai secara paksa : seize, invade : 1g
langkah langkah : step, walk : 3a
langkubè s.j. burung sawah : k.o. black waterhen : 12b
langkuweueh lengkuas : galingale : 11d
langöng langau : bluebottle fly, horse fly : 12f
langsat langsat, duku : langsat : 11b, 11c
langue renang : swim, swimming : 1f, 10c
langue, meulangue renang : swim : 3a
lanja segera : immediately : 13a
lansông langsung : direct, straight : 9e
lantak memukul dengan kuat : hit hard : 3d
lantak sampai dengan : until : 10e
lanteuen: meulanteuen terhalang : be hindered, be hampered : 4c
lantui godam : wooden mallet : 6e
lantui s.j. penyu air tawar : k.o. land tortoise : 12c
laôt laut : sea : 10a, 10c
laôt: meulaôt nelayan : fisherman : 6g
lapah memotong (daging) besar-besar : butcher (livestock) : 3e
lapak tempat berjudi : gambling place : 1f
lapan delapan : eight : 9c
lapang lapang, terbuka : open, spacious : 9f
lapangan lapangan : playing field : 1f
lapè lumpuh : paralysis : 2b
lapéh lapis : layer : 10b
lapék lapik : base, underlayer : 10b

larang melarang, larangan : forbid, prohibit : 1h
lasôn mengupas (kelapa muda) dengan rapi : trim a young coconut before drinking : 7c
lata melata, merayap : crawl, creep : 12c
latah latah : sensitive, touchy : 2b
lawan lawan, musuh, melawan : rival, opponent, oppose : 1f, 1g, 1h
lawan: meulawan debat : argue : 5a
lawang cengkeh : clove : 11b
lawét lama, tempo waktu : duration : 10e
lawét nyoe selama ini : currently : 10e
lawök mengaduk : mix, scramble : 3c
layak layak : proper : 4a
layang layang-layang : kite : 1f
layèe layu : withered : 9a
layeue layar : sail : 5e
layeue tatkala, ketika : at the time, when : 13a
layeue: silayeue sebaya, seumur : of the same age, contemporary : 9a
layôh mengantuk : sleepy : 2d
layu mendekatkan sesuatu dengan api supaya kering atau layu : dry over a fire : 3h
lazat lezat : delicious : 7d
lazém lazim, biasa : common, usual : 10e
lë banyak : much, many : 9d
lé oleh : by : 13c
lé segera : immediately : 13a
lé: meulé-lé hampir terbenam (matahari atau bulan) : about to set (sun, moon) : 10e
lë: peulë memperbanyak : multiply : 9c
lèh -lah : please : 13a
lék-lok sembrono : careless : 4g

lèlang lelang : auction : 6h
lém abang : elder brother, elder male relative of the same generation : 1b
léng tuang : pour : 3h
lët cabut : pluck, uproot, pull up, harvest : 3c, 6a
lét kejar : chase : 6c
lët: peulët manok sabung ayam : cock fight : 1f
leubah ranum : over ripe : 11c
leubèe lebai : mosque caretaker : 6g
leubèh lebih, sisa : more than, more, left over, remainder : 9c, 9d, 13a
leubéng kutu (badan) kecil : scabies : 12f
leubô dubur : anus : 2a
leubô: teusuet leubô ambeyen, bawasir : piles : 2b
leuböt keadaan setengah kering : half-dried, damp : 9a
leubue s.j. keladi : k.o. taro : 11d
leubui rapuh, tidak kokoh : fragile (cloth, thread, wood) : 9a
leuek balam, perkutut : dove : 12b
leuek: mata boh leuek bular, mata tumbuh : cataract : 2b
leuen pekarangan, halaman : yard : 8c
leueng bentang : unroll, spread out : 3j
leueueng berkurang, reda : easing (rain) : 10d
leugat lekas, segera : quickly, immediately : 13a
leugeu muak, nek : feeling sick after eating rich food : 7d
leuhô tengah hari : midday : 10e
leuhop lumpur : mud : 10a, 10c
leuhu tumbuh subur : thrive : 6a
leuiet licin : slippery : 10c
leuiet matang, masak (nasi) : cooked (rice) : 7a

leuka mujur, bertangan dingin : lucky : 4a
leukang lekang : fall off, peeling off : 9a
leukat ketan : glutinous (rice) : 7b
leukiet lekit : sticky : 9a
leukôm telekung, mukena : woman's praying veil : 1i, 8b
leulumba lumba-lumba : dolphin : 12e
leumah tampak, dapat dilihat : visible, appear : 2c
leumak kue : k.o. cake : 7b
leumak lemak : rich, greasy (of food) : 7d
leumang lemang : glutinous rice roasted in bamboo tubes : 7b
leumari lemari : cupboard : 8c
leumbam lembam, memar : bruise : 2b
leumbéng lembing : spear, lance : 1g
leumbôt lembut : calm, soft : 9a
leumiek lembek : soft : 9a
leumo lembu, sapi : cow : 12d
leumöh lemah : weak, soft : 2b, 4c, 9a
leumöh-leumbôt lemah-lembut : mild : 4g
leumueng pangkuan : lap : 2a
leundé lendir : phlegm : 2b
leungkap lengkap, sempurna : complete : 9a
leungk'uet bekatul, sisa beras : rice siftings : 7a
leungö dengar : hear, listen : 2c
leungö goyang : loose, shaky : 9a
leungöng bijan, wijen : sesame : 7f
leungöng langau : blue bottle fly, horse fly : 12f
leunték lentik : curving upwards : 9f
leunuet lentur : flexible : 9a
leupah sangat : very : 13a
leupah sudah pergi : gone past, gone

on further : 3a
leupéh lepitan : in folds : 9d
leupék lipatan kulit perut : stomach folds : 2a
leupie dingin, sejuk : cold, cool : 9a, 10d
leupieng: boh leupieng kelapa yg telah dilobangi tupai atau tikus : coconut eaten through by a squirrel or rat : 11c
leupön lembut, empuk (tanah, kasur) : soft (soil, mattress) : 9a
leusông lesung : mortar : 6e, 8d
lha serpih : flakes, chips (of wood) : 10b
lhah sapih : wean : 1k
lhak menguliti (hewan sembelihan) : flay, skin : 3c
lhak sendi, pangkal otot : joint : 2a
lhak pha pangkal paha : groin, hip joint : 2a
lham pacul : hole digger : 6e
lham tenggelam : sink : 10c
lham sudok sekop : spade : 6e
lhan: uleue lhan ular piton : python : 12c
lhang s.j. tawon : k.o. wasp : 12f
lhap membasahkan : dip, soak : 3d
lhat sangkut : hang on something : 3h
lhèe tiga : three : 9c
lhèe sagoe segi tiga : triangle : 9f
lheue gongseng : roast in pan : 7a
lheue seuneulông tempat penyemaian : seeding plot : 6a
lheue: u lheue kelapa gongseng : roasted ground coconut : 7f
lheueh lepas : free, miss, released : 6c, 9a
lheueh siap : finished : 9a
lheueh: peulheueh lepas : free, release : 6d

lheueh: peulheueh melepaskan, membebaskan : release, free, set loose : 1h, 3g
lheueh: peulheueh menyiapkan, menyelesaikan : finish : 3k
lheueh: peulheueh naph'ah bernafas : breathe : 2e
lheueh: seuneulheueh terakhir : last : 10e
lheueng selang, menyelangi : skip an interval : 3k
lheuep mengoyak, merusakkan : tear off : 3c
lhi menghapus (tulisan) : erase : 5b
lhö menggirik padi : thresh rice with feet : 3c, 6a
lhö putar, dayung : pedal : 3h
lhö: meulhö berkelahi : fight : 1g
lhöh bongkar : dismantle : 3i
lhöh cabut (gigi) : pull out, extract : 3h
lhôh menyuluh : look in mirror, look with torch : 2c
lhoh pasar : market : 6h
lhôk cekung : concave, sunken : 9f
lhôk dalam : deep : 9d, 10c
lhôk teluk : bay, harbour, gulf : 10c
lhom manjatuhkan : drop : 3h
lhom bijèh menanam bibit : sow : 6a
lhôn menanggalkan pakaian, telanjang : strip off, naked : 3j, 9a
lhöng kalong : flying fox : 12d
lhông semai bibit : to seed : 6a
lhông: seuneulông, neulông bibit padi : rice seedling : 6a
lhop membendung, memagari : dam up, barricade : 6a
lhop: seuneulhop bendungan : dam : 10c
lhu kelu lidah (karena makan sirih) : numb (of tongue) from eating betel :

2b
lhue kasau, bendul atau balok lantai : floor joists : 8c
lhuek rogoh, memasukkan tangan kedalam suatu lubang : grope in a hole : 3d
lhuek sepanjang lengan : cubit : 9d
lhuek eungkôt ambil ikan dalam lobang : feel for fish in a hole : 6b
licén licin : slippery : 9a
lidah lidah : tongue : 2a
lieh jilat : lick : 3b
lien lidah menjulurkan lidah : stick out tongue : 3b
lieng liang lahat : grave hole : 1k
ligan: meuligan terkena kotoran : smeared with something dirty : 9a
lijeu belut : eel : 12e
lijhuek kuyup : soaked, very wet : 10c
likak menari-nari : dance around : 1f
likat kental : thick (of liquid) : 9a
liké lagu, nyanyian keagamaan tanpa musik : religious song (without accompaniment) : 1f
likok lenggok : sway or swing one's body in dancing : 1f
likôt belakang : back, behind : 9e
likôt: thôn u likôt tahun lalu : last year : 10e
lilèh meleleh : melt, drip : 10c
lilén lilin : candle, wax : 8c, 10b
lilét lilit, melilit : wind : 3j
limbèk ikan limbat : k.o. catfish : 12e
limbôt selimut : cover with blanket : 3j
limbôt: ija limbôt kain selimut : blanket : 8c
limèng belimbing buluh : belimbing : 11b
limeuh membongkar-bongkar : dig out, rummage through : 3c

limo jeruk manis : orange : 11c
limon limun : soda, soft drink : 7c
limöng lima : five : 9c
limpa limpa : spleen : 2a
limpah limpah, meluap : overflow : 10c
limpéng s.j. kue terbuat dari tepung beras atau sagu : k.o. cake made of rice or sago flour : 7b
limpeuen lipan : centipede : 12f
lincah rujak : spicy fruit salad : 7b
linceuet terpercik : spatter : 10c
lincông rencong : Acehnese dagger : 1g
lindông berlindung : take shelter : 3a
linggang melenggang : swing .o.s. arms or body while walking : 3a
lingiek menggelengkan kepala atau badan : shake one's head or body : 3a
lingka mengelilingi, melingkari : go around, surround : 3a
lingkang gulung (tali atau benang) : roll, wind (rope or thread) : 3j
lingkeue melangkahi : step over : 3a
lingkôk lengkung : curved : 9f
lingkôngan linkungan : grouping of houses : 1e
linong lindung : small eel : 12e
linot s.j. lebah kecil yang biasanya bersarang dalam lubang kayu : k.o. small bee which nests in holes in wood and produces wax : 12f
lintah lintah : leech : 12c
linteueng lebar : breadth : 9d
linteueng menghalangi, merintangi : block, prevent : 3k
lintô pengantin pria : groom : 1k
lipat lipat : fold : 3j
lipat: sikin lipat pisau lipat : folding knife : 6e
lipéh tipis : thin : 9d

lisék cerdik, licik : clever, cunning : 4c
lité liter : litre : 9d
liwat lewat, melebihi, melewati : exceed, beyond, pass by : 3a, 9d
lôh gundul, tidak berbulu : bald, hairless : 9a
lom lagi : again : 13a
lompih lagipun : moreover : 13a
lön lanau, endapan lumpur : silt : 10a
lôn padam : extingusihed : 7a
lôn saya : I : 1a
lôn saya, milik saya : me, my : 1a
lôp masuk : go into, under : 3a
lôt muat, cocok ukuran, pas : fit, fit in : 9d, 9d
lôt napsu makan : having an appetite for food : 4c
lôt yang termuda : youngest : 1b
loyang kuningan, loyang : brass : 10b
lu manja : spoiled : 4d
lubeueng kotoran, lumpur : mud : 10c
lubha loba, tamak, serakah : greedy : 4c
lucôt kurang, tidak cukup : not having enough, short of s.t. : 9d
lucu lucu : funny : 4d
ludah ludah, meludah, liur : spit, saliva : 3b, 2a
lueh cabut (bulu burung) : pluck (feathers) : 3c, 7a
luem intip : spy, peep, hunt from a blind : 2c, 6c
lueng parit, selokan : water channel : 10c
lueng ie saluran air : canal : 6a
luep menyelinap, masuk ke dalam lubang : go under or into through a hole : 3a
luep uroe terbenam matahari : sunset : 10e
luhok luka yang dalam : deep wound : 2b
lui menyelinap, masuk ke dalam lubang : go under or into through a hole : 3a
luka luka : wound : 2b
lukéh lukis : draw, paint : 1f, 3i, 5b
lulôh luluh : completely crushed : 9a
lulôh lulus : pass (exam) : 5c
lumak kue : cake, biscuit : 7b
lumba lomba, adu : race : 1f
lumba plueng lomba lari : running race : 1f
lumbôi nomor : number 9c
lumbôi nomor : number : 9c
lumpat lompat, loncat : jump, skip : 3a
lumpoe mimpi : dream : 2d
lumpôk empuk : soft, tender : 7a
lungkèe tanduk : horns : 12a
lungkèe tungku : pot stand for fire : 8d
luntie kelelawar kecil : small k.o. bat : 12d
lurôh rontok, gugur : fall away, fall out : 3a
lusa lusa : day after tomorrow : 10e
lusén lusin : dozen : 9c
lut terluka, dapat dilukai : penetrable by s.t. sharp : 9a
luténg: meuluténg kotor, terkena kotoran : dirty : 9a
lutông monyet berekor panjang : leaf monkey : 12d
luwa luar : outside : 9e
luwah luas : wide : 9d
luwat jijik, muak : detest, disgust : 4e
luwih manis dan lemak : rich and sweet (food) : 7d
ma ibu, mamak : mother : 1b
maba ajak : invite, ask : 5a
mabôk mabuk : intoxicated : 2b
macam macam, jenis : kind, type : 9a

INDEKS BASA ACÈH

madat candu, madat : opium, heroin : 7e

madeueng bersalin : post-birth confinement of mother : 1k

madôra madura : Madurese : 1c

madu madu : a second or later wife of a polygamous man : 1b

maguen memasak : cooking : 7a

mah'è mahir : skilled, proficient : 4c

mahkamah pengadilan : court : 1h

maidah lambung : digestion : 2a

maja nenek moyang : ancestors : 1b

maji reuôh biang keringat : heat rash : 2b

majun majun : male aphrodisiac : 2b

mak ibu, mamak : mother : 1b

makén makin : the more, increasingly : 13e

makeuen makan : eat : 3b

makmeugang hari penyembelihan hewan menjelang puasa Ramadhan dan hari raya : feast days before the fasting month : 1i

makmum makmum : congregation : 1e

makna makna, arti : meaning, definition : 4h, 5b

maksiet maksiat : evil deeds : 1i

mala layu, suram : withered, dim : 9a

malaikat malaikat : angel : 1j

malam malam : night : 10e

malang malang, sial : unlucky : 4a

malariya malaria : malaria : 2b

malé mandul : barren : 1k

malèe malu : shy, ashamed : 4f

malém saleh, alim : pious, knowledgeable : 1i, 4a

maléngkan melainkan : on the contrary : 13e

malo embalau : shellac : 10b

mamèh manis : sweet : 7d

mamöh kunyah : chew : 3b

mamplam mangga : mango : 11b, 11c

man- semua : all : 9d

mancang bacang : bacang, horse-mango : 11c

mancông mancung : pointed (nose) : 9f

mandr'èt: ie mandr'èt bandrek : spicy ginger drink : 7c

mandum semua : all : 9d

manèk manik-manik : beads : 8b

mangat enak, lezat, mudah, gampang : delicious, nice, easy : 4a, 4c, 7d,

mangat bèk supaya tidak : so that not : 13e

mangat jeuet supaya : in order to : 13e

mangkok cangkir, mangkok : cup : 8d

mangoh musang : civet cat (smells like pandanus) : 12d

mangohta manggis : mangosteen : 11c

mani: ie mani air mani, sperma : sperm : 2a

manoe mandi : take a bath : 3c

manoe: pumanoe manyèt memandikan mayat : wash a corpse : 1k

manoe: pumanoe, seumanoe memandikan : bathe, give s.o. a bath : 3c

manok ayam : fowl, chicken : 12b

manok: rabôn manok rabun ayam, rabun senja : night blindness : 2b

mantèga mentega : margarine, butter : 7f

mantöng masih : still : 13b

manu setengah masak (buah-buahan, khususnya asam jawa) : half ripe (esp. tamarind) : 11c

manusiya manusia : human being : 1d

manyak: aneuk manyak anak kecil, bayi : baby : 1b

manyam ukuran timbangan emas : measure of gold : 9d

manyang tinggi : high, tall : 9d, 9f
manyèt mayat, jenazah : corpse : 1k
manyèt: moto manyèt mobil jenazah : ambulance : 5e
manyum anyam : weave : 3i
marèh tenggorokan : trachea, windpipe : 2a
marit bicara : speak, talk : 5a
markisa markisa : passion fruit : 11c
marmar: batèe marmar marmar, batu pualam : marble : 10b
martabak martabak, martabak telur : pancake, scrambled egg : 7b
masa masa : time, period : 10e
masak masak, matang : cooked, ripe : 7a, 11c
masalah masalah : problem : 4a
masam asam : sour : 7d
masén asin : salty : 7d
maséng-maséng masing-masing : each : 9d
masyarakat masyarakat : society, community : 1e
mat pegang : hold : 3g
mat: mumat jaroe salaman, jabat tangan : shake hands : 1d
mata mata : blade, eye : 2a, 6e
mata ie mata air, sumber air : spring : 10c
matan matan, teks : text, written form : 5b
maté mati, meninggal : dead, die : 1k, 9a
maw'ah bagi hasil : profit sharing : 6a, 6h
maw'ah mawas : orangutan : 12d
maw'o mawar : rose : 11e
maw'öt maut : death : 1k
mbôh meniup, menghembus : blow : 3b
mbôk pejantan : male stud animal : 12a
mbôn embun : dew : 10c, 10d
mbông sombong : arrogant : 4g
mè asam jawa : tamarind : 7f, 11b
mè bawa : take : 3h
mè bawa, gendong : carry : 3g
mè: mumè hamil : pregnant : 1k, 2e
mèe boleh, layak : may, be permitted, proper : 1d, 4c
mèh meja : table : 8c
mèh-moh sibuk : busy : 9a
mèja meja : table : 8c
mèk-mèk kata untuk memanggil kambing : word for calling a goat : 6d
mèkreuet mikraj : the prophet Muhammad's ascent : 1i
mèn masa, waktu : period, time : 10e
mènsoh mansukh, batal : abrogate, abolish : 1h
mèt gerak : movement : 3a
mèt-mot bergerak-gerak : moving, in motion : 9a
metè meter : metre : 9d
meu- bermaksud : intend, be going to : 4c
meu- jika : if : 13e
meu- kami : we, exclusive : 1a
meu- seperti : like, manner : 13a
meu: meunyö jika : if : 13e
meu'ah jabat tangan, maaf, salaman : shake hands : 1d, 3d
meu'ah: pumeu'ah memaafkan : pardon, forgive : 1h
meuaku mengaku : confess : 5a
meuceuhu terkenal : famous : 5a
meuciek memekik : yell : 5a
meudéh begitu, seperti itu : like that : 13i
meu'èn main : play (a game, sport, dance, drama) : 1f
meu'èn: meuneu'èn mainan : toy : 1f

INDEKS BASA ACÈH

meugoe bertani : farming : 6a
meuh emas : gold : 8a, 10b
meuh kami, milik kami : us, our, exclusive : 1a
meuh: aneuk meuh anak emas : beloved child : 4e
meuh'ai mahal : expensive : 6h
meuk kunang-kunang : firefly : 12f
meukat berdagang : trading : 6h
meukat: ureueng pedagang : trader, shopkeeper : 6g
meukat: ureueng meukat pedagang : seller, trader : 6h
meukeusut maksud : intention, purpose, meaning : 4c, 4h
meuklèh terpisah, terasing : separated, isolated : 9e
meukmbè kunang-kunang : firefly : 12f
meukrôh makruh : preferably avoided, not recommended : 1i
meukuta manggis : mangosteen : 11c
meularat melarat : poor, miserable : 8a
meulatang binatang : animal : 12a
meulayu melayu : Malay : 1c
meulèt lambat : slow : 9a
meuligoe istana : palace : 1e
meulintèe menantu : son-in-law, daughter-in-law : 1b
meulisan gula aren : palm sugar : 7f
meulu melati : jasmine : 11e
meunan demikian : like that, such : 13i
meunang menang : win : 1f
meunara menara : minaret : 1i
meunasah menasah : village meeting house : 1e
meung- jika : if : 13e
meung-: meungkön jikan tidak : if not : 13e
meungkai mengkal : unripe : 11c
meungklèh terpisah, terasing : separated, isolated : 9e
meuniyaga berdagang, berniaga : trade, conduct a trading business : 6h
meunoe begini : like this : 13i
meunom s.j. burung ayam hitam yang bermata merah : coote : 12b
meunta galak, buas : fierce, wild : 12a
meuntah mentah : raw : 7a
meuntri perawat, mantri : nurse : 2b
meuntroe menteri : government minister : 1e
meurah: po meurah kata paggilan untuk gajah : word for calling an elephant : 6d
meurak merak : peacock : 12b
meuramien piknik, rekreasi : picnic : 1d
meurandéh seberang sungai : across the river : 9e
meuranté meranti : k.o. timber tree : 11b
meurdèhka merdeka : free, liberated : 9a
meureubo merbau : k.o. timber tree : 11b
meureubôk perkutut : k.o. pigeon : 12b
meureugôh tegap, kuat : strong (of a bull), macho : 6d, 9a
meureuka murka, kutukan : cursed, blighted : 4a
meuriya rumbia : sago plant, fruit : 11c, 11b
meuriyam meriam : cannon : 1g
meurumpök berjumpa : meet : 1d
meurunoe belajar : learn, study : 5c
meuruwa biawak : iguana : 12c
meuruwah marwah, kehormatan : dignity, honour : 1d

meusé mesir : Egyptian : 1c
meusén mesin : machine, engine : 5e, 6e
meusén: minyeuk meusén pelumas : motor oil : 10b
meuseujit mesjid : mosque : 1i
meuseukat s.j. kue yang sangat manis : k.o. sweet cake : 7b
meuseuki meskipun : although, in spite of : 13e
meuseukin miskin : poor : 8a
meuseuraya pesta : feast, ceremonial meal : 1d
meuteulak mutlak : absolute : 9a
meutiya mutiara : pearl : 10b
meu'ue membajak : plow : 6a
mi ibu, mamak : mother : 1b
mi mie : noodle : 7b
mie kucing : cat : 12d
mieng pipi : cheek : 2a
mieng kuwala muara sungai : river mouth : 10a
miet: aneuk miet anak kecil, bayi : baby : 1b
milék milik : possession : 8a
minah pindah : move, change position : 3a
minat minat : interested : 4c
minèt menit : minute : 10e
minyeuk minyak : oil, lotion : 7f, 10b
minyeuk ôk minyak rambut : hair cream, hair oil, hair lotion : 8b, 10b
minyeuk tanoh minyak tanah : kerosene : 10b
mirah merah : red : 9b
mirah darah merah tua : dark red : 9b
mirahpati merpati : pigeon : 12b
miriek tempua : weaver bird : 12b
misè kumis : moustache : 2a
misé, miseue misal : example : 5a
mit sedikit : few : 9d
mita cari : seek, look for : 2c, 3k
miwa bibi, tante : elder aunt: female relative older than parent, but on the same generation as parent : 1b
miyup rendah : low : 9d, 9f
miyup: seumiyup tanam, kebumi : bury : 1k
moe tangis : cry : 4d, 5a
mom tetek, payudara : breast : 2a
mom: ie mom susu ibu : breast milk : 2a
mon sumur : well : 10c
moto mobil, bus : car, bus : 5e
moyang nenek moyang, leluhur : ancestor : 1b
mu tandan : bunch (fruit) : 11a
mu'alah mualaf : new convert to Islam : 1i
muda muda : young : 1b
mudah mudah : easy, simple : 4c
mudah-mudahan mudah-mudahan : hopefully : 13a
mudék mudik : upstream, go upstream : 3a, 9e
muek makan : scoff food, eating with hand : 3b
muen jerawat : pimple : 2b
muen gajah jerawat besar, risa : callus : 2b
mueng memangku (anak) : cuddle, hold in lap : 3g
mugè tengkulak : middleman : 6g, 6h
mugrép terbenam matahari : sunset : 10e
muka muka, wajah : face : 2a
mukah berzina : commit adultery : 1h
mukim mukim : area served by one mosque : 1e
mukmin mukmin : believers : 1i
mula mulai : begin : 3k
mulieng belinjo : gnemon : 11b

muliya mulia, luhur : sublime, worthy of honour : 4g
mulôh bandeng : bandeng : 12e
mumada cukup : enough : 9c
mumang bingung : confused, perplexed : 4d
mumang pusing, pening : dizzy : 2b
munaph'èk munafik : hypocrite : 4a
mungkén mungkin : possible, possibly : 13a
munjéng cincin sumur : wall of a well : 10c
muntah muntah : vomit : 2b
muntèe menumbuk padi : pound rice : 3c
munteue jeruk asam : lemon : 11c
mupakat mufakat : agree, discuss : 5a
muphôm paham, mengerti : understand : 4h
murah murah : cheap : 6h
murah até dermawan : generous, charitable : 4c
murit: aneuk murit murid : student : 5c
murông kelor : k.o. tree : 11b
musala tikar sembahyang : praying mat, rug : 1i
musang musang : civet : 12d
musém musim : season : 10e, 10d
musibah musibah, bala : disaster, calamity 4a
musôh musuh : enemy : 1g
mutu mutu : quality : 9a
mutui tiada ibu : orphan, no mother : 1b
na ada : actually, did, indeed : 13b
na ada, lahir, kelahiran : exist, be, be born, birth : 1k, 9a
nabi nabi, rasul : prophet : 1e, 1i
nadak, nadeu'a sekarat : dying : 1k
nadi nadi : pulse : 2a

naga naga : dragon : 1j
nah'u tatabahasa Arab : Arabic grammar : 5b
najih najis : filthy : 9a
nalam sanjak Aceh yang berirama duabelas : k.o. verse with 12 feet : 1f
naléh ukuran 20 bambu padi, kacang : measure of rice, beans (16 arè, 20 arè) : 9d
naleueng rumput : grass, weeds : 6a
naleueng: meunaleueng berumput : overgrown with weeds : 6a
nam enam : six : 9c
-nan itu, dekat : that : 13i
nan nama : name : 1d
nang betina : female (animals), mother : 12a
nanggroe negara : country : 1e
nap depan : front (of body) : 9e
napakah mata pencaharian : livelihood : 6
naph'ah nafas : breath : 2a
napôh s.j. pelanduk : k.o. mousedeer : 12d
napsu nafsu, keinginan : desire : 4c
nari: meunari menari : dance : 1f
narit bicara : talk, speech, word(s) : 5a
narit: marit bicara : speak, talk : 5a
naseukah naskah : manuscript : 5b
Naseurani Nasrani, Kristen : Christian : 1i
nasihat nasehat : advise : 5a
nasip tanding hikayat : poetic contest : 1f
nè: meunè jelas asal arah : known from where : 4h
nè: panè bagaimana : how : 13g
nè: panè darimana : from where : 13g
nè: panè 'èh, panè 'èt berapa jauh, panjang : how long, how far : 13g
nè: panè ubé sebesar apa : how big,

what size : 13g
nè: tunè tahu darimana : know from where : 4h
nèh cerewet, pilih-pilih : choosy (food) : 4c
nèk kata paggilan untuk harimau : word for calling a tiger : 6d
nèk nenek, kakek : grandparents: relatives two or more generations higher than self : 1b
nèkmat nikmat : happiness : 1i
neuh kamu, milik kamu : you, your : 1a
neuheun tambak ikan : fishpond : 10c
neuk biji : seeds, small stones, seedlings : 13d
neukue simpul : knot : 3j
neuk'uet bekatul, sisa beras : rice siftings : 7a
neuleuek periuk belanga yang digunakan untuk menggongseng : earthenware plate used for roasting : 7a
neungui pakaian : clothing : 8b
neuraca neraca : scales : 6h
nga: bak nga pohon beringin : banyan tree : 11b
nga: meunga-nga terbuka lebar : wide open : 9f
ngè-ngo bermata liar : look with searching eyes : 2c
ngeu arang : charcoal : 7a
ngeut bodoh : stupid : 4c
ngeut: peungeut tipu : cheat, tell a lie, deceive : 4b, 5a
nggang enggang : crane : 12b
ngieng lihat : see, look : 2c
ngöh yang di tengah : middle : 1b
ngom meungom-ngom bergumam : mumble : 5a
ngom senjenis rumput untuk anyaman : reed : 11e

ngön dengan, dan : with, and : 13c, 13e
ngön kawan, teman : friend : 1d
ngön perkakas : tool : 6e
ngön: meungön berkawan : be friends with : 1d
ngön: peungön mendamping : accompany : 1d
ngop tenggelam : submerged, sink : 10c
ngui pakai : use, wear, put on : 3j, 3k
nibak daripada : from : 13c
nibông nibung : k.o. palm : 11b
nieh nias : Nias : 1c
niet niat : intend, intention : 4h
nikah nikah : marriage (law, religion) : 1k
nilam nilam : patchouli : 11d
nilon nilon : nylon : 10b
nipah nipah : thatch palm : 11b
nit sedikit : few : 9d
-noe ini : this : 13i
noh cumi-cumi : squid, cuttle-fish : 12e
noh pasung : stocks : 1h
nom selam : dive : 3a, 10c
nuep membungkukkan badan untuk bersembunyi : duck down : 3a
nuga pentungan kayu : club : 6e
nujum nujum : astrologer : 5a
numbôi nomor : number 9c
numôi nomor : number : 9c
nuraka nuraka : hell : 1i
nuri nuri : k.o. parrot : 12b
nyak ibu : mother : 1b
nyak panggilan untuk anak-anak : child (term of address) : 1b
nyamok nyamuk : mosquito : 12f
nyan yah : yeah : 13f
nyan keuh itulah : there, you see : 13f
nyan nah itulah : mild discontent : 13f

INDEKS BASA ACÈH

nyan nyang ka nah : oh dear : 13f
nyan itu, dekat : that : 13i
nyang yang : which, that : 13e
nyaréng jaring : net : 6b
nyaréng nyaring (suara) : loud (voice) : 9a
nyata nyata : obvious, evident : 4h
nyawöng nyawa : soul of living person : 1j
nyèn sangat muda (buah-buahan) : green, immature (fruit) : 11c
nyhap jaring bergagang : net with a handle : 6b
nyhèh ketam : plane (wood) : 3c, 6e
nyhue duduk menjulur kedua kaki kedepan : sit with legs straight out : 3a
nyirang jerami : stubble : 6a
nyo ya : yes, right : 13f
nyoe ini : this : 13i
nyot-nyot menggoyang-goyangkan : shake repeatedly : 3h
nyuet: pét-pét nyuet umpet-umpetan : hide and seek : 1f
nyum rasa : flavour : 7d
ô kuh astaga : surprise : 13f
ô ma aduh mak : oh dear : 13f
ô po lôn ya Tuhan : surprise : 13f
ô oh : suprise, pleasure : 13f
obèng obeng : screw : 6e
'oh ketika, waktu : when : 13e
'oh: meu'oh jelas cara : known how : 4h
'oh: tu'oh tahu cara : know how : 4h
'ok menyetubuhi : copulate (v. rude) : 2e
ôk rambut : hair (head) : 2a
ôn daun : leaf : 11a
ôn daun, lembar, helai : leaf, sheet, piece of : 13d
ong tumpul : blunt : 6e, 9f

pabrék paberik : factory, mill : 6h
pacak menancapkan : implant (s.t. sharp) : 3h
pacat pacat : leech : 12f
pacôk bambu penampung air : bamboo container : 8d
pacok palang kayu : barrier : 6a
pacôk: seupatu pacôk sepatu bot : boots : 8b
pacut paman : younger uncle : 1b
padahai padahal : although, even though : 13e
padan bujuk : persuade : 5a
padan tara, bandingan : comparison : 5a
padang minangkabau : Minangkabau : 1c
padang padang : plains, field : 10a
padé padi : rice plant, paddy, rice seed : 6a, 11d
padèe luntur, pudar (pikiran) : not thinking straight : 4h
padit berapa : how few, how many : 13g
padök menghalangi (penglihatan) : block someone's vision : 2c
padum berapa : how much, how many : 13g
padup berapa : how much, how many : 13g
pa'è tokek : gecko : 12c
pagap mengejar, mengepung : surround, besiege : 1g
pagé hari kiamat : doomsday : 1k
pageue pagar : fence : 6a
pah pas : exact : 9a
pahlawan pahlawan : hero, warrior : 1g
paidah faedah, kegunaan : use, benefit : 4a
pajôh makan : eat : 3b

INDEKS BASA ACÈH

pajôh: peunajôh makanan : food : 7b
pakat mufakat : agreement : 5a
pakayan pakaian : clothes : 8b
paké: mupaké bertengkar : quarrel : 1g
pakhôk mengantukkan : bump or strike s.t. against : 3d
pakhôk sajak : rhyme : 1f
paki fakir : poor : 8a
pakoe peduli : pay attention : 4h
paksa cuaca, iklim : weather, climate : 10d
paku paku, pakis : k.o. edible fern : 11d
pala pala : nutmeg : 7f, 11b
palak dongkol : angry : 4e
palèe palu : hammer : 6e
paléh: ka paléh aduh : damn! : 13f
paléng paling, ter- : most : 13a
paléng toleh : look back : 2c
palét lilit : roll (measure of cloth) : 9d
palét melilit : wrap or coil around : 3j
paleuet telapak tangan : palm, palm's width, open palm full : 2a, 9d
palikat: ija palikat sarung palekat : sarong with plaid pattern : 8b
paloe bahaya : disaster : 4a
paloe: ka paloe aduh : damn! : 13f
palông tempat makan ternak : manger, feed trough : 6d
panah busur : bow : 1g
panah nangka : jackfruit : 11b, 11c
panah panah : arrow : 6c
panca bermain panca : arm and hand wrestling : 1f
panca terpancar : spout, spray : 3h
panci panci : pot, saucepan : 8d
pancuri pencuri : thief : 1h
pandang pandang : look : 2c
pandé: tukang pandé tukang besi : blacksmith : 6g

paneuk pendek : short : 9d, 9f
panggang panggang : roast over fire : 7a
panggông: rumoh panggông rumah panggung : house with pillars : 8c
pangkai modal : capital : 6h
pangkat pangkat : rank, position : 1e
pangkèe pangku : armful, hold in arms : 3g, 9d
panglima panglima : military commander : 1e, 1g
pangulèe pemimpin : leader : 1e
panjoe kapok : kapok : 11b
pansa ruas buah durian : space or compartment inside durian : 11c
pansan pingsan : unconscious, faint : 2b
pansie menyindir : use an innuendo, make an offensive inference : 5a
pansiyôn pensiun : retired : 6g
pantah cepat : fast : 9a
pantak memasukkan sesuatu dengan kekuatan : penetrate : 3e
pantang pantang, tabu : taboo : 1h
panté pantai : beach, riverside : 10a
panteue balai-balai tempat duduk : platform for sitting together : 1d
pantôn lembah : valley : 10a
pantôn pantun : poetry : 1f
panyang panjang : long, tall : 9d, 9f
panyöt lampu : lamp : 8c
pap menyetubuhi : copulate (v. rude) : 2e
papa papa : destitute : 8a
papah pelihara : care for : 3k
papeuen papan : board, plank : 11a
papeuen tuléh papan tulis : blackboard : 5c
para loteng : attic : 8c
parak perbedaan : difference : 9a
parang parang : machete : 6a, 6c, 6e

parék parit : ditch : 10c
paréksa periksa : examine, check : 2c
pari s.j. jin : k.o. spirit : 1j
parisi persia : Persian : 1c
paro serak : husky (voice) : 9a
paro su serak, parau : husky, hoarse : 2b
paroe pari : ray, stingray : 12e
parôh mengusir, menghalau : chase away : 3h
paröt faraj, kemaluan wanita : vagina : 2a
parôt parut : scar : 2b
parôt parutan : grater, scraper : 8d
paruek tempat menampung ikan yang terbuat dari upih pinang : fish container made from areca leaf sheath : 6b
parui saudara suami, saudara isteri : brother-in-law, sister-in-law : 1b
pasah pemutusan hubungan perkawinan oleh hakim : divorce by decision of court : 1h
pasang pasang : a pair of, fit together : 3i, 9d
pasantrèn pesantren : traditional Islamic school : 5c
pasèh fasih : fluent : 4c
pasèk fasik : non-practising believers : 1i
paseueng pasang : high tide : 10c
pasi nanah bisul : core of a boil : 2b
pasi pantai atau tepi laut : seashore : 10a
pasi: padang pasi padang pasir : desert : 10a
pasoe memasukkan : put in : 3h
pat di mana, dimana : somewhere, where, from where : 13g, 13h
pat: meusapat berkumpul : gather, meet : 1d
pat: mupat jelas tempat : known where, found : 4h
pat: tupat tahu tempat : know where : 4h
patah patah : broken, broken, snapped : 2b, 9a
patéh patuh, turut, percaya : obedient, believe : 1i, 4g
paténg pasak kayu : wooden peg : 6e
pateuen muda (buah-buahan) : unripe, green : 11c
pathuek mencotok, mematuk : peck : 12a
patihah surat pertama dari Alquran : the first *surah* of the Holy Koran : 1i
patông berhala : idol : 1i
patôt layak : proper : 4a
pawang pawang : hunt leader expert : 6c
paweue: ija paweue handuk : towel : 8c
pawôh paus : whale : 12e
paya rawa, paya : marsh, swamp : 10c
payah payah, sulit : difficult : 4a, 4c
payông payung : umbrella : 8b
pè per : spring : 6e
pè pil : pill : 2b
péh giling : grind, mill : 3e
pèh pukul, membunyikan, sentuh, pukul : beat (drum), ring (bell), knock, hit : 1f, 3d
pèk puki, kemaluan wanita : vagina, vulva : 2a
pèn pena, pulpen : pen : 5b
p'èng uang, duit : money : 6h, 8a
pèng uang, duit : money : 6h, 8a
pét mata tutup mata : shut eyes : 2c
pét: pét-pét nyuet umpet-umpetan : hide and seek : 1f
peucai pecal : k.o. spicy salad : 7b
peucaya percaya : believe : 1i

peucrok kejar : chase : 6c
peudah pedas : hot, spicy : 7d
peudana meuntroe perdana menteri : prime minister : 1e
peudéh pedih, pilu : painful, sore : 2b
peudeue tembolok : craw, giblets : 12a
peudeueng pedang : sword : 1g, 6c, 6e
peudieng angkut : transport : 5e
peuduli peduli : pay attention : 4h
peue apa : something, what, whether : 13g, 13h
peue: mupeue jelas apa : known what : 4h
peue: tupeue tahu apa : know what : 4h
peuek membuang, menumpahkan : throw (liquid) : 3h
peuék menaikkan : raise, increase : 3h
peuék mengirim, menyampaikan (berita) : send, deliver (message) : 5a
peueng belatung : maggot : 12f
peuet empat : four : 9c
peugaga tanaman pegagan : k.o. edible vine : 11d
peugom mendung : cloudy : 10d
peuja bubuk sodium boraks : borax : 10b
peujampôh sapu : broom : 8c
peukakah perkakas : tools : 6e
peukan pasar : market : 6h
peukan beungöh pasar pagi : morning market : 6h
peukan leumo, kamèng pasar hewan : cattle market : 6h
peukan: uroe peukan hari pekan : market day : 6h
peukara perkara, kasus : case (law) : 1h
peulajaran pelajaran : lesson : 5c
peulampông pelampung : buoy : 6b
peulana pelana : saddle : 5e, 6d
peulandôk kancil : mouse deer : 12d
peulara pelihara, beternak : raise animals : 6d
peularha pelihara, beternak : raise animals : 6d
peulaseutik plastik : plastic : 10b
peulawa cacar : pox : 2b
peuleuheuen pelan : slowly : 13a
peuleupeuek pelepah : stem of a palm branch or banana leaf : 11a
peuleusu palsu : false : 4b
peunajôh kue : cakes : 7b
peunatu tukang dobi : launderer : 6g
peunaw'a penawar, pencegah bisa : antidote : 2b
peunè pinggan tanah : earhenware plate : 8d
peunèng pening, sakit kepala : headache : 2b
peunganjô pendamping pengantin : bridal companions : 1k
peungat kolak : to cook (fruit) in sweetened coconut milk : 7a
peungayôh pengayuh : oar : 5e
peungèt hangus : overcooked : 7a
peungeuh terang : clear, bright : 9a
peunjara penjara : jail : 1h
peunoh penuh : full : 9a
peunténg penting : important : 4a
peunyakét penyakit : disease, sickness : 2b
peuraé pembagian harta warisan : divide inheritance : 1h
peurahô perahu : boat : 5e
peurancih perancis : French : 1c
peurangeui perangai : character : 4g
peurangko perangko : stamp : 5d
peurasat firasat : premonition : 4h
peuratah ranjang : bed : 8c
peureuban perban : bandage : 2b
peureucék memercikkan : sprinkle :

3h

peureudèe rumpun : clump of bamboo, bole of tree : 11a

peureulèe perlu : need : 4c

peureuléng perling : starling : 12b

peureulôh tembus : perforated, penetrated : 9a

peureulông tubir : chasm : 10a

peureumadani permadani : rug : 8c

peureuman firman : revelation : 1i

peureumeun peduli : concerned about : 3k

peureuséh persis : exact : 9a

peureusèn persen : percent : 9c

peureusi persia : Persian : 1c

peurimpieng: cicém peurimpieng burung enggang : rhinocerous hornbill : 12b

peurincuen buntut : tail ('parson's nose') : 2a

peurintah perintah : command, order : 5a

peurisè perisai : shield : 1g

peuriya pare, peria : bitter squash : 11d

peurumoh isteri : wife : 1b

peurunoe mengajarkan : teach : 5c

peusan pesan : send message, order : 5a

peus'ieng membersihkan (ikan) : clean (fish) : 7a

peusuna pesuna : slander : 5a

peutah perangkap (tikus) : trap (mouse) : 8c

peutak enyah : get lost : 3a

peutalôt pinsil : pencil : 5b

peuték ketepel : slingshot : 1f

peuték pepaya, kates : papaya : 11c

peuteumuen jodoh : fortunate, of a meeting : 1d

peutoe peti : cupboard : 8c

pha paha : thigh : 2a

phak fak, jurusan : discipline, subject : 5c

phala pahala : merits, rewards : 1i

pham pikir : think : 4h

phana fana : transitory : 1k, 10e

phang mengangkang : sit with legs apart : 3a

ph'èp datar : flat, level : 9f

phét empedu : gall : 2a

phét pahit : bitter : 7d

pheueng mengangkang : sit with legs apart : 3a

pheuet pahat : chisel : 3e, 6e

phö terbang : fly : 3a, 12a

phö: eungkôt phö ikan terbang, ikan belalang : flying fish : 12e

phôm: muphôm paham : understand : 4h

phôn pertama : first : 9c, 10e

phôn-phôn mula-mula : firstly, at first : 13a

phôn: puphôn mulai : begin : 3k

ph'ong bau busuk : bad smell : 7d

phui ringan : light : 9a, 9d

piek gambas : angled luffa : 11d

p'iep isap, hirup : suck, smoke, inhale : 3b

p'iep rukok merokok : smoke : 7e

piet kutu lembu : tick : 12f

pih kata untuk mengusir kucing : word for chasing a cat away : 6d

pih pun, juga : even, also : 13a

pih mie putri malu : sensitive plant : 11e

pijét kutu busuk : bedbug : 12f

pijuet kurus : skinny, skinny : 9a, 12a

pik gambas : angled luffa : 11d

piké pikir : think : 4h

pikéran pikiran : thought, idea : 4h

pikôi pikul : carry on shoulders : 3g

piléh pilih : chose, select : 3k
pilok terpeleset : stumble : 3a
pinah pindah : move s.t. : 3h
pineung pinang : areca : 7e, 11b
pingan piring : plate : 8d
pinggang melilit kain di pinggang : tie (cloth) araound the waist : 3j
pingkui jongkok : squat : 3a
pingpong pingpong : table tennis : 1f
pinjam pinjam : borrow, lend : 3f
pintô pintu : door : 8c
pipa pipa : pipe : 10b
pirak perak : silver : 10b
pirang reda (hijan, angin) : ease off (rain, wind) : 10d
piréng piring : plate : 8d
pisah pisah : separate : 3h
pisang pisang : banana : 11b, 11c
pitam pitam, pingsan : faint : 1k
pitok langau : hornet : 12f
piyasan hiburan : entertainment : 1f
piyatu: yatim piyatu yatim piatu : orphan, no parents : 1b
piyôh berhenti : stop, interrupt work, rest : 3a, 3k
piyôh tutup mulut : say no more, shut up : 13f
plah belah : split : 3e
plang belang : spotted : 9b
platina pelatina : platinum : 10b
plè tuang : pour : 3h, 10c
pleu gosok : rub, wipe : 3c
pleuen jentik, tempayak : maggot : 12f
pliek ampas kelapa yang telah diperas minyaknya : copra from which oil has been extracted : 7f
plôh: siplôh sepuluh : ten : 9c
plôk kaleng : jar, can : 8d
plôk bakông tempat tembakau : tobacco jar : 7e
plôk daweuet tempat dawat : inkpot : 5b
plôk gapu tempat kapur sirih : betel lime jar : 7e
pluek kupas : pull off skin, bark : 3c
plueng lari : run, escape : 3a
plueng: puplueng curi : make off with : 3f
po pemilik, tuhan : owner, God : 1e, 8a
poh pukul : beat, hit, thrash : 3d
poh pukul : time of day : 10e
poh maté bunuh : strike dead, kill : 3d
pök menanduk : butt, gore, run into : 3d, 12a
pök: pupök leumo, keubeue adu sapi, kerbau : cow, buffalo contest : 1f
polém abang tertua : eldest brother : 1b
poli volleyball : volleyball : 1f
pomeurintah pemerintah : government : 1e
portugéh portugis : Portuguese : 1c
pôt berhembus : blow (wind) : 10d
pôt mengipas : fan : 3d
pöt petik : pick (flower, fruit) : 3h, 6a
prah peras : squeeze : 3c
prah ie rabin perah susu : to milk : 6d
prah: moto prah truk : truck : 5e
praikô burung barau-barau : yellow-crowned bulbul : 12b
prancôt licik : clever : 4c
prang perang : war : 1g
pré: bawang pré bawang perai : leek : 7f
prèh tunggu : wait : 3a
prèk-prèk gerimis, rintik-rintik : drizzle : 10d
prèsidèn presiden : president : 1e
preue gerimis, rintik-rintik : drizzle : 10d

priek robek : tear : 3e
pr'ien kerdil : stunted : 9a
proh memecahkan : break, damage : 3k
prôh meniup : blow : 3b
prok cacat kulit : blemish after skin infection : 2b
prok-prok jaroe tepuk tangan : clap hands : 3d
prom peram : keep (fruit) to ripen : 11c
propinsi propinsi : province, state : 1e
pruet perut : stomach, belly : 2a
pruet èk usus, perut panjang : intestine : 2a
publoe jual : sell : 6h
pubuet kerja : do, work : 3k, 6g
pucak puncak : peak : 10a
pucat pucat : pale : 2b
pucôk pucuk : tree top : 11a
pucôk krueng hulu sungai : source of river : 10a
pucôk ôn daun muda : young leaf : 11a
pue apa : what, whether : 13g
pueh puas : satisfy : 4c
p'uep gorong-gorong : culvert : 10b
p'uep menghirup, menyedot : suck out : 3b
puga membuka ladang : clear forest for farming : 6a
pujoe puji : praise : 1i
pukat pokat : avocado : 11c
pukat pukat : ocean fishing net : 6b
pukiek kuak : make an opening : 3e
pukoe puki, kemaluan wanita : vagina, vulva : 2a
pula tanam : plant, cultivate : 6a
pulang mengembalikan : return, give back : 3f
puléh sembuh : recovered : 2b

puliek kupas : peel : 6a
pulisi polisi : police : 1h, 6g
pulo pulau : island : 10a
pulôt pulut : glutinous rice roasted in banana leaf : 7b
pumpa pompa : pump : 6e
punggông punggung, pantat : bottom, buttocks : 2a
pungo gila : insane : 2b
punjôt membungkus : wrap : 3j
puntông puntung : cut off : 9a
puntông: siluweue puntông celana pendek : shorts : 8b
punui punai : woodpigeon : 12b
punyie, punyi penyu : turtle : 12c
punyueng telinga : ear : 2a
punyueng: ôn punyueng daun telinga : auricle : 2a
pupanji kain putih pembalut batu nisan : white cloth wrapped around tombstone : 1k
pupôk pupuk : fertilizer : 6a
pura-pura pura-pura : pretend : 4b
purèe puru : kind of skin : 2b
puréh lidi : palm leaf rib : 11a
purieh tangga bambu : ladder made of a single bamboo pole : 6e
pusaka pusaka : inheritance, heirloom : 8a
pusat pusat : navel : 2a
puséng putar : rotate : 3a
pustaka pustaka : library : 5c
puta putar : rotate, turn : 3h
putéh putih : white : 9b
putéh: ôk putéh uban : grey hair : 2a
puték putik : immature, not yet ripe : 11c
putôh putus : broken, cut off : 9a
putroe permaisuri : queen, princess : 1e
putroe candén gondok : goitre : 2b

putu kue putu : k.o. rice flour cake : 7b
puwasa puasa : fast : 1i
puyôh puyuh : quail : 12b
raba raba : feel : 3d
rabé gembala : take livestock to pasture : 6d
rabin: ie rabin susu segar : milk : 7c
rabôn rabun : dimmed sight : 2b
rabu rabu : Wednesday : 10e
racôn racun : poison : 10b
radat bait ulangan dalam kesenian *liké* : refrain phrases in *liké* poem : 1f
radiyô radio : radio : 8c
raga keranjang : basket : 6f
raghoe jinak, terlatih : tame, well trained (animal) : 12a
ragoe ragi : yeast : 7f
rahmat rahmat : mercy : 1i
rahôp mengusap sesuatu (cairan, bedak) ke badan atau muka : apply (liquid, powder) : 3d
rahsiya rahasia : secret : 5a
raja raja : king : 1e
rajah membaca mantera : recite incantation : 1j
rak rak : shelf, rack : 5c, 8c
rakan kawan, teman : friend : 1d
rakét rakit : raft : 5e
raksa: ie raksa air raksa : mercury, quicksilver : 10b
rakyat rakyat : people : 1e
raleue menyemai bibit padi : sow (rice seeds) : 6a
raleue: lheue raleue bedeng pembibitan padi : rice seeding plot : 6a
ramah remas : squeeze gently : 3d
rambat serambi, beranda : verandah : 8c
rambèe benang untuk menjahit : sewing thread : 10b

rambeue ikan bawal : bream : 12e
rambideuen laba-laba : spider : 12f
rambôt rambutan : rambutan : 11b, 11c
ramè ramai : crowded, many people, numerous : 1d, 9d
rameunè dalih, alasan : excuse, reason : 5a
ramien bertamasya, piknik, rekreasi : picnic : 1d
rampagoe pengepit pinang sirih : betelnut pincers : 6e, 7e
rampah rampok : rob : 3f
rampéh memangkas : trim : 3e
rampéng ramping : slim : 9a
ramphak rindang : shady : 11a
rampoe campuran : mixture : 9a
rampoe: bungong rampoe bunga rampai : anthology : 5b
rampoe: gulè rampoe sayur campuran : mixed vegetables : 7b
rampok rampok : rob : 1h, 3f
rampok: peurampok perampok : robber : 1h
ran ejan : strain when defecating : 2e
rancak lincah : energetic : 9a
rangkheuem tumpukan tanaman berduri yang digunakan sebagai rintangan : pile of cut thorny plants used as obstruction : 6a
ranom ranum : overripe : 11c
ranté rantai : chains : 1h
ranté ukuran luas sawah, kebun : measure of rice field, garden area : 9d
ranténg ranting : twigs : 11a
ranto rantau : a living place away from one's home : 6g
ranup sirih : betel : 7e
ranup: ôn ranup daun sirih : betel leaf : 7e
ranup: pajôh ranup makan sirih : eat

betel quid : 7e
rap dekat : near : 9e
rap hampir : almost : 13b
rapai rapai : tambourine, k.o. dance : 1f
rapat rapat, pertemuan : meeting : 1d
rapi rapi : neat : 9a
rapôh gurih : crunchy : 7d
rapôh rapuh : fragile : 9a
rasa rasa : sense, taste, feel : 2c
raseuki rezeki : earnings : 8a
rata rata : flat, level, smooth, even : 9a, 9f
ratap meratap : lament : 5a
ratéb menyebut nama Allah secara berulang-ulang : repetitious chanting of God's attributes : 1i
ratôh mengoceh terus menerus : bable, talk nonsense : 5a
rawa rawa-rawa : swamp : 10a
raweuet membuang rumput dari selah-selah tanaman padi : weed among rice plants : 6a
rawöh keluyuran, jalan-jalan tanpa tujuan : hang around : 3a
rawông: meurawông berteriak : shout : 5a
rawôt meruncingkan : sharpen : 3i
raya besar : big : 9f
raya haba besar mulut, pembual : boastful, humbug : 4g
rayëk besar : big : 9d
rayueng membawa serta : carry along : 3g
rè lesu, kurang bersemangat : uninterested, indifferent : 4c
reubah rebah : topple, fall over : 3a
reubana rebana : tambourine : 1f
reubôh rebus : boil : 7a
reubông rebung : sprout, bamboo shoot : 11d
reubôt merebut : invade, take by force : 1g
reudèe suram : dim : 9a
reudôk mendung : cloudy : 10d
reudom pudar, redup : pale, dull, dark : 9a, 9b
reuek mengepang : braid : 3j
reugam genggam : fistful, handful, hold in fist : 3g, 9d
reuhiek retak : crack : 9a
reuhueng lobang : punctured, having a hole : 9a
reukueng kerongkongan : throat, larynx : 2a
reulék memotong dahan kecil, memotong ranting atau daun dari dahan : chop off branches, strip a stalk, cut off twigs or leaves from a branch : 3e
reuleueng pinggir sungai, tebing sungai : steep riverbank : 10a
reuleuet keranjang kendi : jar-like basket : 6b
reulieng s.j. tebu kecil : k.o. small sugarcane : 11d
reulöh rusak : broken, out of order, damaged : 3i, 9a
reului rindang, teduh : shady : 10d
reumok kue : k.o. cake : 7b
reumok remuk : crushed : 9a
reuncông rencong : Acehnese dagger : 1g
reundam rendam : put in water, soak : 3c, 3h
reungèt agas : gnat : 12f
reunggang renggang : loose, wide apart : 9a
reungkan lapik periuk, belanga : woven pot holder : 8d
reunöng galah : small pole used to poke up at s.t : 6e
reunyeun tangga : ladder, stairs : 8c

reuôh keringat : sweat : 2a
reuôh: meureuôh berkeringat : sweaty : 2e
reupang repang, potong rata : trim : 3e
reusam resam : tradition : 1e
reuteuek kacang panjang : long beans : 11d
reutôh ratus : hundred : 9c
rhah cuci : wash : 3c
rhak menaiki : climb up on, mount : 3a
rhët jatuh : fall : 3a
rhët aneuk keguguran : miscarry : 1k
rhët yum jatuh harga : price drop : 6h
rheue serai : lemongrass, citronella : 7f, 11d
rhö gusi : gum : 2a
rhôi rol, penggaris : ruler : 5b
rhôk: teurhôk tersedak : choke: food or drink goes down the wrong way : 2e
rhom lempar : throw : 3h
rh'uep becek : muddy : 10c
rhui merinding : eerie feeling : 9a
ri: meuri jelas sifat : familiar, identifiable : 4h
ri: meuturi kenal : acquainted : 1d
ri: peuri menjelaskan sifat : clarify : 4h
ri: peuturi memperkenalkan : introduce : 1d
ri: turi kenal : recognize, familiar with : 4h
riba riba : usury : 6h
ribèe ribu : thousand : 9c
riek tua dan kering : overripe and dry (coconut) : 11c
rijang lekas : quick : 9a
rimba rimba : jungle, thick forest : 10a
rimueng harimau : tiger : 12d

rindu rindu : long for : 4c, 4h
rinthak menarik dengan paksa : pull by force : 3h
ripèe patungan : share with others to pay for s.t. : 1d
riti barisan : form a queue, row : 3a
riwang kembali, pulang : return, go back : 3a
riwayat riwayat, cerita : story, narration : 5a
riyeuek riak : ripple, wave : 10c
riyôh ribut : noisy : 9a
rô tempah, tumpah : spill, spilled : 3a, 10c
rôh dapat, kena, dapat (ikan) : come into, be caught, obtained, happen, caught (fish) : 3a, 6b
roh lahan yang tidak ditanami : uncultivated land : 6a
roh nyawa : soul : 1k
rôh that luh : oh dear : 13f
rôi rol, penggaris : ruler : 5b
rôk mengunci : lock : 3j
rôk pasang : fit together : 3i
rok rok : skirt : 8b
rôn menumpuk, menimbun : pile up : 3h
röt jalan : road, main road : 5e
röt makan (ternak) : graze : 6d
ruda roda : wheel : 5e
rudah ludah : spit : 3b
ruek tua dan kering (pinang) : overripe and dry (areca) : 11c
rueng belakang : back : 2a
rugoe rugi : loss : 6h
ruhueng idông lobang hidung : nostril : 2a
rujak rujak : spicy fruit salad : 7b
rujèe kayu bakar, kayu api : firewood : 10b
rukok rokok : cigarette, tobacco : 7e

rukok ôn rokok daun : palm leaf cigarette : 7e
rukok putéh rokok : cigarette : 7e
ruman paras : face : 2a
rumèh periang : jovial : 4d
rumoh rumah : house : 8a, 8c
rumpuen, rumpun kangkung : water spinach : 11d
rungkha kerangka : skeleton : 2a
rungkhé berkas, bait (pantun) : bunch, stanza (poetry) : 1f, 11a
runoe: meurunoe belajar : study, learn : 5c
runoe: peurunoe mengajar : teach : 5a, 5c
rupa rupa, muka : appearance, face : 2a
rupiya rupiah : rupiah : 6h
rusa rusa : rusa deer : 12d
rusa: meurusa berburu : hunting : 6c
rusiya rusia : Russian : 1c
rusôk rusuk : rib : 2a
ruti roti : bread : 7b
sa sama : same : 9a
sa satu : one : 9c
saba sabar : patient, endure : 4a
saban pohon karet : rubber tree : 11b
saban sama : same : 9a
sabap sebab, karena : because : 13e
sabé sama ukuran : same size, as big as : 13h
sabé selalu : always : 13a
sabèe anak udang : baby shrimp : 7b
sabôn sabun : soap : 3c
sadeue sandar : lean upright : 3h
sadeue: meusadeue bersandar : lean : 3a
sadeuep sabit : sickle : 6a, 6e
sadô sado, kereta kuda : horse cart : 5e
sadum sama jumlah : same amount, as much as : 13h
sagai sama sekali, hanya : indeed, only : 13a
sagèe sagu : sago trunk : 11b
sagoe segi, pojok : corner : 9f
sagoe: peuet sagoe panyang segi empat panjang : rectangle : 9f
sagôp kabut : fog, mist : 10d
s'ah bisik : whisper : 5a
sah sah : valid : 4b
saho sama arah : same direction : 13h
sajadah sajadah : praying mat : 1i
sajan bersama : together (same time) : 13h
sak memasukkan : stuff, force in : 3h
saka gula : sugar : 7f
sakét sakit : ill, painful, sick : 2b, 9a
sakét: rumoh sakét rumah sakit : hospital, clinic : 2b
sakeue sengaja melanggar aturan : transgress, deliberately break the law : 1h
sala pinus : pine tree : 11b
salah salah : false, wrong : 4b
salam salem : salmon : 12e
salam: ôn salam daun salam : bay leaf : 7f
salang gantungan periuk : pot hanger : 8d
salè mengasapkan : to smoke over a fire : 7a
salèh 'alim, saleh, : pious, virtuous : 1i, 4a
salén tukar, ganti (pakaian) : change (pakaian) : 3j
saleuem salam : greetings : 1d
salju salju : snow : 10c
saluk merajuk : sulk : 4d
samak samak : ritually purify : 3c
sambai sambal : sauce : 7b
sambat menghubungkan : connect : 3j

sambinoe cantik, jelita : beautiful : 4a
sambông menyambung : continue : 3k
sambôt sambut, tangkap : catch, grasp : 3g
samlakoe ganteng, gagah : handsome : 4a
sampé sampai : until : 13e
sampô sampo : shampoo : 3c
sampoe hingga : until : 13e
sampôh sapu : clean, sweep : 3c
sandéng rak : shelf : 5c
sandiwara sandiwara : play, drama : 1f
sanè jin yang membawa penyakit : spirit causing sickness : 1j
saneut: meusaneut bertatakerama : chivalrous : 4g
sang seolah-olah, barangkali : as if, possibly : 13e
sanga kukusan : rice steamer : 8d
sangga menopang, menahan : support : 3i
sanggöng bodoh : stupid : 4c
sangka sangka : suppose, suspect : 4h
sangkilat panggilan untuk orang yang tidak bersuci : denigrating term for people who do not wash themselves : 1e
sangkira seandainya : if only : 13e
sangkôt menyangkutkan, mengaitkan : hand on a hook : 3h
sangsui kusut : tousled : 9a
sanjak sanjak : verse : 1f
santan santan : coconut milk : 7f
santeuet sama (tinggi, panjang, jauh) : sama (height, length, distance) : 9d
santôk irama, sajak : rhyme : 1f
santök terhalang, terhambat : obstructed, hampered : 9a
sanyum lancar, tenang : smooth : 9a
saôh jangkar, sauh : anchor : 5e

sapai lengan atas : upper arm : 2a
sapat satu tempat : same place, together : 13h
saphéh gila : crazy : 4h
saptu sabtu : Saturday : 10e
sapu rabun ayam, rabun senja : night blindness : 2b
sarat penuh muatan : fully loaded : 9a
saré rata : smooth, even : 9a
saréng saring : filter : 3c
saréng: rukok meusaréng rokok filter : filtered cigarette : 7e
sarôk juling : cross-eyed : 2b
sarông sarung : sheath : 6e
sarông uleue kelongsong ular : sloughed snake skin : 12c
saté sate : sate : 7b
satu sabtu : Saturday : 10e
sawak menyandang : carry s.t. (not heavy) on shoulders : 3g
sawak: ija sawak selendang : scarf : 8b
sawan sawan, ayan : epilepsy : 2b
saweue mengunjungi : visit, pay a visit : 3a
sawi sawi : mustard greens : 11d
sawôh sawo : zapot, sapodilla : 11b, 11c
sawök sauk, pencedok : scoop (net or bamboo) : 6b
sayang sayang : affection, sympathy : 4e
sayeuep sayap : wing : 12a
sék kupas : peel : 3c
s'èn sen : cent : 6h
sèng seng : zinc : 10b
sèntè senter : battery flashlight : 8c
sènti senti : centimetre : 9d
sép cukup : enough : 9d, 13a
seubap sebab, karena : because : 13e
seudang sedang : medium : 9d

seudati sedati : k.o. dance : 1f
seudèe kurang waras : mentally retarded : 4h
seudéh sedih : sad, sorrow : 4d
seudeukah sedekah, derma : charity : 1i
seudiya menyediakan : prepare, get ready : 3i
seudông: uleue seudông ular sendok, kobra : cobra : 12c
seuek geser, pindah : move aside : 3a
seueng bangsal : tent, booth : 1d
seuep maki, kutuk : berate, revile : 5a
seuet membuang air (untuk ambil ikan) : bail water (esp. to catch fish) : 6b, 3h
s'euh sisa (makanan atau minuman) : left-over food or drink : 7b, 7c
seui tidak enak badan : not feeling well : 2b
seuiet jinak : tame : 4f, 12a
seukè pandan : pandanus : 11b
seukeuem sekam : rice husk : 6a
seulala silau : dazzled : 9a
seulangké mak comblang : mediator in marriage : 1k
seulasa selasa : Tuesday : 10e
seulaweuet selawat : chanting in praise of the prophet : 1f
seuleukôm telekung, mukena : woman's praying veil : 1i, 8b, 8b
seulimèng belimbing buluh : belimbing : 11b
seulimèng meusagoe belimbing : starfruit : 11c
seulingka sekitar : around : 9e
seulop selop, sandal : sandals : 8b
seumah sembah : worship : 1i
seumak kotor : messy : 9a
seumangat semangat : spirit, soul : 1j
seumantôk kayu semantuk : k.o. timber tree : 11b
seumantông kelelawar : bat : 12d
seumaran merah muda : pink : 9b
seumatéh taat, penurut : obedient : 4g
seumayang sembahyang, sholat : ritual prayer : 1i
seumayang manyèt sholat jenazah : ritual prayer over the body : 1k
seumè semai : sow (seeds) : 6a
seumèn semen : cement : 10b
seumeungeup menguap : yawn : 2d
seumpom hempas, banting : throw down forcefully : 3h
seunak sesak nafas : asthma : 2b
seunang senang : happy : 4d
seunanyan senin : Monday : 10e
seuneubôk hutan yang baru dibuka untuk ladang : newly cleared forest for farming : 6a
seungap sunyi : quiet : 9a
seungkö lele, keli : catfish : 12e
seunuet cambuk, cemeti : whip : 1h, 6e
seunyom: teuseunyom senyum : smile : 4d, 5a
seuôn junjung : carry on head : 3g
seuöp kukus : steam : 7a
seuôt jawab : answer : 5a
seupah ampas, sepah : betel dregs, waste : 7e
seupah buleuen halipan : millipede : 12f
seupat sepat : k.o. thin river fish : 12e
seupatu sepatu : shoes : 8b
seupôh menyepuh : gild, plate : 3i
seupôt gelap, kelam : dark, darkness : 9a, 10d
seupôt memukul : hit with s.t. : 3d
seupôt petang, sore : afternoon, evening : 10e
seupré kain seprei : bedsheet : 8c

seupreuek tabur : sprinkle, scatter : 3h
seurahi botol : bottle : 10b
seurakah serakah : covet : 4c
seuramoe kamar depan, ruang tamu : front room : 8c
seurapa caci maki : curse : 5a
seureukap kurungan ayam yang terbuat dari bambu : chicken cage made of bamboo : 6d
seurunè serunai : clarinet : 1f
seuruweuen kandang ayam : chicken house : 6d
seutip pengapus karet : rubber eraser : 5b
seutöt ikut, patuh, mencari : follow, obey, seek after : 3a
seutöt : meuseutöt kawin : to mate : 12a
seutui sentul : sentul : 11c
seuuem panas : warm, hot : 9a, 10d
seuuem: peuseuuem memanaskan : heat up : 7a
si: siblah sebelas : eleven : 9c
siat sebentar, sekejap : a moment : 10e
sibu siram : to water, sprinkle, shower : 10c
sidadu serdadu : soldier : 1g
sidéh disana (jauh) : there (far) : 9e, 13a
sidom semut : ant : 12f
sie daging : meat : 7b
sie sembelih : slaughter : 6c
sie sembelih, potong : butcher, slaughter : 3e
sigeundông siput, keong : snail : 12c
sigohlom sebelum : before : 13e
sigra segera : immediately : 10e, 13a
sihat sehat : healthy, well : 2b
sihé sihir : sorcery : 1j
sih'èt miring : askew : 9h
sijahtra sejahtera : harmony : 4a

sijuek dingin, sejuk : cold, cool : 9a, 10d
sijuek-seuum demam panas : fever : 2b
sijuta sejuta : one million : 9c
sikat sikat : brush : 3c
sikin pisau : knife : 6a, 6e, 8d
sikula sikula : school : 5c
sikula: rumoh sikula rumah sekolah : school : 5c
sikureueng sembilan : nine : 9c
sila sadel : saddle (bike) : 5e
silap silap, lupa : not concentrate, forget : 4h
silèe berlindung : take shelter : 3a
silèk silat : martial arts : 1f
siliek melumurkan : smear : 3d
siluweue celana : trousers, pants : 8b
siluweue dalam celana dalam : underwear : 8b
simak mendengar, memperhatikan sungguh-sungguh : listen attentively : 2c
simpan menyimpan : keep, save : 3h
simpang jalan simpang jalan : crossroads, intersection : 5e
sinan disana : there : 9e, 13a
sinè bersandar : lean : 3a
singa singa : lion : 12d
singkèe siku : elbow : 2a
singoh besok : tomorrow : 10e
singoh-ngoh lain kali : some other time in the future : 10e
sinja senja : twilight : 10e
sinoe disini : here : 9e, 13a
sinthak menyentak : pull s.t. roughly : 3h
sinthông menuang : pour out : 3h
sinthop membanting : throw down : 3h
sinyu memberikan : hand over, hand

up to : 3f
sipak sepak : kick : 3d
sipat ukur : measure : 9d
sipatu sepatu : shoes : 8b
sipeue sejenis : a certain something : 13h
sipheuet keadaan : state, property : 9a
sipôt siput : snail : 12c
sira garam : salt : 7f
sira sambil : while : 13e
siré yang mana : which one : 13g
sirép sirip : fin : 12a
sireuk tergelincir, terpeleset : slip : 3a
sirông serong, tidak lurus : slant, askew : 9h
siruweuen kandang ayam : chicken pen : 6d
sisat sesat : get lost : 3a
sisék sisik : scales, skin of reptile : 12a
siseuek lumut : moss, lichen : 11e
sisi sisir : hand of bananas : 11a
sit juga, memang : also, indeed : 13a
sitrèe musuh : enemy : 1g
situek upih pinang : areca leaf sheath : 11a
situek: lintah situek lintah darat : land leech : 12c
siwa sewa : rent : 3f
siwah burung elang : hawk : 12b
siya pedih : stinging pain : 2b
siyam siam : Thai : 1c
siyô:teusiyô hampir tertidur : almost asleep : 2d
soe kata tanya perbandingan : which of comparison : 13g
soe siapa : who, whoever, someone : 1a, 13g, 13h
soe: meusoe jelas nama : known who, what name : 4h
soe: peusoe memperkenalkan : introduce, determine who : 4h
soe: tusoe tahu nama : know who, someone's name : 4h
soh kosong : empty : 9a
sôh tinju, tumbuk : punch : 3d
sôh: boh sôh kepalam tungan : fist : 2a
sök kandas, terdampar : go aground (ship), founder : 3a
sôk pakai : put on cloth : 3k
sôk tusuk : pierce : 3e
sôk: meusôk-meusôk tersedu-sedu, terisak-isak : sob : 4d
som sembunyi : hide : 3h
som: meusom sembunyi : hide oneself : 3a
sôp: ôn sôp daun sup : Chinese parsley : 7f
sopan-santôn sopan : ethical : 4g
sôsah susah : sad, worry : 4d
söt semula : original place, back : 9e
söt yang sama, yang semula : the same, the former : 13a
srigala serigala : wolf : 12d
sssh kata untuk mengusir binatang : word for chasing animal : 6d
stoking stoking : stockings : 8b
su suara : voice : 5a
su: meusu berbunyi, bersuara : make a sound, speak : 5a
subang anting-anting : earring : 8b
suboh subuh, fajar : dawn : 10e
subra riuh : noisy : 9a
suci suci : pure : 9a
suda ranjau : trap with a sharp stake : 6c
sudè: tukang seumudè tukang soder : solder : 6g
sudi menyelidiki : investigate : 5a
sudok sudu : k.o. large spoon : 8d
sudok bu sendok nasi : rice serving spoon : 8d

sue ampas : waste : 9a
s'uep paru-paru : lung : 2a
suep suap : put in mouth : 3h
suet mengeluarkan, tarik : take out, draw out : 3h
suet: teusuet leubô ambeyen, bawasir : piles : 2b
sugoe sikat gigi : toothbrush : 8c
sugoe sugi tembakau : tobacco quid : 7e
sugôt sisir : comb : 8b
sui mengembang : expand, rise : 7a
sujut sujud : bow down to the ground, do obeisance : 3a
sukat sukat : measure (volume) : 9d
sukèe perempat : quarter : 9c
sukla hitam pekat : pure black : 9b
sukleuet sakarat : mortal agony : 1k
sukôn sukun : breadfruit : 11c
sulam bordir, sulam : embroider : 1f
suléng suling : flute : 1f
sulét bohong, curang : lie, deceitful : 4b
suleueng menyuapi : feed s.o. by placing the food in mouth : 3f
sulie semprong : kerosene lamp glass : 8c
suliek kupas : peel : 6a
sulu lurus (tumbuh-tumbuhan) : straight (plant) : 9f, 11a
sumpah sumpah, kutukan : swear, oath, curse : 1h, 5a
sumpah: meusumpah bersumpah : swear, take an oath : 1h
sumpai sumbat : stop up (a hole) : 3j
sumpueng urang-aring : k.o. herb : 11d
sunat sunat, khitan : circumcision : 1k
sunat sunnat : recommended : 1i
sunda sunda : Sundanese : 1c
sundak sundak kelapa : spike for husking coconuts : 6e
sunggôh sungguh : earnest, diligent : 4c
sunti belimbing asam kering : dried *blimbing* : 7f
sunyu memberikan : hand over, hand up to : 3f
supak penyakit sopak : vitiligo : 2b
supé supir : driver : 5e, 6g
supo siapa punya : whose : 13g
surak sorak : applause : 1f
surat surat : letter : 5d
surè tongkol : tuna : 12e
suro bubu kecil terbuat dari lidi : k.o. small fish trap : 6b
surôh suruh : order : 5a
surôt mundur : retreat, move backward : 3a
surôt: ie surôt air surut : low tide : 10c
susah susah : sad, worry : 4d
susôh taji : rooster's spur : 12b
susôn menyusun : arrange : 3h, 3i
susôt susut, berkurang : shrink, decrease : 9d
susu susu : condensed milk : 7c
sutra sutera : silk : 10b
suwa suluh : torch : 6e
suwasa suasa : gold with large alloy mixture : 10b
suwé baling-baling : propeller : 5e
syaksi saksi : witness : 1h
syèdara kerabat, famili : relatives : 1b
syèh komandan : leader in a dance team : 1f
syètan setan : satan, demon : 1j
syiruga surga : heaven, paradise : 1i
ta- kamu : you : 1a
ta- kita : we, inclusive : 1a
ta'at taat, penurut : obedient : 1i, 4g
tabék memberi hormat : salute : 1d

tabéng tabir : screen, curtain : 8c
tabeue tawar, hambar : bland, tasteless : 7d
tabi'at watak : character : 4a
tabu tabur : scatter : 6a
tabusi talam, baki : tray : 8d
ta'eun wabah : epidemic : 2b
taguen masak : cook : 7a
tah tas : bag, handbag : 5c, 8b
tahë termenung : stare vacantly : 2c
tahu tahu : tofu, beancurd 11d
tajam cepat : fast : 9a
tajam tajam : sharp : 6e
tajô bergerak cepat : move quickly : 3a
tajôk menanam dengan tongkat : plant with dibble : 6a
tajuwit ilmu tajwid : rules of pronunciation in Quranic recitation : 1i
tak bacok : chop, slash, strike : 1g, 3e, 6c,
takèh endapan : dregs : 9a
taki menipu : cheat : 4b
takôt takut : fear : 4f
takue leher : neck : 2a
takue: taloe takue kalung : necklace : 8b
talak dahi : forehead : 2a
talam talam, baki : tray : 8d
taleuek cerai : divorce : 1k
taleuek kolam : pond, small lake : 10c
taleueng ikan talang : k.o. fish : 12e
taligram telegram : telegram : 5d
talipun telepon : telephone : 5d, 8c
talô kalah : lose : 1f
taloe tali : rope, string : 6e, 6f, 10b
taloe guni tali rami : jute : 6f
taloe idông keluan : nose rope (cattle) : 6d
taluem telan : swallow : 3b
tamah tambah : add : 9c
taman taman : park : 10a
tamat selesai, tamat : complete, finish : 5c
tambô tambur, beduk : drum, drum for summons : 1e, 1f
tamèh tiang : pillar : 8c
tamon timbun, tumpuk : stack, pile up : 3h
tamöng masuk : enter : 3a
tampa tampar, tempeleng : slap : 3d
tampai tambal, tempel : mend, fix a hole, patch : 3i
tampoe tampi : winnow : 3c
tampôk kelopak : calyx : 11a
tamuk melangkah kedalam air : wade : 3a
tan tidak : not : 13b
tanca sendok : spoon : 8d
tanda tanda, rambu-rambu : sign : 5a
tandu tandu : litter, stretcher : 1k
tang tang : pliers : 6e
tangah angkat kepala, lihat ke atas : look up, lift up head : 2c, 3a
tangeun kaki depan (hewan) : front legs (animal) : 12a
tanggai tanggal : date : 10e
tanggiléng tenggiling : anteater : 12d
tangiriek bangau : stork : 12b
tangiroe ikan tenggiri : mackerel : 12e
tangké tangkai : stalk : 11a
tangkôh tangguh, kuat : strong : 9a
tangkulôk tengkuluk : headcloth, turban : 8b
tangkurak tengkorak : skull : 2a
tani: meutani petani : farmer : 6g
tanoh tanah : earth : 8a, 10a
tanoh anoe tanah pasir : sandy soil : 10a
tanoh cak gumpalan tanah : clod : 10a
tanoh kareueng tanah karang : gravelly soil : 10a
tanoh kliet tanah liat : clay : 10a

tanoh maté tanah tandus, tanah gersang : barren land : 10a
tanoh: labu tanoh labu tanah : pumpkin, squash : 11d
tanom tanam, kebumi : bury : 1k
tanyoe kita : we, inclusive : 1a
tanyöng tanya : ask, question : 5a
tapak telapak kaki : sole, footprint : 2a
tapè tapai : fermented rice cake : 7b
tapéh sabut : husk : 11a
tapi tetapi : but : 13e
tapih menepis : push aside : 3d
taplak mèja alas meja : table cloth : 8c
tarék tarik : pull : 3h
tarék taloe tarik tambang : tug-of-war : 1f
tari cantik : beautifully dressed : 4a
tarieng taring : tusk : 12a
tarôh taruhan : bet : 1f
tarôk tunas : sprout : 11a
tarön jeratan : trap : 6c
tarum kadal : wild lizard : 12c
tarum ijô kadal hijau, bunglon : chameleon : 12c
tasiyôn stasiun : station : 5e
tawah tawas : alum : 10b
tawan: sikin tawan pisau cukur : razor : 6e
tawô penyangga : buffer stick : 6a
tawôk panggil : call out to : 5a
tayeuen kendi : jug, pitcher : 8d
tè teh : tea : 7c
téh bibi, tante : younger aunt : 1b
tèh-tèh berjalan pelan-pelan : walk slowly : 3a
tèk buah dada, payudara, tetek : breast, udder : 2a, 12a
tèk-tèk potong kecil-kecil : chop into pieces : 3e
tèk: ie tèk susu, susu ibu : milk, breast milk : 2a, 12a

t'èm kaleng besar : tin, can : 8d
tém mau : willing, want : 4c
tèng-tèng lonceng : iron bell : 1f
tèp ketik : type : 5b
tèp setetes : a drop : 9d
tèp: meusén tèp mesin ketik : typewriter : 5b
tët bakar : bake in fire, burn : 6a, 7a
teubai tebal : thick : 9d
teubang tebang : fell a tree : 3e
teubèe tebu : sugarcane : 11d
teubiet keluar : go out, exit : 3a
teubiet uroe terbit matahari : sunrise, daybreak : 10e
teubiet: peuteubiet menerbitkan : publish : 5b
teubôh kotor : dirty : 9a
teubôh menebus : redeem : 6h
teudôh teduh : calm : 10c
teue sejenis lontar : k.o. palm : 11b
teuga kuat : strong : 2b, 4c
teugageueng telentang, terkapar : lie on back, fall down (to the ground) : 3a
teugah tegur : correct : 5a
teugiyan ketagihan : addicted to : 4c
teugön tekan : depress : 3d
teuh kami, milik kami : us, our, inclusive : 1a
teuh kamu, milik kamu : you, your : 1a
teujalök curiga, sangka : suspect, suppose : 4h
teuka datang : arrive : 3a
teuka buleuen datang bulan : menstruation : 2e
teukabô tekabur : arrogant : 4g
teuku gelar bangsawan (laki-laki) : royal title (male) : 1e
teukui menundukkan badan : bend over, look down : 3a

teulat jaga kesiangan : oversleep : 2d
teuleukin talqin : prayers said over the grave : 1k
teuleukôm telekung, mukena : woman's praying veil : 1i, 8b
teulunyok telunjuk : index finger : 2a
teuma kemudian, lalu : so, in that case : 13a
teumaga tembaga : copper : 10b
teumbôn gemuk : fat : 9a, 12a
teumèe dapat : find, obtain, get : 3f, 3k
teumeung dapat : find, obtain : 3k
teumeutuek memberikan hadiah untuk pengantin : give wedding gift to bride and groom : 1k
teumieng tamiang : Tamiang : 1c
teumok menyendok : scoop up : 3f
teumon budak : slave : 1e
teumon kawan : companion : 1d
teumön bu lauk-pauk : dishes accompanying rice, courses : 7b
teumpat tempat : place, position : 9e
teumurui daun kari : curry leaf : 7f
teunak maki, kutuk : berate, revile : 5a
teungeut tidur : sleep, asleep : 2b, 2d
teungeut maté tidur nyenyak : sleep soundly : 2d
teungku imam : village religious leader : 1e
teungku panggilan untuk laki-laki dewasa : address term for adult male : 1e
teungöh daki : go up, ascend, get up out from : 3a
teungöh tengah, yang di tengah, sedang : centre, middle, in process : 1b, 9e, 13b
teungöh: siteungöh separuh, setengah : half : 9c
teuntèe pasti : certain, sure : 4b
teuntra tentera : soldier : 6g
teuöh menyebutkan : mention : 5a
teuôt lutut : knee : 2a
teuôt: meuteuôt berlutut : kneel : 3a
teupat lurus, lempang, tepat : straight, correct : 4b, 9f
teupuek tempeleng : slap on the face : 3d
teureujoe sejenis penyakit kulit : kind of skin disease : 2b
teureumoh termos : thermos : 8d
teurimong terima : receive : 5d
teurimöng terima : receive, accept : 3f
teutap tetap, tidak bergerak : rest, still : 3a
teutapi tetapi : but : 13e
teuum menuam : treat with a hot compress : 2b
tham melarang, mencegah : forbid, prevent : 5a
that sangat : very : 13a
thèe tahu : know : 4h
thèe: peuthèe, bri thèe memberitahukan : inform : 5a
theun pasang jeratan, tahan, pasang : set a trap, net : 6c, 6b
theun naph'ah tahan nafas : hold one's breath : 2e
thô kering : dry : 9a, 10c
thôk tanduk : butt upwards : 3d
thôk: eungkôt thôk ikan pedang : sword fish : 12e
thôn tahun : year : 10e
ticak cecak : house lizard : 12c
tiek buang, sia-siakan : throw aside, abandon : 3h, 3k
tiep tiap : every : 9d
tijik jinjing : carry in hands : 3g
tijik: eumpang tijik karung kecil : carrying woven bag : 6f
tijik: raga tijik keranjang jinjing : car-

rying basket : 6f
tijoh menetes : expell (liquid) : 10c
tika tikar : mat : 6f, 8c
tikôh tikus : rat, mouse : 12d
tima timba : bucket, pail : 8d
timah timah : tin : 10b
timah itam timah hitam : lead : 10b
timang seri : draw : 1f
timang timbang : weigh : 9d
timang: peuet sagoe timang segi empat : square : 9f
timbak tembak : shoot : 1g, 3e, 6c
timoh tumbuh : grow, sprout : 6a
timon mentimun : cucumber : 11d
timphan timfan : sweet cake wrapped in banana leaf : 7b
timphiek datar, ceper : flat : 9f
timu timur : east : 9e
timue timbul : float : 10c
tincu runcing : sharp, pointed : 9f
tindéh tindis : press, weigh down : 3j
tinggai tinggal : dwell, stay, remain : 3a
tinggai tinggal : leave, leave behind : 3h
tinggông jongkok : squat : 3a
tingkap jendela : window : 8c
tingkue gendong : carry in a cloth : 3g
tingkue: ija tingkue kain gendong : sling for carrying child : 8b
tinju tinju : boxing : 1f
tipèe tipu : deceive : 4b
tipèk tempel : stick on : 3h
tirè tirai : curtain : 8c
tiréh bocor : leak : 9a
tirom tiram : oyster : 7b, 12e
tiruet lancip : tapering : 9f
titah perintah : order, command : 5a
titie jembatan : bridge : 5e
tivi televisi : television : 8c
tiwah burung elang : hawk : 12b

tiyeuen: meutiyeuen hamil : pregnant : 1k, 2e
tiyeuep kejar : chase : 6c
tiyông bayan : parakeet : 12b
tiyông: uleue tiyông ular bakau : mangrove snake : 12c
tob tikam : stab : 1g
toe dekat : near : 9e
tôh buang hajat : excrete : 2e
töh yang mana : which one : 13g
tôh 'iek kencing : urinate : 2e
tôh aneuk melahirkan : bear offspring : 12a
tôh boh bertelur : lay egg : 12a
tôh èk berak : defecate : 2e
tôk datang : arrive : 3a
tôk-tôk lonceng bambu : bamboo bell : 1f
tok-tok beuragoe burung pelatuk : woodpecker : 12b
tök: aneuk tök lekum, halkum : adam's apple : 2a
tom pernah : ever : 13a
tông tong : barrel : 8c
tông surat kotak surat : letter box : 5d
tông-tông gapu sj. kura-kura darat : k.o. tortoise : 12c
top tumbak, tumbuk : pound rice, pound : 3d, 3e, 6a
top tusuk, tikam : stab : 3e, 6c
tôp tutup : shut, close, cover : 3j
tôp babah tutup mulut : shut mouth : 3b
top idông tusuk hidung : insert nose-ring : 6d
trang terang : bright : 9a
tré coba : try : 4c
trèn lapangan : playing field : 1f
trèn turun : go down, land (plane) : 3a, 5e
trèn: peutrèn yum menurunkan harga

: lower a price : 6h
trép lama : long time : 10e
trép-trép sigö sesekali : once in a while : 13a
treuk kemudian : then, next : 13a
trieng bambu : bamboo : 11d
troe kenyang : full, enough (food) : 9a
trôh datang : arrive : 3a
trôh menyimpan : keep, save : 3h
trom terjang : kick with heel : 3d
trueng terong : eggplant : 11d
tu-: thèe tahu : know : 4h
tuba racun, tuba : poison, fish poison plant, to fish with poison : 6b, 10b
tubèe cium bau : know what smell : 4h
tubôh badan, tubuh, jasad : body : 2a
tudit tahu jumlah : know how few : 4h
tudôh tuduh : accuse : 1h, 5a
tudông tudung : cone-shaped head cover : 8b
tudum tahu jumlah : know how many : 4h
tueng terima : receive, accept : 3f
tueng undang : invite : 5a
tu'èt pendek : short : 9d
tuha tua : old : 1b, 9a
tuha: ureueng tuha gampông tokoh masyarakat : community informal leaders : 1e
tuhan tuhan : God : 1e, 1i
tuho tahu arah : know where to : 4h
tujan tahu kapan : know when : 4h
tujôh tujuh : seven : 9c
tuka tukar, ganti : change, exchange : 3h
tukai tukal : dibble : 6e
tukang bècak tukang becak : becak peddler, driver : 6g
tukang bèngkè tukang bengkel : mechanist : 6g
tukang ceumeucop tukang jahit : tailor : 6g
tukang koh ôk tukang pangkas : barber : 6g
tukang lah tukang las : welder : 6g
tukang meuh tukang emas : goldsmith : 6g
tukang pandé tukang besi : blacksmith : 6g
tukang seumudè tukang soder : solder : 6g
tukôi cangkul kecil : small hoe : 6a, 6e
tukok tunggul : stump : 11a
tukui tunduk : look down : 2c
tulak tolak : refuse : 4c, 5a
tulak tolak, dorong : push : 3h
tuléh tulis : write : 3i, 5b
tuleueng tulang : bone : 2a
tuleueng bahô tulang belikat : shoulder blade : 2a
tuleueng dada tulang dada : breastbone : 2a
tuleueng gasien tulang betis, tulang kering : shinbone : 2a
tuleueng jungka tulang rahang : jawbone : 2a
tuleueng pha tulang paha : thighbone : 2a
tuleueng rueng tulang belakang : backbone, spine : 2a
tulô burung pipit : sparrow : 12b
tuloe tuli : deaf : 2b, 2c
tulông bantu, tolong : help : 3k
tulôt yang termuda : youngest : 1b
tumat tomat : tomato : 11d
tumbak tombak : spear : 1g, 3e, 6c, 6e
tumbôk tinju, tumbuk : punch : 3d
tumèh tumis : sauté : 7a
tumèt mata kaki : ankle : 2a
tumpang sokong : support : 3g

tumpang keuieng tolak pinggang : stand with arms akimbo : 3a
tumpôh membantu : help : 3k
tumpôi tumpul : blunt : 6e
tumpôk menumpuk, tumpukan : pile up, heap, pile : 3h, 9d
tunang tanding : compete : 1f
tunangan tunangan : fiancee, engagement : 1k
tungang keras kepala : stubborn : 4a
tunggè menagih : collect debt : 6h
tungkat tongkat : walking stick : 6b
tungkiek nanah telinga : pus in the ear : 2b
tunong sebelah gunung : toward the hills, south : 9e
tunu jengkel : irritable : 4d
tunyok menunjuk : point : 5a
tuôt lutut : knee : 2a
tupè tupai : squirrel, tree shrew : 12d
turôt menuruti : obey : 5a
turôt mirip : resemble : 2c
tutô bicara : talk, speech, word(s) : 5a
tutô: meututô bicara : speak, talk : 5a
tutôp tutup : cover, lid : 10b
tutue jembatan : bridge : 5e
tuwah: meutuwah bertuah : fortunate, lucky, blessed : 4a
tuwan mertua : parents-in-law : 1b
tuwan: yah tuwan bapak mertua : father-in-law : 1b
tuweueh membongkar, mengobrak-abrik : dig up : 3c
tuwi lubuk sungai : deep part of a river : 10a
tuwie palung sungai : deep hole in river : 10c
tuwö lupa : forget : 4h
u ke : to : 13c
u kelapa : coconut : 11b, 11c
u: minyeuk u minyak kelapa : coconut oil : 10b
ubah mengubah : alter : 3k
ubak kepada : to : 13c
ubat obat : medicine, drugs : 2b
ubé besarnya : size, amount : 9d
ubé: panè ubé sebesar apa : how big, what size : 13g
ubeut kecil, sempit : small, little, narrow : 9d, 9f
ubi ubi, singkong : cassava : 11d
ubit kecil : small, little : 9d, 9f
ubô-ubô ubur-ubur : jellyfish : 12e
uboe pangkal pohon : tree base : 11a
ucap mengucapkan : utter : 5a
ucè manja : spoiled : 9a
udép hidup : alive, life : 1k, 9a
udeueng udang : shrimp, prawn, lobster : 7b, 12e
ue tersumbat kerongkongan : have a blockage in the throat : 2e
'ue: ôn 'ue daun kelapa : coconut leaf : 11b
ueh aus : worn out : 9a
uem peluk : embrace, hug : 3g
uet gosok kuat-kuat : polish, rub clean : 3c
'uet menelan : swallow : 3b
ugôp panas, sumuk : hot and humid : 10d
ui: mak ui ibu tiri : stepmother : 1b
ui: yah ui ayah tiri : stepfather : 1b
ujeuen air hujan, hujan : rain : 10c, 10d
ujeuen: cicém ujeuen burung layang-layang : swallow : 12b
ujiyan ujian : exam, test : 5c
ujo kumbang pemakan umbut kelapa : coconut beetle : 12f
ujoe menguji, mencoba : test, try : 3k
ujông semenanjung : peninsula : 10a
ujông tèk puting susu : nipple : 2a

uké ukir : carve : 1f, 3i
ukheue akar : root : 11a
ukô ukur : measure : 9d
ulak memuntahkan : regurgitate : 12a
ulak-ulak até mual : queasy, nauseous : 2b
ulama ulama : religious scholar : 1i
ulang ulang : repeat : 3k
ulat ulat : caterpillar, worm : 12f
ulèe kepala : head : 2a
ulèe balang hulubalang : king: local traditional ruler : 1e
uleue ular : snake : 12c
ulok-ulok tidak sopan : impolite : 1d
ulôn saya : I : 1a
ulôntuwan saya : I (highest) : 1a
ulu bunting : pregnant (animal) : 1k, 12a
umat umat : members of a religious community : 1i
umbak ombak : wave : 10c
umi ibu, mamak : mother : 1b
umöng sawah : rice field : 6a
umot s.j. siput air tawar : k.o. fresh water snail : 12c
umu umur : age, lifetime : 1k
umu: trôk umu akil-baligh, sampai umur : come of age, onset of puberty : 1k
umum umum : general : 12a
undang undang : invite : 5a
uneun kanan : right : 9e
unoe lebah : bee : 12f
unta unta : camel : 12d
untông nasib, untung : fate, profit, gain : 1k, 4a
untôt kaki gajah : elephantitis : 2b
upah upah : wage : 6g
upat: meuupat upat : gossip, slander : 5a
uram pangkal : base, beginning point : 9e
uram pha pangkal paha : groin : 2a
urat urat, pembuluh : vein, vessel, sinew : 2a
ureueh menyiangi (rumputan) : weeding : 6a
ureueng orang : person : 1c
uroe hari : day : 10e
uroe: mata uroe matahari : sun : 10d
uroh undang : invite : 5a
urông jurang : ravine : 10a
urôt mengurut, memijat : rub, massage : 3d
uröt tumbuhan jalar : vine : 11d
uruek lubang (tanah) : hole in the ground : 10a
uruh mengurus : manage, take care for : 3k
usé mengusir : chase away, expel : 5a
useueng usang : very old : 9a
useuha usaha : make effort, endeavor : 3k
usông mengusung : carry s.t. on the shoulders : 3g
ustat guru : teacher : 5c
utak otak : brain : 2a
utang hutang : debt : 6h
utara utara : north : 9e
uteuen hutan : forest, overgrown land : 10a
utôh tukang, tukang batu, tukang kayu : craftsman, builder, carpenter : 6g
utok berpengalaman : experienced : 4c
utôm tunggul : stump : 11a
utuyông kendi : jug, pitcher : 8d
vitnam vitnam : Vietnamese : 1c
wa peluk : embrace, hug : 3g
wa serunai batang padi : rice stalk flute : 1f

wa yang tua : elder : 1b
wa takue peluk leher : hold hands behind head : 3a
wa teuôt peluk lutut : sit hugging knees : 3a
wa tubôh lipat tangan ke badan : fold arms : 3a
wah merekah, retak : crack apart : 9a
waham munuduh : accuse : 5a
wahé wahai : oh you : 13f
wajéb wajib : obligatory : 1i
wajép wajib : glutinous rice cake : 7b
wakeueh wakaf : donate one's property for public use : 3f
waki wakil : representative, deputy : 1e
wakilah memberi kuasa : authorize : 1h
wali wali : guardian : 1b
wang: mawang orang tua : parents : 1b
wap pengaruh : influence : 1d
wapheuet wafat : death of a saint or prophet : 1k
waréh kerabat, famili : relatives : 1b
wareuna warna : colour : 9b
warông warung, kedai : shop : 6h
wasé pajak : tax : 6h
wasi memperkosa : rape : 1h
wasiet wasiat : oral will : 1h
wat tenaga, kekuatan : power, strength : 2b
watèe waktu : time : 10e
wayang gurau, kelakar : joke : 5a
wèh pergi, meninggalkan suatu tempat : go away, leave a place : 3a
wéh: puwèh pindah : move : 3h
w'èk-w'èk kata untuk memanggil kerbau : word for calling a buffalo : 6d
wéng putar, dayung : pedal : 3h

wèsèl poh wesel pos : money order : 5d
wét belok : turn : 3a
weue kandang : stable, pen : 6d, 12a
weueh kasihan : sympathy, love : 4e
weuek bagi : divide, share : 3e, 3f, 9c
weuet jaroe pergelangan tangan : wrist : 2a
wie kiri : left : 9e
wiet mematahkan : snap, pull apart : 3c
wilayah wilayah : region : 10a
woe pulang : return, go home : 3a
wön-wön mengigau : talk in sleep : 2d
wortèl wortel : carrot : 11d
wöt aduk : stir : 3d, 7a
yah ayah : father : 1b
yahudi yahudi : Jew, Judaism : 1c, 1i
yakin yakin : convinced : 4b
yatim tiada bapak : orphan, no father : 1b
yatim piyatu yatim piatu : orphan, no parents : 1b
yèe ikan hiyu : shark : 12e
yö gemetar, menggigil, takut : tremble (frightened), shiver : 2e, 4f
yôh ketika : when, at the time : 13e
yôh gohlom sebelum : before : 13e
yôh gohlom nyan sebelum itu : before that : 10e
yôk kuk : yoke : 5e, 6a, 6e
yôk ukuran luas sawah : measure of rice field area : 9d
yôp tiup : blow (flute) : 1f
yôp babah bersiul : whistle : 3b
yue pelepah : leaf of banana or palm : 13d
yue suruh : order, request : 5a
yum harga : price : 6h
yup: miyup bawah : under, below : 9e
zamzam: ie zamzam air zamzam :

water from the holy well in Mecca : 10c

zina: meuzina berzina : commit adultery : 1h

INDEKS BAHASA INDONESIA

abadi keukai 10e
abang lém, dalém, aduen, bang 1b
abu abèe, dhôi 10a
abu-abu keulabèe 9b
ada na 9a, 13b
ada: keadaan sipheuet 9a
ada: keadaan setengah kering leuböt 9a
adas jira 7f
adat adat 1e, 1h
adik adoe, adék 1b
adil adé 1h
adil: pengadilan mahkamah 1h
adu lumba 1f
aduh ka paléh, ka paloe, ka bala 13f
aduh mak ô ma 13f
aduk cawö, wöt, lawök 3c, 3d, 7a
aduk (daging, ikan, sayur) dengan bumbunya sebelum dimasak keureunyai 7a
agama agama 1i
agar tidak bèk 13e
agas reungèt 12f
air ie 10c
air jeruk ie boh limo 7c
air kelapa ie u 7c
air liur ie babah 2a
air mani ie mani 2a
air mata ie mata 2a
air nira ie jôk 7c
air raksa ie raksa 10b
air seni 'iek 2a
air tebu ie teubèe 7c
air wudhuk ie seumayang 10c
ajak maba 5a
ajakan bôh, bëh 13a
ajal ajai, hat 1k, 9e, 9f
ajar: mengajarkan pubeuet, peurunoe 5a, 5c
akal akai 4h
akar ukheue 11a
akhir akhé 10e
akhir: terakhir keuneulheueh, seuneulheueh 10e
akhirat akhirat, uroe dudoe 1i
akil-baligh trôk umu 1k
aku kèe, ku- 1a
aku: mengaku meuaku 5a
akur jadèh 4c
alah alah 13f
alam: berpengalaman utok 4c
alamat alamat 5d
alas kursi tika duek 6f, 8c
alas meja taplak mèja 8b
alasan rameunè 5a
alat alat 6e
alim malém, salèh 1i, 4a
alir: mengalir ilé 10c
alis keunèng 2a
alqur-an kuruan 1i
alu alèe 6e, 8d
ambeyen teusuet leubô 2b
ambil cok 3f
ambil ikan dalam lobang lhuek eungkôt 6b
ampas seupah, sue 7e, 9a
ampas kelapa keureumeuh 7a
ampas kelapa yang telah diperas minyaknya pliek 7f
ampelop amplop 5d
ampun ampôn 1h
anai-anai kamue 12f
anak aneuk 1b, 12a
anak emas aneuk meuh 4e
anak haram aneuk bajeueng 1k
anak kerbau aneuk w'èk, 'èk, 'ue

12d
anak sedati aneuk seudati 1f
anak sungai alue 10a, 10c
anak tangga aneuk reunyeun 8c
anak tekak aneuk lidah, aneuk ceu-kak 2a
anak udang sabèe 7b
ancam kacak 1g
anda droeneuh, neu- 1a
anggota badan anggota tubôh 2a
angguk anggôk 3a
anggur anggô 11d
angin angèn 10d
angin: menganginkan peukrui 3c, 6a
angka angka 9c
angkat bët, beuët, grak, bôt, beuôt 3h
angkat kepala tangah 3a
angkat: mengankat sebelah kaki jing 3a
angkuh jungkat 4g
angkut peudieng, angkôt 5e
angkutan angkôtan 5e
angrek angrèk 11d
anjing asèe 12d
anjung anjông 8c
antar intat, euntat 3a, 3k
antara antara 9e
anting-anting subang 8b
antuk: mengantukkan pakhôk 3d
anyam manyum 3i
anyaman barang teumanyum 6f
anyaman daun kelapa bleuet 6f
apa peue, pue 13g, 13h
apa: berapa padum, padup, padit 13g
apa: mengapa pakön 13g
apam apam 7b
api apui 7a
apotik apotèk 2b
arah arah 9e

arak ie arak 7c
arang ngeu, arang 7a, 10b
arit gréh 3e
arti makna 4h, 5b
arwah aruwah 1j
as ah 5e
asah asah 3e, 3i, 6e
asam masam 7d
asam jawa boh mè, bak mè 7f, 11b, 11c
asap asap 7a
asap: mengasapkan salè 7a
asin masén 7d
asin: mengasinkan (makanan) peujruek 7b
asing: terasing meuklèh, meungklèh 9e
asma kh'ieng naph'ah 2b
astaga ô kuh 13f
astaghfirullah astaghfirullah 13f
asyik dawôk 4h
atap bubông 8c
atas ateueh 9e
atas: di atas côüng 9e
atau atawa, ato 13e
atur atô 9c
atur: peraturan kanun 1h
aulia èliya 1i
aurat 'èrat 1i
aus ueh 9a
awal awai 10e
awan awan 10d
awas: pengawas daerah pada masa pemerintahan Belanda kanteulè 1e
awet: mengawetkan peujruek 7b
ayah ayah, yah, abu, du, abi 1b
ayak ayak 3c, 8d
ayam manok, sie manok 7b, 12b
ayam jantan yang berkaki kuning jalak 12b
ayan pungo bui, sawan 2b

ayun ayôn 3h
azab 'azeuep 1i
bab bap 5b
babi bui 12d
baca kheun, baca, beuet 1f, 5a, 5b
baca: membaca mantera rajah 1j
baca: pembaca khutbah teungku khatip 1e
bacang boh mancang 11c
bacok tak, cang 1g, 3e, 6c
badai angèn badè 10d
badak badeuek 12d
badan badan, tubôh, jasat 2a
bagaimana pakri, pakri ban, panè 13g
bagaimanapun beuranggakri 13h
bagi weuek 3e, 3f, 9c
bagi hasil maw'ah 6a, 6h
bagi: pembagian harta warisan peuraé 1h
bagi: sebagian ladôm 9d, 13h
bagian bulueng, jeumba 8a
bahagia bahgiya 4d
bahan bahan 10b
bahasa basa 5a
bahaya paloe 4a
bahu bahô 2a
baik gèt, göt, jeuet, ka jeuet 4a, 13f
baik budi göt akai 4a
baik: perbaiki peugöt 3i
bait (pantun) rungkhé 1f, 11a
bait ulangan dalam kesenian *liké* radat 1f
bajak langai 6a, 6e
bajak: membajak meu'ue 6a
baji bajoe 6e
bajingan ô hai budôk 13f
baju bajèe 8b
baju jubah jubah 8b
bak air kulah 10c
bakar tët 6a, 7a

bakau bangka 11b
baki talam, tabusi 8d
bakti bakeuti 4a
bala bala 4a
balai balè 1e
balai-balai tempat duduk panteue 1d
balam leuek 12b
balap mobil balap moto 1f
balas balas 5a
balik balék 3h
baling-baling suwé 5e
balok balok 11a
balok lantai lhue 8c
balok utama rumah bara 8c
balut balôt, bungkôh 3j
bambu trieng 11d
bambu (ukuran) arè 9d
bambu penampung air pacôk 8d
bandel bateue, kreueh ulèe batat 4g
bandeng mulôh 12e
banding bandêng 3k
bandingan padan 5a
bandrek ie mandr'èt 7c
bangau tangiriek 12b
bangau putih kuek 12b
bangkai bangké 1k
bangku bangku 5c
bangsa bangsa 1c
bangsal seueng 1d
bangsat bangsat 4a
bangsi bangsi 1f
bangun beudöh 3a
bangun tidur beudöh éh 2d
bangun: membangunkan peugoe 2d
banjir ie raya 10c
bank bèng 8a
bankrut bankrôt 8a
bantah bantah 5a
bantal bantai 8c
banting seumpom, sinthop 3h

bantu bantu, tulông, tumpôh 3k
banyak lë, jai, dum 9d
banyak: memperbanyak peulë 9c
banyak: sebanyak manapun beurang-gadum 13h
bapak ayah, yah, abu, du, abi 1b
barah barah 2b
barang barang 5e, 5d, 6h
barang- beurang-, beurangka-, beurangga- 13h
barangkali sang 13e
barat barat 9e
barat daya barat daya 9e
barau-barau: burung barau-barau praikô 12b
baris baréh 9e
barisan riti 3a
baru barô, ban 9a, 13b
baru saja ban khong, ban lami 10e, 13a
baru siap ban lheueh 13b
basah basah, jum 9a, 10c
basah: membasahkan lhap 3d
basi basi 7d
baskom balang 8d
bata bata 10b
batal mènsoh 1h
batang bak 11a, 13d
batang hidung ingoh 2a
batang kuda-kuda bak keureundông 11b
batas ceue, hat 1k, 9e, 9f
batin batén 5a
batu batèe 10a
batu apung batèe sira 10b
batu asah batèe asah 6e
batu geretan batèe kèh 10b
batu giling batèe seumupéh 8d
batu ginjal boh arôn 2b
batu koral aneuk batèe, keurikéh 10a
batu nisan batèe jirat 1k

batu pualam batèe marmar 10b
batu tulis batèe tuléh 5b
batuk batôk 2b, 2e
bau bèe 2c
bau busuk bèe banga, ph'ong, kh'ieng, kh'op, kh'èp 7d, 9a
bau maung meuh'öng 7d
bawa ba, mè 3g, 3h
bawa: membawa perkara ke pengadilan meuhukôm 1h
bawa: membawa serta rayueng 3g
bawah yup, miyup, barôh 9e
bawang bawang 7f
bawasir teusuet leubô 2b
baya: sebaya silayeue 9a
bayam bayam 11d
bayan bayeuen, tiyông 12b
bayang bayang, bayeuen 2a, 10d
bayar bayeue 6h
bayi aneuk miet, aneuk manyak 1b
bebas, tidak terikat dengan anak, suami atau isteri labah 1b
bebek iték, sie iték 7b, 12b
bebek angsa iték angsa 12b
becak dayung bècak dayông 5e
becek rh'uep 10c
beda: perbedaan parak 9a
bedak beudak 8b
bedeng pembibitan padi lheue raleue 6a
bedil beudé 1g, 6c
beduk tambô 1f
begini lagèe nyoe, meunoe 13a, 13i
begitu lagèe nyan, meunan, meudéh 13a, 13i
bekas euntèe 7b
bekatul leungk'uet, neuk'uet 7a
belah plah 3e
belah: sebelah gunung tunong 9e
belah: sebelah laut barôh 9e
belah: sebelah sana blahdéh 9e

belah: sebelah sini blahnoe 9e
belai gusuek 3d
belajar meurunoe, beuet 5c
belakang rueng, likôt 2a, 9e
belalai beuralè 12a
belalang daruet 12f
Belanda kômpeuni 1c
belang plang 9b
belanga beulangöng 8d
belanja beulanja 8a
belas blah 9c
belatung peueng 12f
belerang ceumpaga 10b
beli bloe, mubloe 6h
beli: pembeli ureueng mubloe 6h
beliau gopnyan, geu- 1a
belibis iték ara 12b
belimbing boh seulimèng meusagoe 11c
belimbing asam kering sunti 7f
belimbing buluh bak limèng, seu-limèng 11b
belinjo mulieng 11b
beliung beuliyông 6e
belok wét 3a
belukar beuluka 11a
belum goh lom, goh....lom 13b
belum: sebelum sigohlom, yôh goh-lom 13e
belum: sebelum itu yôh gohlom nyan 10e
belum: sebentar siat, sikeujap 10e
belut iléh, lijeu 12e
benalu ceumalô 11d
benam: terbenam matahari luep uroe, mugrép 10e
benang untuk menjahit rambèe 10b
benar beuna 4b
benar-benar bit, bit-bit, keubit 4b, 13a, 13f
benci banci, khiyanat 4e

bendera alam 1e
bendul lhue 8c
bendung lhop 6a
bendungan seuneulhop 10c
bengek kh'ieng naph'ah 2b
bengis juwah 4h
bengkak keumöng 9a
bengkok keuwieng, kiwieng 9f
benih bijèh 6a
bentak dhët 5a
bentang leueng 3j
bentuk beuntuk 9f
berak èk, tôh èk 2a, 2e
beranda rambat 8c
berang-berang bubrang 12d
berangin meuangèn 10d
berangkat bungka 3a
berani beuhë, bhë, ceubeueh 4f
beras breueh 7b
berat geuhön, ghön, brat 9a, 9d
beri jôk, cok 3f
beri makan bri eumpeuen, peu-eumpeuen 6d, 12a
beri minum bri ie 6d
beri: memberi hormat tabék 1d
beri: memberi kuasa wakilah 1h
beri: memberikan sinyu, sunyu 3f
beri: memberikan hadiah untuk pengantin teumeutuek 1k
beri: pemberian bungong jaroe 1d
berita haba 5a
beritahu: memberitahukan peuthèe, bri thèe 5a
berkas gasai 6a
berkas (pantun) rungkhé 1f, 11a
berkas kecil geucai 9d
berkas: memberkas beureukah 3j
berkat beureukat 1i
bersih gléh, kheueh 4a, 9a
bersih: membersihkan peugléh 3c
bersih: membersihkan (ikan)

peus'ieng 7a
bersin beureusén 2e
beruang cagèe 12d
berudu aneuk abiek 12c
besan bisan 1b
besar raya, rayëk 9d, 9f
besar mulut raya haba 4g
besar: sebesar apa panè ubé 13g
besarnya bubé, ubé, bé 9d
besi beusoe 10b
besok singoh 10e
beternak peularha, peulara, peularha binatang 6d
betina inöng, nang 12a
betis beutéh 2a
betul beutôi 4b
betul: kebetulan hana tasangka-sangka 13a
biadab hana adap 1d
biang keringat maji reuôh 2b
biar bah, bah that, bak 13a
biasa biyasa, lazém 10e, 13a
biawak meuruwa 12c
biaya biyaya 8a
bibi makcut, téh 1b
bibir bibi 2a
bibit bijèh 6a, 11a
bicah pecah 9a
bicara meututô, marit, peugah 5a
bidan bidan 2b
bijan leungöng 7f
biji aneuk, neuk 11a, 13d
bilamana jampang 10e
bilas cucô 3c
binasa binasa 9a
binatang meulantang, beulantang 12a
binatang melata binatang meulata 12c
binatang menyusui binatang meutèk 12d
binatang ternak leumo-keubeue 8a
bingung bingong, kalôt, mumang 4a, 4d, 4h
bini binoe 1b
bintang bintang 10d
bintik-bintik burék 9b
biola biyula 1f
birah (s.j. keladi gatal) kueh 11d
birahi beureuhi 4e
biri-biri keubiri 12d
biri-biri: sakit biri-biri basô, badom 2b
biru biru 9b
bisa bisa 12b
bisa jeuet 4c
bisik s'ah 5a
bisu klo 2b, 2c
bisul cumuet 2b
bocor tiréh 9a
bodoh bangai, ngeut, sanggöng 4a, 4c
bohong sulét 4b
bola mata aneuk mata 2a
boleh jeuet, mèe 4c, 13b
bongkar lhöh, tuweueh, limeuh 3c, 3i
bor bho, bo 3e, 6e
bordir sulam 1f
borok cabok 2b
botol seurahi 10b
brondong jagung keumeue 7b
buah boh 11a
buah batok boh keumukôh 11c
buah dada tèk, dèk 2a
buah ginjal boh keuieng 2a
buah hati boh até 4e
buah pala boh pala 7f
buah zakar krèh 2a
buah-buahan boh kayèe 7b, 11c
bual: pembual raya haba 4g
buang peuek, tiek 3h

buang air seuet 3h
buang air untuk ambil ikan seuet 6b
buang hajat tôh 2e
buang rumput dari selah-selah tanaman padi raweuet 6a
buas bueh, meunta 12a
buat peugöt 3i
buaya buya 12c
bubu bubèe 6b
bubu kecil terbuat dari lidi suro 6b
bubuh bôh 3h
bubuk sodium boraks peuja 10b
bubur ie bu 7b
budak lamiet, teumon 1e
budha budha 1i
bui glap, keureungkhèng 1h
buih kuboh 10c
bujuk padan 5a
buka peuhah 3j
buka (mulut) hah 3b
buka ladang puga 6a
buka mata bleut 2c
buka mulut hah babah 3b
buka: terbuka keumang, lapang 9f, 11a
buka: terbuka lebar meunga-nga 9f
bukan kön, bukön 13b, 13f
bukit glé, cöt 10a
buku atôt, buku 2a, 5b
bulai gapi 2a
bulan buleuen 10d, 10e
bular mata boh leuek 2b
bulat bulat 9f
bulu bulèe 11a, 2a, 12a
bulu: berbulu mubulèe 9a
buluh bulôh 11d
buluh: pembuluh urat 2a
bumbu masak alat maguen 7f
bumi bumoe 10a
bundar glông 9f
bunga bungong 6h, 11a

bunga cempaka bungong jeumpa 11e
bunga pala bungong pala 7f
bunga rampai bungong rampoe 5b
bungkuk: membungkukkan badan untuk bersembunyi nuep 3a
bungkus balôt, bungkôh, punjôt 3j
bunglon tarum ijô 12c
bunting ulu 1k, 12a
buntut peurincuen 2a
bunuh poh maté 3d
bunyi: berbunyi meusu 5a
bunyi: membunyikan pèh 1f
bupati bupati 1e
buru: berburu meurusa, meuglueh 6c
buruh kasar kuli 6g
buruk brôk 4a
burung cicém 12b
burut jitrën krèh 2b
bus moto 5e
bus mini labi-labi 5e
busa kuboh 10c
busuk kh'ieng, kh'op, brôk 7d, 9a
busuk (telur) kom 12a
busur panah, gö panah 1g, 6c
buta buta 2b, 2c
cabang cabeueng, dheuen 11a
cabe campli, capli 7f, 11d
cabut bët, lët 3c, 6a
cabut (bulu burung) lueh 3c, 7a
cabut (gigi) lhöh 3h
cacar peulawa 2b
cacat cacat 2b
cacat kulit prok 2b
caci maki seurapa 5a
cacing glang 12f
cahaya bulan cahya buleuen 10d
cahaya kilat blé 10d
cair meuie, cayé 9a
cair: mencair ju 10c
camar cama 12b

INDEKS BAHASA INDONESIA

camat camat 1e
camat: kecamatan keucamatan 1e
cambuk seunuet 1h, 6e
campur jampu 7a
campur: campuran rampoe, bacut sa-peue 9a, 13h
canai canè 3e, 3i
canang canang 1f
candi candi 1i
candu candu, madat 7e
canggung cakë 9f
cangkir mangkok 8d
cangkok gasi 6a
cangkul cangkôi, catok 3e, 6a, 6e
cantik lagak, sambinoe, tari 4a
cap cap 1e, 6h
capung dén-dén 12f
cara lagèe 13a
cari mita, seutöt 2c, 3a, 3k
cari nafkah hareukat 6g
cat cèt, labô 3i, 10b
catur catô 1f
cawan cawan 8d
cebong aneuk abiek 12c
cecak cicak, ticak 12c
cedok: pencedok sawök 6b
cegah tham 5a
cegah: pencegah bisa peunaw'a 2b
cekak geucai 9d
cekal gruep 3g
cekik ceukiek 3d
cekung lhôk 9f
celana siluweue 8b
cemara bak arôn 11b
cemburu ceumuru 4c
cemeti seunuet 1h, 6e
cendawan kulat 11d
cengkeh bak lawang 11b
cepat bagah, tajam, pantah 9a
cepat-cepat meugasui-gasui 9a
ceper ceupé, cipé, timphiek 8d, 9f

cerah criet 10d
cerai cré, taleuek 1k
cerana ceurana 7e
cerdas ceudah 4a
cerdik ceureudék, lisék 4a, 4c
cerek ciriek 8d
cerewet nèh 4c
cerita kisah, riwayat 5a
cerita, bercerita calitra 5a
cermin ceureumèn 8c
ceroboh beurangkaho 13a
cerpelai ceurapè 12d
cerut c'uet 3j
cerutu rukok curu 7e
cetak citak 5b
cicit cöt 1b
ciduk cinu 8d
cincang cang 3e
cincin euncien 8b
cincin sumur munjéng 10c
cinta gaséh 4e
cipta peujeuet 3i
cis cih 6d
cium côm 2c
cium bau tubèe 4h
coba cuba, ci, tré, ujoe 3k, 4c
cocok ukuran löt 9d
coklat coklat 9b
colek cilèt 3d
colok culok 3e, 3h
congok bulô, geureuda 4c
cotok pathuek 12a
cuaca kutika, cuwaca, paksa 10d
cubit cut'iet, klok, cubét 3d, 3g
cuci rhah 3c
cucu cuco 1b
cuka cuka, juka 7f
cukup sép, mumada, ka jeuet 9c, 9d, 13a, 13f
cukur cukô 3c
cumi-cumi noh 12e

cungkil culét 3c
curang sulét 4b
curi cue 1h, 3f
curi: pencuri pancuri 1h
curiga teujalök 4h
dabus top dabôh 1f
dada dada 2a
dadar deudah 7a
daerah dairah 1e, 10a
dagang: berdagang meukat, meuniyaga 6h
daging asoe, sie 2a, 7b
dagu keueng 2a
dahan cabeueng, dheuen 11a
dahi talak, dhoe 2a
daki kalang 9a
daki teungöh, ék 3a
dalam dalam, lam, lhôk 9d, 9e, 10c, 13c
dalih rameunè 5a
damai damè 1h
damar dama 11a
dampar: terdampar sök 3a
damping: mendampingi peungön 1d
damping: pendamping pengantin peunganjô 1k
dan ngön 13e
danau dano 10c
dangkal deue 9d, 10c
dapat jeuet 13b
dapat rôh, teumèe, teumeueng 3a, 3f, 3k
dapat (ikan) rôh, keunöng 6b
dapat dilihat leumah 2c
dapat dilukai lut 9a
dapur dapu 8c
dara dara 1k
darah darah 2a
daratan darat 10a
dari di, i 13c
darimana panè 13g

daripada nibak 13c
datang tôk, trôh, teuka 3a
datang bulan teuka buleuen 2e
datar ph'èp, timphiek 9f
daulat dèlat 4g
daun ôn 11a, 13d
daun kari teumurui 7f
daun kelapa ôn 'ue 11b
daun salam ôn salam 7f
daun sirih ôn ranup 7e
daun sup ôn sôp 7f
daun telinga ôn punyueng 2a
dawat daweuet 5b
dayung wéng, lhö 3h
debat dawa 5a
debu abèe, dhôi 10a
dekat toe, rap 9e
dekat: mendekatkan sesuatu dengan api supaya kering atau layu layu 3h
delapan lapan 9c
delima boh geulima 11c
demam deumam 2b
demam panas sijuek-seuum 2b
demikian meunan 13i
dempet jap 9e
denda deunda, diet, kiparat 1h, 1i
dendam dam 1h
dengan ngön, deungön 13c, 13e
dengan perasaan bangga teukeuch'ak 4g
dengar deungö, leungö 2c
dengar: terdengar deuh 2c
dengki ku'èh, deungki 4e
depan keue, nap 9e
dera dra 1h
deras drah 9a
derma seudeukah 1i
dermawan murah atè 4c
desa gampông 1e
desak peukarat 5a

dewa air baluem beudé 1j
di di, i 13c
di mana pat 13g, 13h
di mana saja beuranggapat 13h
dia gopnyan, geu- 1a
diam iem 5a
diam-diam hana karu-karu, hana riyôh-riyôh 13a
diam: mendiamkan peuiem 5a
diat diet 1h
didih: mendidih ju 7a
didik: pendidikan sikula, beuet 5c
dinding bintéh 8c
dingin sijuek, leupie 9a, 10d
dingin: bertangan dingin deuka, leuka 4a
dingin: mendinginkan c'ueh 3h
diri droe 1a
diri: berdiri döng 3a
doa: berdoa meudu'a 1i
dodol dôdôi 7b
dokter dokto 2b
domba keubiri, kibah 12d
dongkol palak 4e
dorong tulak 3h
dorong dengan kuat jhô 3d, 3h
dosa dèsya 1h
dosen dosèn 6g
dua duwa 9c
dubur leubô 2a
duda agam balèe, balèe 1b
duduk duek 3a
duduk atas sesuatu giduek 3a
duduk menjulur kedua kaki kedepan nyhue 3a
duga kira, teujalök 4h
duit pèng, p'èng 6h
duku boh langsat 11c
dukung dukông 3g
dulu dilèe 10e
dunia dônya 1i, 10a

durhaka darôhaka 4g
duri duroe 11a
durian drien 11b, 11c
ejan ran 2e
ekor iku 12a
ela, ukuran setengah depa ila 9d
elak kilèk 3d
elang kleueng 12b
elang: burung elang tiwah 12b
elastis juwiet 9a
emas meuh 10b
emas kawin jeunamè 1k
embalau malo 10b
embun mbôn 10c
empat peuet 9c
empat: perempat sukèe 9c
empedu phét 2a
emping eumpieng 7b
empuk lumpôk 7a
empuk (tanah, kasur) leupön 9a
enak mangat 4a, 7d
enam nam 9c
enau bak jôk 11b
endapan takèh 9a
endapan lumpur lön 10a
enggang nggang 12b
entah euntah 13e
enyah peutak 3a
eram karom 12a
erti: mengerti muphôm 4h
es èh 7c
faedah paidah 4a
fajar suboh 10e
fak phak 5c
fakir paki 8a
famili warèh, kawôm, syèdara 1b
fana phana 1k, 10e
faraj parót 2a
fasih pasèh 4c
fasik pasèk 1i
firasat peurasat 4h

firman peureuman 1i
gadai gala 3f
gadang: bergadang meujaga 2d
gading gadéng 12a
gadis aneuk dara 1b
gado-gado gadô-gadô 7b
gaduh kirôh 1g
gadung gadông 11d
gagah samlakoe 4a
gagak hitam ak-ak 12b
gagang gö 6e
gagang pancing gö kawé 6b
gagap gagap 5a
gajah gajah 12d
gaji gaji 6g
galah reunöng 6e
galak juwah, meunta 4h, 12a
gali kueh 3e
gambar gamba 1f, 3i, 5b
gambas piek, pik 11d
gambir gambé 7e
gamit cukèh, gamèt 3d
gampang mangat 4c
ganas mubakat 10c
ganding gandéng 3h
gandum gandôm 11d
ganggu peukaru, peukra 3k, 5a
ganggu: mengganggu koh haba 5a
ganja ganja 7e
ganjal kaleueng 1f
ganteng samlakoe 4a
ganti tuka 3h
ganti (pakaian) salén 3j
gantung gantung 3h
gantung: bergantung meugantung 3a
gantungan periuk salang 8d
gara-gara keurusa 13e
garam sira 7f
garis garéh 3e
garis: penggaris rôi, rhôi 5b

garpu keureupu 8d
garuda: burung garuda geureuda 12b
garuk garô 3d
garuk tanah creueh 6a
garuk: penggaruk creueh 6e
gasing gaséng 1f
gatal gatai 2b, 2e
gayung cinu 8d
gedung geudông 8c
gelang gleueng 8b
gelang: pergelangan tangan weuet jaroe 2a
gelanggang geulanggang 1f
gelap seupôt, klam 9a, 10d
gelar bangsawan (laki-laki) teuku 1e
gelar bangsawan (wanita) cut 1e
gelas glah 8d
geleng asék 3a
gelengkan kepala atau badan lingiek 3a
geli gli 2b
gelincir: tergelincir sireuk 3a
gelitik glik-glik 3d
gelombang geulumbang, alôn 10c
gelondongan balok 11a
gembala rabé 6d
gembala menggembalakan gubeue 6d
gembung keumöng, bunthok 9f
gembur geumbô 9a
gemetar yö, meukhöt-khöt 2e
gemetar ketakutan kuyu 4f
gempa geumpa 10a
gemuk teumbôn 9a, 12a
gemuk pendek gulok 9a
genap geunap 9a
gencar meukachôk 9a
genderang geundrang 1f
gendong tingkue 3g
gengam: segenggam saboh reugam

INDEKS BAHASA INDONESIA

9d
genggam reugam 3g, 9d
genit teukeuch'ak 4g
genta geunta 6d
geraham gheuem 2a
gerak mèt 3a
gerak: bergerak cepat tajô 3a
gerak: bergerak-gerak mèt-mot 9a
gerakan buet 3a
gerakan mulut buet babah 3b
gereja geurèja 1i
gergaji gögajoe 6e
gerhana geurana 10d
gerimis preue, prèk-prèk 10d
gerip grép 5b
gerobak geurubak 5e
gerogot k'eung 3b
gesek giséng 3d
geser seuek 3a
getah geutah 11a
getol gigèh 4c
gigi gigoe 2a
gigil: menggigil yö, meukhöt-khöt 2e
gigit k'eung, kap 3b
gila pungo, saphéh 2b, 4h
giling giléng, péh 3e
girik lhö 3c
girik padi lhö 6a
godam lantui 6e
gondok putroe candén 2b
gong gông 1f
gonggong klôh, drôh 12a
gongseng lheue 7a
goni guni 6f
goni: lari dalam goni plueng lam guni 1f
goreng crôh 7a
gores curéh, guréh, krut 3c, 3d, 3e
gorong-gorong p'uep 10b
gosok geusök, pleu 1f, 3c

gosok: menggosok grôh 3c
gotong royong gotong royong 1d
goyang leungö 9a
goyang: menggoyang-goyangkan nyot-nyot 3h
gua guha 10a
gubernur gubernur 1e
gubuk di sawah jambô 6a
guci guci 8d
gugur lurôh 3a
gugur: keguguran rhët aneuk 1k
gula saka 7f
gulai kuwah 7b
gulat aceh geudeu-geudeu 1f
guling gulé 3h
gulung gulông 3j
gulung (tali atau benang) lingkang 3j
gulung benang atau sutera gampôi 3j
gulung tali atau benang kareue 3j
gulungan glông 9f
gumam meungom-ngom 5a
gumpalan tanah tanoh cak 10a
guna: kegunaan kasiet, paidah 2b, 4a
gundukan tanah tanoh gôh 10a
gundul lôh 9a
gunting gunténg 6e
guntur geulanteue 10d
gunung gunong 10a
gurau wayang 5a
gurih rapôh 7d
gurita gurita 12e
guru gurèe, guru, ustat 1e, 5c, 6g
gusi gusi, rhö 2a
habis habéh 9a, 9d
had hat 1k, 9e, 9f
hadap: menghadap hadap 3a
hadiah bungong jaroe, hadiyah 1d, 1f
hadis hadih 1i

hafal aphai, kheun 1f, 5a, 5b
hai éh, hai, héi 13f
hajad hajat 4c
haji haji 1i
hak hak, jeumba 1e, 8a
hakim hakim 1h, 6g
hala: berhala patông 1i
halal haleue, kheueh 1i, 4a
halaman leuen 8c
halang: terhalang meulanteuen, santök 4c, 9a
halangi linteueng 3k
halangi (penglihatan) padök 2c
halau parôh 3h
halipan seupah buleuen 12f
halkum aneuk tök 2a
halus halôh 1d, 9a
halwa haluwa 7b
hama hama 6a
hamba hamba 1e
hambar tabeue 7d
hambat: terhambat santök 9a
hamil mumè, hamè, meutiyeuen 1k, 2e
hampir rap 13b
hampir terbenam (matahari atau bulan) meulé-lé 10e
hampir tertidur teusiyô 2d
hancur ancô, cèh 3e, 9a
handuk ija paweue, ija andôk 8c
hangus angoh, peungèt 7a, 9a
hantu euntèe, ganong 1j
hanya cuma, sagai 13a
hanyut hanyöt 10c
hapus (tulisan) lhi 5b
hapus: pengapus karet seutip 5b
haram hareuem 1i
harapan kheundak, harapan 4c
harga hareuga, yum 6h
hari uroe 10e
hari kiamat pagé 1k

hari pekan uroe gantoe, uroe peukan 6h
hari penyembelihan hewan menjelang puasa Ramadhan dan hari raya makmeugang 1i
harimau rimueng 12d
harta areuta 8a
harum harôm 2c
hasrat hawa, meuh'eut 4c
hasta hah 9d
hati até 2a, 4d
hati: memperhatikan sungguh-sungguh simak 2c
haus grah 2e
hebat jroh 4a
hei hai, héi 13f
hela hue 3h
helai ôn 13d
helikopter helikopter 5e
hembus mbôh 3b
hembus: berhembus pôt 10d
hempas seumpom 3h
henti: berhenti piyôh 3a, 3k
heran hireuen 4b
hewan hiweuen 12a
hiburan piyasan 1f
hidang bët, idang 7a
hidung idông 2a
hidup udép 1k, 9a
hijau ijô 9b
hikayat hikayat 1f
hikmat hékeumat 4h
hilang gadöh 9a
himpun himpôn 3h
hina hina 4g, 9a
hindu hindu 1i
hingga hingga, sampoe 9e, 13e
hirup hirôp, hiruep, p'iep, p'uep 3b
hitam itam 9b
hitam pekat sukla 9b
hitung bileueng 9c

hormat hôreumat 4e
hormat: kehormatan meuruwah 1d
hubung sambat 3j
hujan ujeuen 10d
hukum hukôm, peujra 1h
hulu sungai pucôk krueng 10a
hulubalang ulèe balang 1e
huruf huruh 5a, 5b
hutan uteuen 10a
hutan yang baru dibuka untuk ladang seuneubôk 6a
hutang utang 6h
ibadah ibadat 1i
ibarat ibarat 5a
iblis iblih 1j
ibu mak, nyak, ma, umi, mi 1b
ibu jari inöng jaroe 2a
igau: mengigau wön-wön 2d
ikan eungkôt 7b, 12e
ikan asin eungkôt masén 7b
ikan bawal rambeue 12e
ikan belanak kadra 12e
ikan limbat limbèk 12e
ikan talang taleueng 12e
ikan tenggiri tangiroe 12e
ikan teri karéng 12e
ikat gasai 6a
ikat ikat 3j, 6d
ikat (ternak) pada pohon kayu kambam 3j
ikat kaki carueh 6c
ikatan klah 6f
iklim paksa 10d
ikut ikôt, seutöt 3a, 3k, 5a
ilham éleuham 1i
ilmu éleumèe 1i, 5c
ilmu tajwid tajuwit 1i
imam teungku, imeum 1e
iman iman 1i
inci inci, eunci 9d
indah dhiet, indah 4a

ingat ingat 4h
ingat: mengingatkan peuingat 5a
ingat: meningatkan peuingat 4h
ingin: beringin bak beuringèn 11b
ingin: keinginan napsu 4c
ingus èk idông 2a
ini nyoe, -noe 13i
injak gilhö, gidöng 3d
injak-injak cacah 3d
insang iseueng 12a
intan intan 10b
inti krak 10b
intip luem 2c, 6c
iqamat kamat 1i
irama buhu, santôk 1f
iri hati ku'èh, deungki 4e
irigasi ie peuneuék 6a
iris iréh 3e
isak: terisak-isak meusôk-meusôk 4d
isap isap, p'iep 3b
isap (tebu) jiep 3b
isi asoe 9e, 11a
islam éseulam 1i
istana meuligoe 1e
isteri peurumoh 1b
itik iték 12b
itu (dekat) nyan, -nan 13i
itulah nyan nah 13f
iya: mengiyakan bôh, bëh 13a
izin idin 5a
izin: mengizinkan peuizin, peuidin 5a
jabat tangan meu'ah, mumat jaroe 1d, 3d
jadi jadèh, jeuet 4c, 9a
jaga jaga, keumiet 1h, 2d, 3k
jagung jagông 6a, 11d
jahat jheut, jeuheut 4a
jahe haliya 7f
jahil, tidak mengindahkan aturan-

aturan agama jahé 1i
jahit cop 3i
jala jeue 6b
jalan röt 5e
jalan kaki jak ngön tapak, gaki 3a
jalan-jalan tanpa tujuan rawöh 3a
jalan: berjalan pelan-pelan tèh-tèh 3a
jam jeuem 8b, 10e
jamak, melakukan dua shalat pada waktu yang sama jamak 1i
jambak gui 3h
jambu jambèe 11c
jambu biji boh geulima 11c
jamin jamin 5a
jamur kulat 11d
janda balèe, inöng balèe 1b
jangan bèk 13a, 13b
janggal janggai 4c
jangka jangka 5c, 10e
jangkar saôh 5e
jangkit: berjangkit jangkét 2b
jangkrik yang hidup di pohon adi-adi kh'ueng, d'èe-dèe khueng 12f
janji janji 5a
jantan agam 12a
jantung jantông 2a
jari jaroe 9d
jari kaki aneuk gaki 2a
jari tangan aneuk jaroe 2a
jaring jaréng, nyaréng 6b, 6e
jaring bergagang nyhap 6b
jas bajèe kôt 8b
jasa guna 4e
jasa pos jasa poh 5d
jasad badan, tubôh, jasat 2a
jati bak jatoe 11b
jatuh rhët 3a
jatuh harga rhët yum 6h
jatuh: menjatuhkan diri galeue 3a
jauh jeuôh, jiôh, jarak 9e

jawab jaweuep, seuôt 5a
jawi jawoe 5b
jejak bakat, euncit, euntèe 6c, 7b
jelaga adang 10b
jelas alasan meukön 4h
jelas: menjelaskan hareutoe 4h
jelas: menjelaskan cara peukri 4h
jelatang bak jeulatang 11b
jelebau banèng 12c
jelek brôk, apak 4a, 9a
jelek, tidak berkualitas khèk 4a
jelek, tidak sopan bakai 4a
jelita sambinoe 4a
jembatan tutue, titie 5e
jempit jeumpét 9d
jemur adèe 3h, 6a
jenazah manyèt 1k
jendela tingkap 8c
jengger lambéng 12b
jenggot janggôt 2a
jengkal jeungkai 9d
jengkel tunu 4d
jengkrik daruet kléng 12f
jenis jinèh, macam 1b, 9a
jenis: sejenis sipeue 13h
jentik pleuen 12f
jepitan rambut khèp, kèp 8b
jera jra 2b
jerami jeundrang, nyirang 6a
jerapah jeurapah 12d
jeratan tarön, jrat 6c
jerawat muen 2b
jerit geumeurép 5a
jerjak jeureujak 8c
Jerman Jeureuman 1c
jernih jeungèh 9a
jeruk manis boh limo 11c
jeruk nipis boh kuyuen 7f
jihad jihat 1i
jijik lan, luwat 4e
jika meunyö, meung-, meu- 13e

jilat lieh 3b
jin jén, pari, euntèe 1j
jin: dibawa jin jén ba 1j
jinak raghoe, seuiet 4f, 12a
jinjing tijik 3g
jintan jira 7f
jodoh judô, peuteumuen 1b
joget jugèt 1f
jolok chët 3d, 6a
jongkok pingkui, tinggông 3a
jual: menjual publoe 6h
juara juwara 1f
judi judi 1f
juga cit, sit, pih 13a
juling juléng, kirôk, sarôk 2b, 2c
julur: menjulurkan lidah lien lidah 3b
jum'at jumeu'at 10e
jumlah jumlah 9c
jumpa: berjumpa meurumpök 1d
jungkat jungkat 3h
junjung seuôn 3g
junjungan (sebutan untuk nabi) jônjôngan 1i
junub junub 1i
jurang urông 10a
jurang yang dalam jeureulông 10a
juri juri 1f
jurusan phak 5c
juz juh 1i
Ka'bah Ka'bah 1i
kabar haba 5a
kabupaten kabupatén 1e
kabut sagôp 10d
kaca kaca 10b
kacang kacang 6a
kacang hijau kacang ijô 11d
kacau kacho, karu 1g, 3d
kadal tarum 12c
kadang-kadang meujan-jan 13a
kadha, mengganti (kewajiban agama yang tertinggal seperti shalat atau puasa) kala 1i
kafan kaphan 1k
kafir kaphé 1i
kain ija 10b
kain putih pembalut batu nisan pupanji 1k
kain sarong ija krông 8b
kain selimut ija limbôt 8c
kais kireueh 12a
kait sangkôt 3h
kakak da, kak, ti, po 1b
kakaktua kakaktuwa 12b
kakek nèk, ayah nék, chik 1b
kaki gaki, gatéh 2a
kaki bukit gaki glé 10a
kaki depan (hewan) tangeun 12a
kaki gajah penyakit gaki gajah, untôt 2b
kala kala 12f
kalah talô 1f
kaleng plôk 8d
kali gö, blét, seun 10e
kali kali 9c
kaligrafi kheuet 5b
kalimat kalimat 5a
kalong lhöng 12d
kalung taloe takue 8b
kalut kalôt 4h
kamar kama 8c
kambing kamèng 12d
kami kamoe, meu- 1a
kamis hamèh 10e
kampak gampak 6e
kampit, s.j. kantong dari anyaman gampét 6f
kampung gampông 1e
kamu gata, ta- 1a
kamus kamuh 5b
kanan uneun 9e
kancil peulandôk 12d

kandang eumpung, weue 6d, 12a
kandang ayam seuruweuen 6d
kandas sök 3a
kandil kandé 8c
kandis boh kandéh 11c
kangkang: mengangkang phang, pheueng 3a
kangkung rumpuen 11d
kanji kanjie 3c
kantong kéh, baluem 8b
kantor kantô 6g
kantor pos kantô poh 5d
kantuk: mengantuk layôh 2d
kapal laut kapai laôt 5e
kapan pajan 13g
kapan saja beuranggajan 13h
kapan-kapan jampang 10e
kapar: terkapar teugageueng 3a
kapas gapeueh 10b
kapok bak panjoe 11b
kapur barus kaphô 1k
kapur sirih gapu 7e
kapur tulis gapu tuléh 5c
karam karam 10c
karang karang 1f, 5b
karang: pekarangan leuen 8c
karatan èk beusoe, geuratan, meugeuratan 9a, 10b
karate karaté 1f
karena kareuna, sabab, seubab 13e
karet geutah, bak geutah, bak saban 10b, 11b
karih (nasi yang sedang dimasak) karèh 7a
kartu keureutu 5d
karung eumpang 6f
kasad kasat 1i
kasar gasa, krang, gasa 1d, 9a
kasar: berwatak kasar krang-ceukang 4g
kasau gaseue, lhue 8c

kasihan weueh 4e
kasti kasti 1f
kasus peukara 1h
kata kata 5a, 5b
katak cangguek 12c
kates boh peuték 11c
kati katoe 9d
kaum kerabat wali karông 1b
kaus kaki kasôt 8b
kawal jaga, kawai 1h, 3k
kawan ngön, rakan, teumon 1d
kawan: berkawan meungön 1d
kawanan kawan 12a
kawin kawén, meuseutöt, meuagam 2e, 12a
kawin: perkawinan meukawén 1k
kaya kaya 8a
kayap kayap 2b
kayu kayèe 10b, 11a
kayu berbentuk segi tiga yang dipasang di leher kambing agar tidak bisa menembus pagar kangkông 6e
kayu manis kulét manèh 7f
kayu putih bak kayèe putéh 11b
kayu semantuk seumantôk 11b
kayuh kayôh 5e
kayuh: pengayuh peungayôh 5e
ke u 13c
kebal keubai 1g
kebiri gasi 6d, 12a
kebumi tanom, seumiyup 1k
kebun lampôh 6a, 8a
kecapi mulut g'èng-g'ong 1f
kecewa asa 4d
kecil ubeut, ubit, cut 9d, 9f
kecoak keuraleuep 12f
kecut keunyuet 9d
kecut: pengecut geusuen 4f
kedai keudè, warông 6h
kedele kacang kunèng 11d
kedidi (s.j. burung rawa yang selalu

INDEKS BAHASA INDONESIA

menggerak-gerakkan ekornya) keudidi 12b
kedip blèt 2c
kedip mata klèp mata 2c
kedondong boh keureundông 11c
kedua keuduwa 9c
kejam curien 4g
kejar lét, tiyeuep, peucrok, pagap 1g, 6c
keji keuji 4a
kekal keukai 10e
kelabu keulabèe 9b
keladi ampeuek, leubue 11d
kelahi: berkelahi meulhö 1g
kelakar wayang 5a
kelam seupôt, klam 10d
kelambu keuleumbu 8c
kelapa bak u, boh u 11b, 11c
kelapa gongseng u lheue 7f
kelas glah 5c
kelat klat 7d
keledai keuleudè 12d
kelelawar seumantông 12d
kelenjar, daging tumbuh boh keuèh 2b
kelereng klèrèng 1f
keli seungkö 12e
keliling lingka 3a
kelinci areunap 12d
kelingking giték 2a
kelongsong peluru keureutôh 1g
kelongsong ular sarông uleue 12c
kelopak tampôk 11a
kelor murông 11b
kelu lidah (karena makan sirih) lhu 2b
keluan taloe idông 6d
keluar teubiet 3a
keluar: mengeluarkan suet 3h
kemarau khueng 10d
kemarin baroe 10e

kembali gisa, riwang 3a
kembali: mengembalikan pulang 3f
kembang: mengembang sui 7a
kembar keumbeue 1k
kemenyan keumeunyan 10b
kemiri keumiroe 7f
kemudi keumudoe 5e
kemudian teuma 13a
kena keunöng, rôh 3a, 3d, 6c
kena: terkena kotoran meuligan 9a
kenal meuturi, turi 1d, 4h
kenal: memperkenalkan peusoe, peuturi 1d, 4h
kenal: terkenal meuceuhu, meugah 5a
kenapa pakön 13g
kenari keureundét 12b
kencing 'iek, tôh 'iek 2a, 2e
kendara: mengendarai giduek 3a
kenderaan kandran 5e
kendi tayeuen, utuyông 8d
kendur keundô 9a
kenduri khanduri 1d
kental ghuen, kai, likat 9a
kentang gantang 11d
kentut tôh geuntët 2e
kenyal juwiet 9a
kenyang troe 9a
keong sigeundông 12c
kepada keu, ubak 13c
kepak: mengepakkan sayap keuprak 3a
kepal geupai 3g
kepala jeumala, ulèe 2a
kepala desa keuchik, geuchik 1e
kepala sekolah keupala sikula 5c
kepalan tangan boh sôh 2a
kepang reuek 3j
kepeting darat bieng kông 12c
keping keupéng 13d
kepit gapiet 3g

kepit: pengepit pinang sirih rampagoe 6e
kepiting bieng 7b, 12e
kepung keupông, pagap 1g
kera eungköng 12d
kerabat waréh, kawôm, syèdara 1b
kerabat dekat wali karông 1b
kerah baju kupèk 8b
kerajaan keurajeuen 1e
kerak krak 10b
keramat keuramat 1i
kerang kreueng 7b, 12e
kerangka rungkha 2a
keranjang raga 6f
keranjang ikan raga eungkôt 6b
keranjang kendi reuleuet 6b
keras kreueh 9a
keras kepala bateue, kreueh ulèe, kheue, tungang 4a, 4f, 4g
keras: mengeras batat 11c
kerbau keubeue 12d
kerdil pr'ien 9a
kerenda keureunda 1k
kereta api geuritan apui 5e
kereta kuda sadô 5e
kerikil aneuk batèe, keurikéh 10a
kering thô 9a, 10c
kering dan keras krang 9a
kering dan layu jie 9a
kering: mengering keuöt 9a
kering: mengeringkan dadeueng 3c, 7a
keringat reuôh 2a
keringat: berkeringat meureuôh 2e
keripik (pisang, ubi) keuripèt 7b
keris kréh 1g
kerja buet, pubuet, keureuja 3k, 6g
kerja: pekerjaan buet, keureuja 6g
kerongkongan reukueng 2a
kertas keureutah 5b
keruh keudo 10c

kerumun, mengerumuni keureumon 1d, 3a
kerut keunyuet, krôt 9a, 9d
kesan: terkesan meuchén 4e
kesana keunan, keudéh 13a
ketam nyhèh 3c
ketan bu leukat, leukat 7b
ketapang bak keutapang 11b
ketawa khém 4d, 5a
keteguk ceumeukök 2e
ketela keutila, keupila 11d
ketepel busu, peuték, gandoe 1f
ketiak geutiek 2a
ketiga keulhèe 9c
ketik geuti, tèp 3d, 5b
ketika layeue, 'oh, yôh 13a, 13e
ketika itu bak watèe nyan, bak masa nyan 13a
ketombe kru 2b
ketumbar aweueh 7f
khasiat kasiet 2b
khat kheuet 5b
khatip teungku khatip 1e
khawatir gundah 4f
khitan sunat 1k
khusyuk kuch'uek 1i
kiamat kiyamat 10e
kias kieh 1h
kiasan ibarat 5a
kibas kibah 12d
kiblat kiblat 9e
kidal jawie 4c
kifarat kiparat 1i
kijang glueh 12d
kikir kriet, kiki 4c, 6e
kilat kilat 10d
kilau blé 9a
kilo kilo 9d
kini jinoe 10e
kipas pôt 3d
kipas anyaman kipah ôn ibôh 6f

kira kira 4h
kira-kira kira-kira 13a
kiri wie 9e
kirim peuék, kirém 5a, 5d
kisah kisah 5a
kita geutanyoe, tanyoe, ta- 1a
kitab kitap 5b
kocak beurakah 5a
kocok kachôk 3d, 7a
kodok cangguek 12c
kokoh gap, köng 9a
kokok ku'uek 12a
kokok: berkokok ku'uek 12a
kol boh kôl 11d
kolak cagruek, kulak, peungat 7a, 7b
kolam kulam 10c
komandan syèh 1f
kompeni kômpeuni 1c
kompor kompo, kompho 8d
kongsi kônsi 6h
kopi kupi, kuphi 7c
kopiah kupiyah 8b
kopor kopo, kopho 8c
korban keureubeuen 1i
korek kèh, krut 3c, 7e
korek dengan benda tajam cui 3c
kosong soh 9a
kota kuta 10a
kotak surat tông surat 5d
kotor kuto, teubôh, seumak 9a
kotor (air) keudo 10c
kotor, terkena kotoran meuluténg 9a
kotoran èk, lubeueng 2a, 10c, 12a
koyak beukah, lheuep 3c, 9a
koyan, ukuran sepuluh *gunca* **padi** kuyan 9d
Kristen Krèstèn, Naseurani 1i
kuah kuwah 7b
kuak kuwak, pukiek 3e
kuali beulangöng 8d

kuap: menguap seumeungeup 2d
kuasa kuwasa 1h
kuasa: menguasai secara paksa langgéh 1g
kuat köng, meureugôh, tangkôh, teuga 2b, 4c, 6d, 9a
kuat: kekuatan wat 2b
kubang abeuek 10c
kubis boh kôl 11d
kuburan bhôm, jirat, jeurat, kubu 1k
kucing mie 12d
kuda guda 12d
kudis kudé 2b
kue leumak, leumak, peunajôh, reumok, kuwéh 7b
kue putu putu 7b
kuini boh kuwini 11c
kuis: menguis keuih 3h
kuk yôk 5e
kuku gukèe 2a
kukuran geulungku 8d
kukus seuöp 7a
kukusan sanga 8d
kulit kulét 11a, 2a, 12a
kulit: menguliti (hewan sembelihan) lhak 3c
kulum kabom 3b
kulur (s.j. sukun berbiji) boh kulu 11c
kuman kumeun 2b
kumbang pemakan umbut kelapa ujo 12f
kumis misè 2a
kumpul kuet 3h
kumpul: berkumpul meusapat 1d
kunang-kunang meuk, meukmbè 12f
kunci gunci 3j
kunci: mengunci rôk 3j
kuncup kuncôp 11a
kundur boh kundô 11d

kuning kunèng 9b
kuning keputih-putihan gapi 2a
kuningan loyang 10b
kunjung kunjông, saweue 3a
kuntil anak burông 1j
kuntum kuncôp 11a
kunyah mamöh 3b
kunyit kunyèt 7f
kupas puliek, suliek, sék 3c, 6a
kupas (kelapa muda) dengan rapi lasôn 7c
kupu-kupu keubangbang, bambang 12f
kura-kura darat banèng, labi-labi, tông-tông gapu 12c
kurang kureueng 13a
kurang ajar brôk akai 4a
kurang bersemangat rè, brè 4c
kurang waras seudèe 4h
kurang, tidak cukup lucôt 9d
kurang: berkurang leueueng 10d
kurang: berkurang susôt 9d
kurap kurap 2b
kurban keureubeuen 1i
kurma keureuma 11c
kurnia karônya 1i
kursi kurusi 8c
kurung kurông 6d
kurungan ayam yang terbuat dari bambu seureukap 6d
kurus pijuet 9a, 12a
kusta budôk 2b
kusut sangsui 9a
kutang bajèe keutang 8b
kutil geutuet 2b
kutilang brujuek, beurijuek 12b
kutu gutèe 12f
kutu (badan) kecil leubéng 12f
kutuk kutôk, teunak, seuep 5a
kutukan meureuka, sumpah 1h, 4a
kuyup jhuek, lijhuek, bulut, bucho 10c
laba laba 6h
laba-labah rambideuen, ca'ie 12f
labu tanah labu tanoh 11d
labuh labôh 5e
lada lada 7f, 11d
ladang ladang 6a
lagi lom 13a
lagu lagèe, lagu, liké 1f
-lah lèh 13a
lahan yang tidak ditanami roh 6a
lahir lahé, na 1k
lahir: kelahiran lahé, na 1k
lahir: melahirkan tôh aneuk 12a
lain laén 9a
lain kali singoh-ngoh 10e
lain: melainkan maléngkan 13e
laki-laki agam, lakoe 1b
laknat laknat 4e
laksa: selaksa silaksa 9c
laksamana lakseumana 1e
laku lagôt 6h
laku: kelakuan ayam yang akan bertelur meujaba 12a
lalai lalèe 4h
lalat lalat 12f
lalat buah keurimue 12f
lalu teuma 13a
lalu: selalu sabé 13a
lama lawét, trép 10e
lambat meulèt 9a
lambat: terlambat jula 10e
lambung lambông, maidah 2a, 3h
lampu lampu, panyot 8c
lampu gantung kandé 8c
lanau lön 10a
lancar sanyum 9a
lancip tiruet 9f
landak landak 12d
langau langöng, pitok 12f
langganan langganan 6h

INDEKS BAHASA INDONESIA

langgis langgéh 6e
langit langèt 10a, 10d
langit-langit langèt-langèt 2a
langkah langkah 3a
langkah: melangkah kedalam air blôh, tamuk 3a
langkah: melangkahi lingkeue 3a
langsat boh langsat 11c
langsung lansông 9e
lantai aleue 8c
lapang lapang 9f
lapangan lapangan, trèn 1f
lapar deuek 2e
lapik lapék 10b
lapik belanga reungkan 8d
lapik periuk reungkan 8d
lapis lapéh 10b
larang larang, tham 1h, 5a
larang: dilarang h'an mèe 4a
larangan larang 1h
lari plueng 3a
lari dalam karung plueng lam guni 1f
laris lagôt 6h
larut (malam atau siang) jula 10e
lasak cabak 4g
latah latah 2b
latih: terlatih raghoe 12a
lauk-pauk teumön bu 7b
laut laôt 10a, 10c
lawan lawan 1f, 1g, 1h
layak mèe, patôt, layak 1d, 4a
layang-layang geulayang, layang 1f
layar layeue 5e
layu layèe, mala 9a
lazim lazém 10e
lebah unoe 12f
lebah kecil yang biasanya bersarang dalam lubang kayu linot 12f
lebai leubèe 6g
lebar linteueng 9d

lebih leubèh 9c, 9d
lebih: melebihi liwat 9d
leceh jayéh 4a
ledah: meledak beureutôh 9a
lega glah até 4d
leher takue 2a
lekang leukang 9a
lekas leugat, rijang 9a, 13a
lekas marah bingkèng, keurumot 4d, 4g
lekit leukiet 9a
lekum aneuk tök 2a
lelah hèk 2b, 2e
lelang lèlang 6h
lele seungkö 12e
leleh lilèh, meujèm-jèm 10c
lemah keundô, la'èh, leumöh 4c, 9a
lemah-lembut leumöh-leumbôt 4g
lemak gapah, leumak 2a, 7d
lemang leumang 7b
lemari leumari 8c
lembah pantön 10a
lembam leumbam 2b
lembar ôn 13d
lembayung gadông, lambayông 9b
lembek leumiek 9a
lembing leumbéng 1g
lembu leumo 12d
lembut (tanah, kasur) leupön 9a
lempang teupat 9f
lempar h'ong, rhom 3d, 3h
lendir leundé 2b
lengah lalèe 4h
lengan atas sapai 2a
lenggang linggang 3a
lenggok likok 1f
lengkap leungkap 9a
lengket kliet 9a
lengkuas langkuweueh 11d
lengkung lingkôk 9f
lentik leunték 9f

lentur leunuet 9a
lepas lheueh, peulheueh 6c, 6d, 9a
lepas: melepaskan peuglah, peul-heueh 1h, 3j
lepitan leupéh 9d
lepra budôk 2b
lepuh bicôh 2b
lesu rè, brè 4c
lesung leusông 6e, 8d
letak peuduek, bôt 3h
letak: meletakkan peuduek 3h
letih hèk 2b
lewat liwat 3a, 9d
lezat lazat, mangat 7d
liang lahat lieng 1k
liar kleuet, ladang 4f, 12a
licik ilat, lisék, prancôt 4b, 4c
licin leuiet, licén 9a, 10c
lidah dilah, lidah 2a
lidi puréh 11a
lihat jeungeuk, kalön, ngieng, eu 2c
lilin lilén 8c, 10b
lilit lilét, palét 3j, 9d
lilit: melilit kain di pinggang pinggang 3j
lima limöng 9c
limpa limpa 2a
limpah limpah 10c
limun limon 7c
lincah rancak 9a
lincin cèh 3e
lindung kirè, linong 12e
lindung: berlindung lindông, silèe 3a
lingkar: melingkari lingka 3a
lingkar: melingkari pohon dengan duri kareuem 6a
linkungan lingkôngan 1e
lintah lintah 12c
lintang: melintang beunteueng 3h
lipan limpeuen 12f
lipas keuraleuep 12f

lipat lipat 3j
lipat tangan ke badan wa tubôh 3a
lipatan kain yang menyerupai kantong kandét 8b
lipatan kulit perut leupék 2a
lirik keureuléng 2c
liter litè 9d
liur ludah 2a, 3b
loba lubha 4c
lobang reuhueng 9a
lobang hidung ruhueng idông 2a
loh! rôh that 13f
lomba lumba 1f
lompat grôp, lumpat, chön 3a
loncat grôp, lumpat, chön 3a
lonceng geunta, tèng-tèng 1f, 6d
longggar guruek 9a
lonjong bulat boh manok 9f
lontar ibôh, teue 11b
loreng kuréng 9b
loris bue angèn 12d
lorong jurông 1e, 5e
loteng para 8c
loyang loyang 10b
luap: meluap limpah 10c
luar luwa 9e
luas luwah 9d
lubang (tanah) uruek 10a
lubuk sungai tuwi 10a
lucu beurakah, hayeue, gura, lucu 4a, 4d, 5a
ludah ludah 2a, 3b
luhur muliya 4g
luka luka 2b
luka yang dalam luhok 2b
luka: terluka lut 9a
lukis lukéh 3i, 5b
luluh lulôh 9a
lulus lulôh 5c
lumba-lumba leulumba 12e
lumbung padi yang terbuat dari bam-

bu atau kulit kayu krông 8a
lumpuh lapè 2b
lumpur leuhop, lubeueng 10a, 10c
lumur siliek 3d
lumut siseuek 11e
luntur padèe 4h
lupa silap 4h
lurus teupat 9f
lurus (tumbuh-tumbuhan) sulu 9f, 11a
lurut juruet 3c
lusa lusa 10e
lutut teuôt, tuôt 2a
lutut: berlutut meuteuôt 3a
luyur: keluyuran rawöh 3a
maaf meu'ah 3d
maaf: memaafkan pumeu'ah 1h
mabuk mabôk 2b
macam macam 9a
madat candu, madat 7e
madu madu 1b
mahal meuh'ai 6h
mahar jeunamè 1k
mahir carong, mah'è 4c
main meu'èn 1f
main mata meu'èn mata 2c
main: bermain panca panca 1f
majun majun 2b
mak comblang seulangké 1k
makam bhôm 1k
makam: pemakaman lampôh jirat 1k
makan muek, pajôh, makeuen 3b
makan (ternak) röt 6d
makan dengan lahap kuran 3b
makan sirih pajôh ranup 7e
makanan eumpeuen, peunajôh 7b, 12a
makanan yang telah diawetkan jruek 7b
maki carôt, teunak, seuep 5a
makin makén 13e
makmum makmum 1e
makna makna 4h, 5b
makruh meukrôh 1i
maksiat maksiet 1i
maksud hajat, meukeusut 4c, 4h
maksud: bermaksud keumeung, meu- 4c
malaikat malaikat 1j
malam malam 10e
malam: bermalam döm 3a
malang malang 4a
malaria malariya 2b
malas beuö 4c
malas, tidak bersemangat juwön 4c
malu kanjai, malèe 4d, 4f
malu: kemaluan wanita paröt, pèk, pukoe, brët 2a
malu: memalukan keuji 4a
mamah jakeuen, kakeuen 12a
mamak mak, ma, umi, mi 1b
mampu ék 4c
mampu: kemampuan jeuet 4c
mana: kemana ho 13g, 13h
mana: kemanapun beurangkaho 13a
mana: sebanyak manapun beuranggadum 13h
mana: yang mana siré, töh 13g
manapun: yang manapun beuranggari 13h
mancung mancông 9f
mandi manoe 3c
mandi: memandikan pumanoe 3c
mandi: memandikan mayat pumanoe manyèt 1k
mandul eue, malé 1k, 12a
mangga bak mamplam, boh mamplam 11b, 11c
manggis boh meukuta, mangohta 11c
mangkok mangkok 8d

manik-manik manèk 8b
manis mamèh 7d
manis dan lemak luwih 7d
manja lu, ucè 4d, 9a
manjatuhkan lhom 3h
mansukh mènsoh 1h
mantri meuntri 2b
manusia manusiya 1d
marah beungèh, beurigèn 4e
markisa boh markisa 11c
marmar batèe marmar 10b
martabak martabak 7b
marwah meuruwah 1d
masa masa, mèn 10e
masak masak, taguen 7a, 11c
masak (nasi) leuiet 7a
masak: setengah masak (buah-buahan, khususnya asam jawa) manu 11c
masalah masalah 4a
masam muka ceukén 4d
masih mantöng 13b
masing-masing maséng-maséng 9d
masuk tamöng 3a
masuk angin jitamöng angèn 2b
masuk ke dalam lubang luep 3a
masuk ke dalam lubang lui 3a
masuk: kemasukan jitamöng jén 1j
masuk: memasukkan pasoe, sak 3h
masuk: memasukkan sesuatu dengan kekuatan pantak 3e
masuk: memasukkan tangan kedalam suatu lubang lhuek 3d
masyarakat masyarakat 1e
mata mata 2a, 6e
mata air mata ie 10c
mata pancing mata kawé 6b
mata pencaharian napakah 6
mata tumbuh mata boh leuek 2b
mata: bermata liar ngè-ngo 2c
matahari mata uroe 10d

matan matan 5b
matang leuiet 7a
matang masak 7a
mati jom, kom, maté 3a, 9a, 12a
mau tém 4c
mau: kemauan jeuet 4c
maut maw'öt 1k
mawar maw'o 11e
mawas maw'ah 12d
mayat manyèt 1k
meja mèja, mèh 8c
mekar keumang 11a
melarat meularat 8a
melata lata 12c
melati meulu 11e
memang cit, sit 13a
memar leumbam 2b
menang meunang 1f
menang: pemenang juwara 1f
menantu meulintèe 1b
menara meunara 1i
menasah meunasah 1e
mencong irang, irôt 9f
mencret cirét 2b
mendung reudôk, peugom 10d
mengkal beungkai, meungkai 7a, 11c
mengkudu keumudèe 11c
menit minèt 10e
mentah meuntah 7a
mentega mantèga 7f
menteri meuntroe 1e
mentimun timon 11d
menua keuöt 9a
menung: termenung tahë 2c
merah mirah 9b
merak meurak 12b
merang jeumpung 6a
meranti meuranté 11b
merbah brujuek, beurijuek 12b
merbau meureubo 11b

INDEKS BAHASA INDONESIA

merdeka meurdèhka 9a
mereka awak nyan 1a
merekah wah 9a
meriam meuriyam 1g
merintah: pemerintah pomeurintah 1e
merpati mirahpati 12b
mertua tuwan 1b
mesin meusén 5e, 6e
mesin jahit kilang 6e
mesin ketik meusén tèp 5b
mesjid meuseujit 1i
meskipun dum ék, bah that, beu that, meuseuki 13e
meter metè 9d
mie mi 7b
mikraj mèkreuet 1i
milik atra, ata, milék 8a, 13e
milik kami -teuh 1a
milik: pemilik po 8a
mimpi lumpoe 2d
mimpin: pemimpin pangulèe 1e
mimpin: pemimpin dalam permainan *dabus* kaliphah 1f
minat minat 4c
minggu aleuhat 10e
minta lakèe 5a
minta: meminta-minta gadè 5a
minum jép 3b
minuman ie 7c
minyak minyeuk 7f, 10b
minyak rambut minyeuk ôk 8b
miring cakë, géng, irang, irôt, sih'èt 9f, 9h
mirip turôt 2c
misal misé, miseue 5a
miskin gasien, meueukin 8a
mobil moto 5e
modal pangkai 6h
moncong jumoh 12a
monyet bue 12d

motor cross balap honda 1f
muak leugeu, luwat 4e, 7d
mual ulak-ulak até 2b
mualaf mu'alah 1i
muara sungai kuwala 10c
muara sungai mieng kuwala 10a
muat löt 9d
muda muda, -cut 1b
muda (buah-buahan) pateuen 11c
mudah mangat, mudah 4a, 4c
mudah-mudahan mudah-mudahan 13a
mudik mudék 3a, 9e
mufakat pakat, mupakat 5a
mujur deuka, leuka 4a
muka rupa, jumoh 2a, 12a
mukena leukôm, teuleukôm 1i, 8b
mukim mukim 1e
mukmin mukmin 1i
mula-mula phôn-phôn 13a
mulai puphôn, mula 3k
mulia muliya 4g
mulut babah 2a
mulut bubu jap 6b
munafik munaph'èk 4a
mundur surôt 3a
mungkin kadang, mungkén 13a
muntah muntah 2b
muntah: memuntahkan ulak 12a
munuduh waham 5a
murah murah 6h
murid aneuk murit 5c
murka meureuka 4a
musang mangoh 12d
musibah musibah 4a
musim musém 10e, 10d
musuh lawan, musôh, sitrèe 1f, 1g
mutiara meutiya 10b
mutlak meuteulak 9a
mutu mutu 9a
nabi nabi 1i

nadi nadi 2a
nafas naph'ah 2a
nafas: bernafas peulheueh naph'ah 2e
nafsu napsu 4c
naga naga 1j
nah nyan nyang ka 13f
naik: menaiki rhak 3a
naik: menaikkan peuék 3h
naik: menaikkan harga peuék yum 6h
najis najih 9a
nama nan 1d
nanah danöh 2b
nanah bisul pasi 2b
nanah telinga tungkiek 2b
nangka bak panah, boh panah 11b, 11c
nanti euntreuk, eunteuk 10e
napsu makan löt 4c
nasehat nasihat 5a
nasi bu 7b
nasi yang dibungkus dengan daun pisang bu kulah 7b
nasib kada, untông 1k
naskah naseukah 5b
Nasrani Naseurani 1i
nazar kaôi 1i
negara nanggroe 1e
nek leugeu 7d
nelayan meulaôt 6g
nenas boh aneuh 11c
nenek nèk 1b
nenek moyang ja 1b
nenek moyang maja 1b
neraca neuraca, céng 6h
ngomong-ngomong bôh ka 13a
niaga: berniaga meuniyaga 6h
niat kasat, niet 1i, 4h
nibung nibông 11b
nikah gatip, nikah 1k

nikmat nèkmat 1i
nilam nilam 11d
nilon nilon 10b
nipah nipah 11b
nira bak jôk 11b
nomor lumbôi, numbôi 9c
nujum nujum 5a
nuraka nuraka 1i
nuri nuri 12b
nyala: menyala hu 9a
nyamuk jamok, nyamok 12f
nyanyi: bernyanyi meulagu 1f
nyanyian keagamaan tanpa musik liké 1f
nyaring (suara) nyaréng 9a
nyata nyata 4h
nyata: ternyata lagoe 13a
nyawa nyawöng, roh 1j, 1k
o ya ka 13f
obat ubat 2b
obeng obèng 6e
obrak-abrik tuweueh 3c
oceh: mengoceh terus menerus ratôh 5a
oh ô, ë 13f
okulasi gasi 6a
olah raga olah raga, meuneu'èn 1f
oleh lé 13c
om abuwa 1b
ombak umbak 10c
ombak: berombak bakat 10c
ongkos kirim ongkoh kirém 5d
orang awak, ureueng, droe 1a, 1c, 13d
orang lain gop 1e
orang tua mawang 1b
orang yang mahir membaca al-Quran kari 1i
orangtua ureueng chik 1b
otak utak 2a
paberik pabrék 6h

pacar gaca 1k
pacat pacat 12f
pacul lham 6e
padahal padahai 13e
padam lôn 7a
padam: memadamkan c'ueh 3h
padang blang, padang 10a
padat kreueh 9a
padi padé 6a, 11d
pagar pageue 6a
pagar: memagari lhop 6a
pagi beungöh 10e
paha pha 2a
pahala phala 1i
paham muphôm 4h
pahat pheuet 3e, 6e
pahit phét 7d
pahlawan pahlawan 1g
pajak wasé 6h
pakai ngui 3j, 3k
pakaian neungui, pakayan, pakèyan 8b
paket barang 5d
pakis paku 11d
paku labang, paku 6e, 11d
pala bak pala 11b
palang kayu pacok 6a
palawija tanaman muda 11d
paling paléng 13a
palsu peuleusu 4b
palu palèe 6e
palung sungai tuwie 10c
paman abuwa, pacut 1b
panah aneuk panah 1g
panah panah 6c
panas hugôp, ugôp, seuuem 9a, 10d
panas sekali (matahari) criet 10d
panas: memanaskan peuseuuem 7a
panau glum 2b
pancang jeuneurop 6a
pancar: terpancar panca 3h

panci panci 8d
pancing kawé 6b
pancing: memancing keumawé 6b
pancing: memancing dalam botol keumawé lam sirahi 1f
pandai carong 4c
pandan bak seukè 11b
pandang pandang 2c
panen koh 6a
panggang dadeueng, panggang 3c, 7a
panggil hëi, tawôk 5a
panggil (memberi isyarat dengan tangan) kawôt 5a
panggilan untuk anak-anak nyak 1b
panggilan untuk laki-laki dewasa teungku 1e
panggilan untuk orang yang tidak bersuci sangkilat 1e
pangkal uram 9e
pangkal otot lhak 2a
pangkal paha lhak pha 2a
pangkal paha uram pha 2a
pangkal pohon uboe 11a
pangkas rampéh 3e
pangkat pangkat 1e
pangku pangkèe 3g, 9d
pangku (anak) mueng 3g
pangkuan leumueng 2a
panglima panglima 1e, 1g
panjang panyang 9d, 9f
panjat ék 3a
pantai panté 10a
pantai atau tepi laut pasi 10a
pantang pantang 1h
pantat punggông 2a
pantun pantôn 1f
papa papa 8a
papan papeuen 11a
papan tulis papeuen tuléh 5c
para bak geutah, bak saban 11b

INDEKS BAHASA INDONESIA

parang parang 6c
parang yang melengkung ke luar ladieng 6e
paras ruman 2a
parau paro su 2b
pare peuriya 11d
parfum minyeuk ata 8b, 10b
pari paroe 12e
parit lueng 10c
paron landah 6e
paru-paru s'uep 2a
paruh: separuh siteungöh, sikhan 9c
parut parôt 2b
parut: parutan krut, grueh, parôt 8d
pas löt, pah 9a, 9d
pasak bajoe 6e
pasak kayu paténg 6e
pasang bôh 3h
pasang ie paseueng 10c
pasang pasang, rôk, theun 3i, 6b
pasang jeratan theun 6c
pasang: sepasang sipasang 9d
pasangan judô 1b
pasar peukan 6h
pasir anoe 10a
pasir kasar keureusék 10a
pasti teuntèe 4b
pasung noh 1h
patah patah 2b, 9a
patah: mematahkan wiet 3c
patuh patéh, seutöt 3a, 4g
patuk coh, cutok, pathuek 12a
patungan ripèe 1d
paus pawôh 12e
pawang pawang 6c
paya paya 10c
payah payah 4a, 4c
payau lagang 10c
payudara mom, tèk, dèk 2a
payung payông 8b
pecah beukah 9a

pecah: memecahkan proh 3k
pecal peucai 7b
pedagang ureueng meukat 6h
pedalaman dusôn 10a
pedang peudeueng 1g, 6e
pedas keueueng, peudah 7d
pedih peudéh, siya 2b
peduli pakoe, peuduli, peureumeun 3k, 4h
pegal keurawat 2b
pegang mat 3g
pegawai rendah keurani 6g
pejantan landôk, mbôk 12a
pekakak cakeuek 12b
pekik: memekik meuciek 5a
pelabuhan peulabôhan 5e
pelajaran peulajaran 5c
pelampung peulampông 6b
pelan peuleuheuen 13a
pelana peulana 5e, 6d
pelanduk napôh 12d
pelangi beuneung raja timoh 10d
pelatina platina 10b
pelepah peuleupeuek, yue 11a, 13d
peleset: terpeleset pilok, sireuk 3a
pelihara papah, peularha, peulara 3k, 6d
pelir krèh 2a
pelit kriet 4c
peluk uem, wa 3g
peluk kuat-kuat gruep 3g
pelumas minyeuk meusén 10b
pelupuk mata kulét mata 2a
peluru aneuk beudé 1g
pematang ateueng 6a
pena pèn 5b
pendek paneuk, tu'èt, 'èt 9d, 9f
pendek gemuk guntoe 9a
pengantin pria lintô 1k
pengantin wanita dara barô 1k
pengaruh wap 1d

penghulu teungku kadi, kali (kadhi) 1e, 6g
pening mumang, peunèng 2b
penjara glap, keureungkhèng, peunjara 1h
pensiun pansiyôn 6g
pentil geuti 3d
penting peunténg 4a
pentungan beduk gö tambô 1f
pentungan kayu nuga 6e
penuh peunoh 9a
penuh muatan sarat 9a
penumbuk padi jeungki, jingki 6e
penurut ta'at, seumatéh 4g
penyu punyie, punyi 12c
penyu air tawar lantui 12c
peok ch'iep 9a
peot ch'iep 9a
pepaya boh peuték 11c
per pè 6e
perabot peurabot 8c
perah susu prah ie rabin 6d
perahu peurahô 5e
perak pirak 10b
peram prom 11c
perampok peurampok 1h
perang prang 1g
perangai peurangeui 4g
perangko peurangko 5d
peras jeupat, prah 3c
perawan aneuk dara 1b
perawat meuntri 2b
perban peureuban 2b
percaya patéh, peucaya 1i
percik peureucék 3h
percik: terpercik linceuet 10c
perdana menteri peudana meuntroe 1e
perduli hiro 4e
perempuan inöng 1b
pergi jak, wéh 3a

pergi ke pasar jak u peukan 6h
pergi tidur jak éh 2d
peria peuriya 11d
periang rumèh 4d
periksa gliep, paréksa 2c
perintah peurintah, titah 5a
perisai peurisè 1g
periuk kanöt 8d
periuk belanga yang digunakan untuk menggongseng neuleuek 7a
perjaka aneuk muda 1b
perkakas peukakah 6e
perkara peukara 1h
perkasa kha 4f
perkosa wasi 1h
perkutut leuek, meureubôk 12b
perling peureuléng 12b
perlu peureulèe 4c
permadani peureumadani 8c
permaisuri putroe 1e
pernah tom 13a
persen peureusèn 9c
persis peureuséh 9a
pertama phôn 9c, 10e
perut pruet 2a
pesan peusan 5a
pesantren pasantrèn 5c
pesta khanduri 1d
pesuna peusuna 5a
petak sawah keubeueng 6a, 9d
petang seupôt 10e
petani meutani 6g
peti peutoe 8c
peti manyat keureunda 1k
petik pöt 3g, 6a
petik jari geutèp jaroe 3d
petir geulanteue 10d
pigi sana! jak lét leumo 13f
pijat jeupét, urôt 3d, 3g
pikir piké, pham 4h
pikiran pikéran 4h

INDEKS BAHASA INDONESIA

piknik meuramien 1d
pikul gulam, pikôi 3g
pil pè 2b
pilih piléh 3k
pilih-pilih nèh 4c
pilu peudéh 2b
pinang pineung, bak pineung 7e, 11b
pincang capiek 2b
pincang: berjalan pincang eungkhèk 2b, 3a
pindah minah, seuek, pinah, puwèh 3a, 3h
pinggan tanah peunè 8d
pinggang keuieng 2a
pinggir sungai reuleueng 10a
pingpong pingpong 1f
pingsan pansan pitam 1k, 2b
pinjam pinjam 3f
pinsil kènsè, peutalôt 5b
pintal bibeue 3i
pintu pintô 8c
pinus bak sala 11b
pipa pipa 10b
pipa rokok grok 7e
pipi mieng 2a
pirang jagat 9b
piring pingan, piréng 8d
pisah pisah 3h
pisah: memisahkan peusiblah 3h
pisah: terpisah meuklèh, meungklèh 9e
pisang bak pisang, pisang 11b, 11c
pisang goreng bada 7b
pisau sikin 6a, 6e, 8d
pitam pitam 1k
plastik peulaseutik 10b
pohon bak kayèe, bak 11a, 11b
pohon aru bak arôn 11b
pohon beringin bak nga 11b
pojok sagoe 9f
pokat boh pukat 11c

polisi pulisi 1h, 6g
pompa pumpa 6e
pondok jambô 8c
ponok gôh 12a
pontang-panting kéng-keueng 9a
porak-poranda kéng-keueng 9a
porno: berkata atau berlaku porno lahèe 1d
potong koh 3e, 6a
potong (daging) besar-besar lapah 3e
potong cabang pohon creue 3e
potong dahan kecil reulék 3e
potongan krak, krèk 13d
prematur h'an sép buleuen 1k
presiden prèsidèn 1e
propinsi propinsi 1e
puas pueh 4c
puasa puwasa 1i
pucat pucat 2b
pucuk pucôk 11a
pudar reudom 9a, 9b
pudar (pikiran) padèe 4h
puji pujoe 1i
pukat pukat 6b
puki pèk, pukoe, brët 2a
pukul pèh, poh, seupöt 1f, 3d, 10e
pukul: memukul dengan kuat lantak 3d
pulang riwang, woe 3a
pulau pulo 10a
pulpen pèn 5b
puluh: sepuluh siplôh 9c
pulut pulôt 7b
pun pih 13a
punai punui 12b
puncak pucak 10a
punggung punggông 2a
pungut kuet 3h
puntung puntông 9a
pupuk pupôk 6a

pura-pura pura-pura 4b
purnama buleuen peungeuh 10d
puru purèe 2b
pusaka pusaka 8a
pusat pusat 2a
pusing mumang 2b
pustaka pustaka 5c
putar puséng, puta, wéng, lhö 3a, 3h
putih putéh 9b
putik bajik, puték 11c
puting beliung angèn puténg beuliyông 10d
puting susu ujông tèk 2a
putri malu pih mie 11e
putus putôh 9a
putus: pemutusan hubungan perkawinan oleh hakim pasah 1h
puyuh puyôh 12b
qari kari 1i
raba geue, raba 3d
rabu rabu 10e
rabun rabôn 2b
rabun ayam sapu 2b
rabun senja sapu 2b
racun racôn, tuba 10b
racun ikan tuba eungkôt 6b
radio radiyô 8c
ragi ragoe 7f
ragu chök 4h
rahang jungka 2a
rahasia rahsiya 5a
rahim kandông 2a
rahmat rahmat 1i
raja raja 1e
rajin jeumot 4c
rajuk: merajuk saluk 4d
rak rak, sandéng 5c, 8c
rak piring rak pingan 8d
rakit rakét 5e
raksasa gögasi 1j
rakus bulô, geureuda, jumoh 4c

rakyat rakyat 1e
rama-rama keubangbang, bambang 12f
ramai ramè 1d, 9a
rambu-rambu tanda 5a
rambut ôk 2a
rambutan bak rambôt, boh rambôt 11b, 11c
ramping rampéng 9a
rampok rampah, rampok 1h, 3f
rangkai: merangkai dengan rotan jalén 3j
rangkak: merangkak 'eui, 'eue 3a, 12a
rangkap: perangkap (tikus) peutah 8c
rangkap: perangkap ikan geuneugom 6b
ranjang peuratah 8c
ranjau suda 6c
rantai ranté 1h
rantau ranto 6g
ranting ranténg 11a
ranum leubah, ranom 11c
rapai rapai 1f
rapat jap, rapat 1d, 9e
rapi cakap, rapi 9a
rapi: berpakaian rapi keumah 8b
rapuh leubui, rapôh 9a
rasa nyum, rasa 2c, 7d
rasa atau bau tengik khie 7d
rasul nabi 1i
rata rata, saré 9a, 9f
ratap baë, ratap 4d, 5a
raut kréh 3e
rawa paya 10c
rawa-rawa bueng, rawa 10a
rayap bubôk 12f
rayap: merayap lata 12c
rebab hareubap 1f
rebah reubah 3a

rebah rata ke tanah jom 3a, 9a
rebah: merebahkan diri galeue 3a
rebana reubana 1f
rebung reubông 11d
rebus reubôh 7a
rebut reubôt 1g
reda leueueng 10d
reda (hijan, angin) pirang 10d
redup reudom 9a
rekreasi meuramien 1d
remas ramah 3d
remeh jayéh 4a
remuk reumok 9a
renang meulangue, langue 3a, 10c
rencana bicara 4c
rencong reuncông, lincông 1g
rendah miyup 9d, 9f
rendam reundam 3c
renggang reunggang 9a
rentang: merentangkan badan böt 3a
repang reupang 3e
resam reusam 1e
retak reuhiek, crah, wah 9a
rezeki raseuki 8a
riak riyeuek 10c
riba riba 6h
ribut gadôh, kirôh, riyôh 1g, 9a
rimba rimba, uteuen raya 10a
rindang ramphak, reului, cheue 10d, 11a
rinding: merinding rhui 9a
rindu rindu 4c, 4h
ringan phui 9d
rintang: merintangi linteueng 3k
rintik-rintik preue, prèk-prèk 10d
risa muen gajah 2b
riuh subra 9a
riwayat riwayat 5a
robek priek 3e
roda ruda 5e
rogoh lhuek 3d
roh jahat ganong 1j
rok rok 8b
rokok rukok 7e
rokok: merokok p'iep rukok 7e
rol rôi, rhôi 5b
rontok lurôh 3a
rotan awé 11d
rotan pengikat mata beliung jeurabat 6e
roti ruti 7b
ruas buah durian pansa 11c
rugi rugoe 6h
rujak rujak, lincah 7b
rumah rumoh 8a, 8c
rumah kecil dan sederhana jambô 8c
rumah sakit rumoh sakét 2b
rumah sekolah rumoh sikula 5c
rumbia bak meuriya, boh meuriya 11b, 11c
rumpun peureudèe 11a
rumput naleueng 6a
rumput: berumput meunaleueng 6a
rumput: merumput eumpoe 3c, 6a
runcing cincu, tincu 9f
rungcing: meruncingkan cui, rawôt 3e, 3i
rupa rupa 2a
rupa: menyerupai hi 2c
rupiah rupiya 6h
rusa rusa 12d
rusak reulöh 3i, 9a
rusak: merusakkan lheuep 3c
rusuk rusôk 2a
sabar saba 4a
sabit sadeuep 6a, 6e
sabtu satu, saptu 10e
sabun sabôn 3c
sabung ayam peulët manok 1f
sabut tapéh 11a

sadel sila 5e
sado sadô 5e
sagu bak sagèe 11b
sajadah sajadah, tika seumayang 1i
sajak pakhôk, santôk 1f
saji bët, idang 7a
sakarat sukleuet 1k
sakit sakét 2b, 9a
sakit kepala peunèng 2b
sakit: menyakiti peujra 1h
sakit: penyakit peunyakét, sakét 2b
sakit: penyakit sopak supak 2b
saksi syaksi 1h
saku kéh, baluem 8b
salah salah 4b
salam saleuem 1d
salaman meu'ah, mumat jaroe 1d
saleh malém, salèh 1i, 4a
salem salam 12e
salin: bersalin madeueng 1k
salju salju 10c
saluran air lueng ie 6a
sama sa, saban 9a
sama söt 13a
sama (tinggi, panjang, jauh) santeuet 9d
sama arah saho 13h
sama sekali sagai 13a
sama: bersama sajan 13h
sama: persamaan kieh 1h
samak samak 3c
sambal asam, sambai 7b
sambil sira 13e
sambung sambông 3k
sambung tali atau benang gampôh 3i, 3j
sambut sambôt 3g
sampai sampé 13e
sampai dengan lantak 10e
sampai umur trôk umu 1k
sampai: menyampaikan (berita) peu-ék 5a
sampan jalô 5e
samping: di samping binèh, geuniréng 9e
sampo sampô 3c
sana: disana hinan, sinan 13a
sana: disana (jauh) sidéh, hidéh 9e
sandal seulop 8b
sandang sawak 3g
sandar sadeue 3h
sandar: bersandar sinè, meusadeue 3a
sandiwara sandiwara, dalupa 1f
sandung: tersandung teugantöh 3a
sangat that, leupah, lagoina 13a
sangat muda (buah-buahan) nyèn 11c
sangga: penyangga tawô 6a
sanggup ék, keumah 4c
sangka sangka, teujalök 4h
sangkar cintra 12a
sangkut caw'iek, sangkôt, lhat 3h
sangkut: sangkutan kawét 6e
sanjak sanjak 1f
sanjak Aceh yang berirama duabelas nalam 1f
santan santan 7f
sapi leumo 12d
sapih lhah 1k
sapu sampôh, peujampôh 3c, 8c
sapu tangan ija awih, ija bungkôh 8b
sarang eumpung 12a
sariawan kayap 2b
saring saréng 3c
sarung sarông 6e
sarung bantal sarông bantai 8c
sarung palekat ija palikat 8b
sate saté 7b
satu sa 9c
satu tempat sapat 13h
saudara droeneuh, neu- 1a

saudara sepupu keumuen 1b
sauh saôh 5e
sauk sawök 6b
sawah blang, umöng 6a, 8a
sawan pungo bui, sawan 2b
sawi sawi 11d
sawo bak sawôh, boh sawôh 11b, 11c
saya lôn, ulôn 1a
saya tidak tahu hôm 13f
sayang inseueh 4e
sayap sayeuep 12a
sayur gulè 6a, 7b
sayur campuran gulè rampoe 7b
seandainya sangkira 13e
sebab sabap, seubap 13e
sebelas siblah 9c
seberang jeumeurang, koh 3a
seberang sungai meurandéh 9e
sebut teuöh 5a
sebut nama Allah secara berulang-ulang ratéb 1i
sedak: tersedak teurhôk 2e
sedang seudang, teungöh 9d, 13b
sedati seudati 1f
sedekah seudeukah 1i
sedepa deupa 9d
sedia seudiya 3i
sedih seudéh 4d
sedikit bacut, duwa neuk 9d, 13a
sedikit sekali geutu 9d
sedot p'uep 3b
sedu: tersedu-sedu meusôk-meusôk 4d
segera bagah-bagah, sigra, lanja, leugat 10e, 13a
segera setelah ban 13e
segi empat peuet sagoe timang 9f
segi tiga lhèe sagoe 9f
sehat sihat 2b
sehat: kesehatan sihat 2b
sejahtera sijahtra 4a

sejuk sijuek, leupie 9a
sejuta sijuta 9c
sekam seukeuem 6a
sekarang jinoe 10e
sekarat nadak, nadeu'a 1k
sekejap siat, sikeujap, blét 10e
sekitar seulingka 9e
sekolah: bersekolah jak sikula 5c
sekop lham sudok 6e
selam nom 3a, 10c
selama ini lawét nyoe 10e
selang lheueng 3k
selasa seulasa 10e
selawat seulaweuet 1f
selendang ija sawak 8b
selesai tamat, keumah 5c, 9a
selesai: menyelesaikan peulheueh 3k
selidik sudi 5a
selimut limbôt 3j
selinap: menyelinap luep, lui 3a
selokan lueng 10c
selop seulop 8b
seloro kra 5a
selusin silusén 9c
semai seumè 6a
semai bibit lhông 6a
semai bibit padi raleue 6a
semangat seumangat 1j
semangka timon bruek 11c
sembah seumah 1i
sembahyang seumayang 1i
sembelih sie 3e, 6c
sembelit meutheun èk 2b
sembilan sikureueng 9c
sembrono lék-lok 4g
sembuh puléh 2b
sembunyi meusom, som 3a, 3h
semen seumèn 10b
semenanjung ujông 10a
semoga beu- 13a

sempit arat, ubeut, ubit 9d
semprong sulie 8c
sempurna leungkap 9a
semua ban, man- mandum, habéh 9d, 9a
semula söt 9e
semula: yang semula söt 13a
semut sidom 12f
sen s'èn 6h
senang galak, seunang 4d
senang: menyenangkan hayeue, gura 4d
senapan beudé 6c
sendi lhak 2a
sendok camca, tanca 8d
sendok: menyendok teumok 3f
seng sèng 10b
sengaja melanggar aturan sakeue 1h
senin seunanyan 10e
senja sinja, 'insya, 'incha 10e
sentak sinthak 3h
senter sèntè 8c
senti sènti 9d
sentuh pèh 3d
sentul seutui 11c
senyum teuseunyom 4d, 5a
seolah-olah sang 13e
sepah seupah 7e
sepak sipak 3d
sepak bola sipak bhan 1f
sepat seupat 12e
sepatu seupatu, sipatu 8b
sepeda gari, geuritan angèn 5e
seperti lagèe, meu-, ban, bagoe 13a
seperti itu lagèe nyan, meudéh 13e, 13i
sepoi-sepoi dirui 10d
sepuh seupôh 3i
serai bak rheue, rheue 7f, 11d
serak paro 2b, 9a
serakah lubha, seurakah 4c

serambi rambat 8c
serangga seureungga 12f
seratus sireutôh 9c
serbuk gergaji èk gogajoe 6e
serdadu sidadu 1g
seret hue 3h
seri timang 1f
seribu siribèe 9c
serigala srigala 12d
sering kayém 13a
serius meugasui-gasui 9a
serong sirông 9h
serpih lha 10b
seru meukachôk 9a
serunai seurunè 1f
sesak nafas seunak 2b
sesat sisat 5e
sesekali trép-trép sigö 13a
sesuai cakap 9a
setan syètan 1j
seterika grôh 3c
sewa siwa 3f
sholat seumayang 1i
sholat jenazah seumayang manyèt 1k
sia-siakan tiek 3k
sial malang 4a
siamang himbèe 12d
siang: kesiangan teulat jaga 2d
siang: menyiangi böh naleueng 6a
siang: menyiangi (rumputan) ureueh 6a
siap keumah, lheueh 9a
siapa soe 1a, 13h
siapa punya supo 13g
sibuk mèh-moh 9a
sihir sihé 1j
sikat sikat 3c
sikat gigi sugoe 8c
siku singkèe 2a
silap silap 4h

silat silèk 1f
silau seulala 9a
simpan simpan, trôh 3h
simpang jalan simpang jalan 5e
simpul neukue 3j
sindir pansie 5a
singa singa 12d
singkong ubi 11d
singlet bajèe keutang 8b
sini: disini sinoe, hinoe 9e, 13a
sini: kesini keunoe 13a
siput sigeundông, sipôt 12c
siput air payau cue 12c
siput air tawar umot 12c
siram sibu 10c
sirih ranup 7e
sirip sirép 12a
sisa euntèe, leubèh 7b, 9c
sisa (makanan atau minuman) s'euh 7b, 7c
sisa beras leungk'uet, neuk'uet 7a
sisi blah 9e
sisi (badan) lambông 2a
sisik sisék 12a
sisir sisi, sugôt 8b, 11a
sita langgéh 1g
siul: bersiul yôp babah 3b
sobek criek 3e
softball kasti 1f
sokong tumpang 3g
sokongan kaleueng 8c
sombong mbông 4g
sopan sopan-santôn 4g
sopir supé 6g
sorak surak 1f
sore asa, seupôt 10e
sperma ie mani 2a
srigunting cémpala 12b
stasiun tasiyôn 5e
stoking stoking 8b
suami lakoe 1b

suap suep, 'ap, suleueng 3f, 3h
suara su 5a
suara gonggongan anjing kh'ung-kh'ung 12d
suara kasar k'èng-k'èng 4d
suasa suwasa 10b
suatu hari bak saboh watèe, bak saboh uroe 13a
subuh suboh 10e
suci suci 9a
sudah ka 13b
sudah pergi leupah 3a
sudahlah ka sép, ka jeuet, ka mumada 13f
sudu sudok 8d
sudut sagoe 9f
sugi tembakau sugoe 7e
sujud sujut 3a
suka galak 4c, 4e
sukat sukat 9d
sukun boh sukôn 11c
sulam sulam 1f
sulaman benang emas kasap 1f
suling suléng 1f
sulit payah 4a, 4c
suluh lhôh, suwa 2c, 6e
sumbat doe, sumpai 3j
sumbat: tersumbat kerongkongan ue 2e
sumber air mata ie 10c
sumbing cumèh 2b, 9a
sumpah sumpah 1h, 5a
sumpah: bersumpah meusumpah 1h
sumsum ie tuleueng 2a
sumuk ugôp 10d
sumur mon 10c
sunat sunat 1k
sundak kelapa sundak 6e
sungai krueng 10a, 10c
sungguh bit-bit, sunggôh 13a, 4c
sungguh-sungguh keubit 13f

sunnat sunat 1i
suntik jarôm 6d
suntikan jarôm 2b
sunyi seungap 9a
supaya beu- 13e
supir supé 5e
suram mala, reudèe 9a
surat surat 5d
surat pertama dari Alquran patihah 1i
surga syiruga 1i
suruh surôh, yue 5a
susah sôsah 4d
susu ie tèk, abin, susu 7c, 12a
susu ibu ie tèk, ie mom 2a
susun karang, susôn 1f, 3h, 3i
susut susôt 9d
sutera sutra 10b
ta'at ta'at, seumatéh 1i, 4g
tabir tabéng 8c
tabu pantang 1h
tabur seupreuek, tabu 3h, 6a
tabur: bertaburan meujeuen-jeuen 9a
tadi bunoe 10e
tagih tunggè 6h
tagih: ketagihan teugiyan 4c
tahan sangga, theun 3i, 6b
tahan nafas theun naph'ah 2e
tahi telinga èk geulunyueng 2a
tahu tahu, thèe, tu- 4h, 11d
tahun thôn 10e
taik lalat èk lalat 2b
taik mata èk mata 2a
taik telinga èk geulinyueng 2a
tajam tajam 6e
taji susôh 12b
takdir kada 1k
takut takôt 4f
takut: menakutkan binatang côh-côh 6c

talam talam, tabusi 8d
talas ampeuek, birah 11d
tali taloe 6e, 6f, 10b
tali ijuk taloe jôk 6f
tali pancing taloe kawé 6b
tali pinggir jaring kaja 6e
tali yang dililitkan pada mulut ternak jeurabat 6e
talqin teuleukin 1k
tamak jumoh, lubha 4c
taman taman 10a
tamasya: bertamasya ramien 1d
tamat tamat 5c
tambah tamah 9c
tambak ikan neuheun 10c
tambal tampai 3i
tambur tambô 1e
tampak deuh, leumah 2c
tampar tampa 3d
tampi tampoe 3c
tampi: penampi jeuèe 6e, 6f
tamu jamèe 1e
tanah tanoh 8a, 10a
tanam pula, tanom, seumiyup 1k, 6a
tanam bibit lhom bijèh 6a
tanam dengan tongkat tajôk 6a
tanaman pegagan peugaga 11d
tancap pacak 3h
tanda tanda 5a
tandan mu 11a
tanding tunang 1f
tanding hikayat nasip 1f
tandu tandu 1k
tanduk lungkèe 12a
tanduk: menanduk pök 3d, 12a
tang tang 6e
tangan jaroe 2a
tangga reunyeun 8c
tangga bambu purieh 6e
tanggal tanggai 10e
tanggal pakaian lhôn 3j, 9a

INDEKS BAHASA INDONESIA

tangguh tangkôh 9a
tanggul ateueng 6a
tangis klik, moe 4d, 5a
tangkai tangké 11a
tangkap drop, sambôt 1h, 3g, 6c
tangkis kilèk 3d
tani: bertani meugoe, mublang, meulampôh 6a
tante miwa, téh 1b
tanya tanyöng 5a
tapa: bertapa kaluet 1i
tapa: pertapa jugi 1i
tapai tapè 7b
tara padan 5a
tari: menari jugèt, meunari 1f
tari: menari-nari likak 1f
tarik suet, tarék 3h
tarik dengan paksa rinthak 3h
tarik ke atas jhung 3h
tarik tambang tarék taloe 1f
tarik: tertarik pada harök 4c
taring tarieng 12a
taruhan tarôh 1f
taruk ceudieng 11a
tas tah 5c, 8b
tatabahasa Arab nah'u 5b
tatakan kaleueng 8c
tatakerama: bertatakerama meusaneut 4g
tatap blie 2c
tatkala layeue 13a
tauge dogé 11d
tawar lakèe kureueng, tabeue 6h, 7d
tawar: penawar peunaw'a 2b
tawas tawah 10b
tawon geumeuto, keumuto, lhang 12f
tebal teubai 9d
tebang cah 3e, 6a
tebang kayu koh kayèe 6a
tebese batôk kréng 2b

tebing sungai reuleueng 10a
tebu teubèe 11d
tebu kecil reulieng 11d
tebus teubôh 6h
teduh reului, cheue, teudôh 10d
teduh (angin, air) keudap 4a
tegak lurus cöt 9e
tegap meureugôh 6d, 9a
tegur teugah 5a
teh tè 7c
teka-teki h'iem 5a
tekabur teukabô 4g
tekan teugön 3d
teko ciriek 8d
teks matan 5b
tekun gigèh 4c
telaga beurawang 10c
telah: setelah 'oh lheueh 13e
telah: setelah itu 'oh lheueh nyan 10e, 13a
telan 'uet, taluem 3b
telanjang lhôn 3j, 9a
telapak kaki tapak 2a
telapak tangan paleuet 9d
telegram taligram 5d
telekung leukôm, teuleukôm, seuleukôm 1i, 8b
telentang teugageueng 3a
telepon talipun 5d, 8c
televisi tivi 8c
telinga geulinyueng, punyueng 2a
teluk lhôk 10c
telungkup gom, khôp 3h, 3j
telunjuk teulunyok 2a
telunkup cruep 3a
telur boh 12a
telur ayam boh manok 7b
telur: bertelur tôh boh 12a
teman ngön, rakan 1d
tembaga teumaga 10b
tembak timbak 1g, 3e, 6c

INDEKS BAHASA INDONESIA

tembakau bakông 7e, 11d
tembolok beue, peudeue 12a
tembus peureulôh 9a
tempat teumpat 9e
tempat berjudi lapak 1f
tempat dawat plôk daweuet 5b
tempat kapur sirih keurandam 7e
tempat makan ternak palông 6d
tempat menampung ikan yang terbuat dari upih pinang paruek 6b
tempat penyemaian lheue seuneulông 6a
tempat sirih baté 7e
tempat tembakau ceureupa, plôk bakông 7e
tempayak pleuen 12f
tempel tampai, tipèk 3h, 3i
tempeleng tampa, teupuek 3d
tempo waktu jangka, lawét 10e
tempua miriek 12b
tempurung kelapa bruek 11b
temu: pertemuan rapat 1d
tenaga wat 2b
tenang sanyum 9a
tenang (angin, air) keudap 4a
tengah teungöh 9e
tengah hari leuhô, cöt uroe 10e
tengah: setengah siteungöh, sikhan 9c
tenggelam bhuek 10c
tenggiling tanggiléng 12d
tenggorokan marèh 2a
tengkar: bertengkar dawa, meudawa, mupaké 1g, 5a
tengkorak bruek ulèe, tangkurak 2a
tengkuk kudôk 2a
tengkulak mugè 6g, 6h
tengkuluk tangkulôk 8b
tengok jeungeuk 2c
tentera teuntra 6g
tentu saja ka teuntèe 13a
tentu: tertentu meuhat 4b
tepat teupat 4b
tepis keuih, tapih 3d, 3h
tepuk tangan prok-prok jaroe 3d
tepuk: menepuk air japhok 3d
terali jeureujak 8c
terampil cakap 4c
terang peungeuh, trang 9a
terasi beulacan 7f
teratai bak jiem-jiem 11d
terbang phö 3a, 12a
terbit matahari teubiet uroe 10e
terbit: menerbitkan peuteubiet 5b
teriak: berteriak meurawông 5a
terima teurimong, tueng 3f, 5d
terjang glueng, trom 3d
terkam jakhap 3b
termos teureumoh 8d
terompet tanduk beureugu 1e
terong trueng 11d
terus laju 13a
tetap, tidak bergerak teutap 3a
tetap: menetapkan harga bôh yum, koh yum 6h
tetapi tapi, teutapi 13e
tetas: menetas cèh 12a
tetek mom, abin, tèk 2a, 12a
tetes: menetes meujoh-joh, tijoh 10c
tetes: setetes tèp 9d
tiada bapak yatim 1b
tiada ibu mutui, buntui 1b
tiang jeuneurop, tamèh 6a, 8c
tiap jeuep-jeuep, tiep 9d
tiap: setiap geunap, jeuep-jeuep 9d
tidak h'an 13b, 13f
tidak ada hana, hana peue 9a, 13h
tidur éh, teungeut 2d, 3a
tidur membengkokkan badan kuwien 3a
tiga lhèe 9c
tikam top 1g, 3e

tikar tika, eungka 6f, 8c
tikar sembahyang musala 1i
tikus tikôh 12d
tilam kasô 8c
timah timah 10b
timba tima 8d
timba: menimba crông 3h
timbang timang 9d
timbangan neuraca, céng 6h
timbul timue 10c
timbun rôn, tamon 3h
timfan timphan 7b
timur timu 9e
tindakan buet 3
tindis gintön, tindéh 3j
tinggal tinggai 3a, 3h
tinggal: meninggal maté 1k
tinggal: meninggalkan suatu tempat wèh 3a
tinggi công, manyang 9d, 9e, 9f
tinju sôh, tumbôk, tinju 1f, 3d
tipis lipéh 9d
tipu peungeut, tipèe, taki 4b, 5a
tipu-daya daya 4b
tirai tirè 8c
tiram tirom 7b, 12e
tiup mbôh, prôh, yôp 1f, 3b
tokek pa'è 12c
toko keudè 6h
tokoh masyarakat ureueng tuha gampông 1e
tola tulak 3h
tolak tulak 4c, 5a
tolak pinggang tumpang keuieng 3a
toleh paléng 2c
tolong bantu, tulông 3k
tomat tumat 11d
tombak tumbak 1g, 3e, 6c
tombak ikan tumbak eungkôt 6b
tong tông 8c
tonggos caheueng 2a

tongkat tungkat 6b
tongkol surè 12e
topang sangga 3i
topi kupiyah 8b
truk moto prah, moto geurubak 5e
tua tuha 1b, 9a
tua dan kering riek 11c
tua dan kering (pinang) ruek 11c
tuah: bertuah meutuwah 4a
tuam: menuam teuum 2b
tuang léng, plè, sinthông 3h, 10c
tuba tuba 6b
tubir peureulông 10a
tubruk kông 3k
tubuh badan, tubôh, jasat 2a
tubuh: menyetubuhi 'ok, pap 2e
tuduh tudôh, dakwa 1h, 5a
tudung tudông 8b
tuhan tuhan, po 1e, 1i
tuju: setuju jadèh 4c
tujuh tujôh 9c
tukal tukai 6e
tukang utôh 6g
tukang dobi peunatu 6g
tukar salén, tuka 3h, 3j
tulang tuleueng 2a
tulang sendi atôt 2a
tulang: ketulangan huek 2e
tular: menular jangkét 2b
tuli tuloe 2b, 2c
tulis tuléh 3i, 5b
tulisan tangan kheuet 5b
tumbak top 6a
tumbuh timoh 6a
tumbuh subur leuhu 6a
tumbuhan jalar uröt 11d
tumbuk sôh, tumbôk, top 3d, 3e
tumbuk padi muntèe 3c
tumis tumèh 7a
tumit geunue 2a
tumor barah 2b

tumpah rô 3a, 10c
tumpah: menumpahkan peuek 3h
tumpuk rôn, tumpôk, tamon 3h
tumpukan tumpôk 9d
tumpukan pepohonan di padang rumput kuen 10a
tumpukan tanaman berduri yang digunakan sebagai rintangan rangkheuem 6a
tumpul ong, tumpôi 6e, 9f
tunangan tunangan 1k
tunas ceudieng, tarôk 11a
tunduk tukui 2c
tunduk: menundukkan badan teukui 3a
tunggu prèh 3a
tunggul tukok, utôm 11a
tungku lungkèe 8d
tunjuk tunyok 5a
tupai tupè 12d
turun trèn 3a, 5e
turun: keturunan biek, jinèh 1b
turun: menurunkan harga peutrèn yum 6h
turut patéh 4g
turut: menuruti turôt 5a
tusuk cucok, sôk, top 3e, 6c, 6e, 8b
tusuk hidung top idông 6d
tutup ikat, tôp, tutôp, khôp 3j, 10b
tutup mata pét mata 2c
tutup mulut tôp babah, piyôh 3b, 13f
uang pèng, p'èng 6h, 8a
ubah ubah 3k
uban ôk putéh 2a
ubi ubi 11d
ubi rambat janèng 11d
ubi-ubian boh 11a
ubin jubén 10b
ubun-ubun jeumala 2a
ubur-ubur ubô-ubô 12e
ucap ucap 5a

udang udeueng 7b, 12e
uji ujoe 3k
ujian ujiyan 5c
ukir uké 1f, 3i
ukur ukô, sipat 9d
ukuran satu paruhan batok kelapa kai 9d
ukuran timbangan emas manyam 9d
ulama ulama 1i
ulang ulang 3k
ular uleue 12c
ulat ulat 12f
umat umat 1i
umbi-umbian tanaman muda, uröt 11d
umpet-umpetan pét-pét nyuet 1f
umur umu 1k
umur: seumur silayeue 9a
undang uroh, tueng, undang 5a
undang-undang kanun 1h
ungu gadông 9b
unta unta 12d
untung laba, untông 4a, 6h
untunglah lah 13a
upah upah 6g
upat meuupat 5a
upih pinang situek 11a
upih pinang besar yang sudah kering jeureukhô 6e
urang-aring sumpueng 11d
urat urat 2a
urus uruh 3k
urut urôt 3d
usaha useuha 3k
usang apak, useueng 9a
usap: mengusap sesuatu (cairan, bedak) ke badan atau muka rahôp 3d
usir parôh, usé 3h, 5a
usung usông 3g
usus pruet èk 2a
utara utara 9e

volleyball poli 1f
wabah ta'eun 2b
wadam kônsa 1b
waduh jak keuh 13f
wafat wapheuet 1k
wahai wahé 13f
wajah muka 2a
wajib wajéb, wajép 1i, 7b
wakaf wakeueh 3f
wakil waki 1e
waktu 'oh, jan, watèe, mèn 10e, 13e
wali wali 1b
wangi bangoe 2c
wanita inöng 1b
waria kônsa 1b
warna wareuna 9b
warung warông 6h
wasiat wasiet 1h
wasit juri 1f
watak tabi'at 4a
wesel pos wèsèl poh 5d
wijen leungöng 7f
wilayah wilayah 10a
wortel wortèl 11d
ya 'eu 13f
ya Tuhan ô po lôn 13f
yahudi yahudi 1i
yakin yakin 4b
yang nyang 13e
yatim piatu yatim piyatu 1b
zakar boh 2a
zakat jakeuet 1i
zaman jameun 10e
zina: berzina meuzina, mukah 1h

ENGLISH INDEX

abandon tiek 3k
ablaze hu 9a
able ék, jeuet 4c, 13b
abolish mènsoh 1h
about to set (sun, moon) meulé-lé 10e
above ateueh 9e
abrogate mènsoh 1h
absolute meuteulak 9a
abuse carôt 5a
accept tueng, teurimöng 3f
accompany euntat, intat, peungön 1d, 3a, 3k
accursed darôhaka 4g
accuse tudôh, dakwa, waham 1h, 5a
acid ie batré 10c
acquainted meuturi 1d
across the river meurandéh 9e
action buet 3
adam's apple aneuk tök 2a
add tamah 9c
addict banggi 7e
addicted to teugiyan 4c
address alamat 5d
address term for adult male teungku 1e
admiral lakseumana 1e
adultery meuzina 1h
advise nasihat 5a
adze beuliyông 6e
affection meuchén, sayang 4e
after 'oh lheueh 13e
after that 'oh lheueh nyan 10e, 13a
afternoon asa, seupôt 10e
again lom 13a
age umu 1k
age, a long time ago jameun 10e
agony of death sukleuet 1k
agree ikôt, mupakat 5a

agreed jadèh 4c
agreement pakat 5a
air angèn 10d
albino gapi 2a
alive udép 1k, 9a
all ban, man- mandum, habéh 9a, 9d
allowed haleue, jeuet 1i, 4c
almost rap 13b
aloe gharu 11b
already ka, ka lheueh 13b
also cit, sit, pih 13a
alter ubah 3k
although meuseuki, padahai 13e
alum tawah 10b
always sabé 13a
amazed hireuen 4b
Ambonese ureueng ambôn 1c
ambulance moto manyèt 5e
American ureueng amèrika 1c
analogical reasoning kieh 1h
ancestor éndatu, moyang, ja 1b
ancestors maja 1b
anchor saôh 5e
anchovy biléh 12e
ancient times jameun dilèe 10e
and ngön 13e
angel malaikat 1j
angry beungèh, palak 4e
animal meulatang, beulantang 12a
ankle tumèt 2a
answer jaweuep, seuôt 5a
ant sidom 12f
anteater tanggiléng 12d
anthology bungong rampoe 5b
antidote peunaw'a 2b
anus leubô 2a
anvil landah 6e
any beurang-, barang-, beurangka-,

ENGLISH INDEX

 beurangga- 13h
any time jampang 10e
apparently lagoe 13a
appeal in court meuhukôm 1h
appear leumah 2c
appearance rupa 2a
applause surak 1f
apply (liquid, powder) rahôp 3d
approximately kira-kira 13a
Arab ureueng arap 1c
Arabic grammar nah'u 5b
Arabic sheep kibah 12d
areca pineung 7e, 11b
areca leaf sheath situek 11a
arena geulanggang 1f
argue dakwa, meulawan, meulaén 1g, 5a
arm and hand wrestling panca 1f
armful pangkèe 9d
armpit geutiek 2a
around seulingka 9e
arouse pugoe 2d
arrange susôn 3h, 3i
arrest drop 1h
arrive tôk, trôh, teuka 3a
arrogant jungkat, mbông, teukabô 4g
arrow aneuk panah, panah 1g, 6c
as big as sabé 13h
as if sang 13e
as much as sadum 13h
as soon as ban 13e
ascend teungöh 3a
ascent of the prophet Muhammad mèkreuet 1i
ascetic jugi 1i
ash abèe, dhoi 10a
ashamed kanjai, malèe 4d, 4f
ask maba, tanyöng 5a
askew cakë, irang, irôt, sih'èt, sirông 9f, 9h
asleep teungeut 2d

ass keuleudè 12d
asthma kh'ieng naph'ah, seunak 2b
astrologer nujum 5a
at bak, di, i 13c
at first phôn-phôn 13a
at the moment jinoe 10e
at the time layeue, yôh 13a, 13e
attic para 8c
attractive dhiet 4a
auction lèlang 6h
audible deuh 2c
aunt makcut, miwa 1b
auricle ôn punyueng 2a
Australian ureueng australi 1c
authority kuwasa 1h
authorize wakilah 1h
avocado boh pukat 11c
awake jaga 2d
awkward janggai 4c
axe gampak 6e
axe for splitting wood galang 6e
axle ah 5e
bable ratôh 5a
baby aneuk miet, aneuk manyak 1b
back rueng 2a
back söt 9e
backbone tuleueng rueng 2a
bad brôk, jheut, jeuheut, khèk 4a
bad smell kh'ieng, kh'èp, kh'op, ph'ong 2c, 7d, 9a
bad tempered bingkèng 4d
bag eumpang, tah 5c, 6f, 8b
baggage barang, dabeueh 5e
bail seuet 3h
bail water to catch fish seuet 6b
bake in fire tët 7a
baked fish eungkôt teutët 7b
bald lôh 9a
Balinese ureueng bali 1c
bamboo bulôh, trieng 11d
bamboo bell tôk-tôk 1f

bamboo container pacôk 8d
bamboo shoot reubông 11d
banana pisang 11b, 11c
banana leaf ôn geurusông 11b
band klah 6f
bandage peureuban 2b
bandeng mulôh 12e
bank bèng 8a
bankrupt bankrôt 8a
banyan beuringèn, nga 11b
barber tukang koh ôk 6g
bargain lakèe kureueng 6h
bark kulét 11a
bark (dog) klôh, drôh 12a
barrel tông 8c
barren malé 1k
barren (of animals) eue 12a
barren land tanoh maté 10a
barricade lhop 6a
barrier pacok 6a
bars (e.g. on a window) jeureujak 8c
base lapék 10b
base uram 9e
basin balang 8d
basket raga, reuleuet 6b, 6f
basket fish trap bubèe 6b
bat luntie, seumantông 12d
Batak ureueng batak 1c
bathe manoe, pumanoe 3c
bathroom kama manoe 8c
bay lhôk 10c
bay leaf ôn salam 7f
be na 9a
be born na 9a
be hampered meulanteuen 4c
be hindered meulanteuen 4c
be permitted mèe 4c
beach panté 10a
beads manèk 8b
beam kayèe balok 10b
beam: roof beam bara 8c

beancurd tahu 11d
beans kacang, reuteuek 6a, 11d
bear cagèe 12d
bear offspring tôh aneuk 12a
beard janggôt 2a
beat poh 3d
beat (drum) pèh 1f
beat (egg) kachôk 3d, 7a
beautiful göt, gèt, indah, lagak, sambinoe 4a
beautifully dressed tari 4a
becak driver tukang bècak 6g
because kareuna, keurusa, sabap, seubap 13e
become jeuet 9a
bed peuratah 8c
bedbug pijét 12f
bedrock batèe kareueng 10a
bedroom jurèe, kama éh 8c
bedsheet seupré 8c
bee unoe 12f
bee which nests in holes in wood and produces wax linot 12f
beef sie leumo 7b
before sigohlom, yôh gohlom 13e
before that yôh gohlom nyan 10e
beg gadè, lakèe 5a
begin puphôn, mula 3k
beginning point uram 9e
behind likôt 9e
belief iman 1i
believe patéh, peucaya 1i
believers mukmin 1i
belimbing bak limèng, seulimèng 11b
belittle jayéh 4a
bell geunta 6d
belly pruet 2a
belonging to atra, ata 8a, 13e
below yup, miyup, barôh 9e
belt taloe keuieng 8b

bench bangku 5c
bend over teukui 3a
benefit paidah 4a
Bengalese ureueng banggali 1c
bent kiwieng 9f
berate teunak, seuep 5a
beside binèh, geuniréng 9e
besiege keupông, pagap 1g
bet tarôh 1f
betel ranup 7e
betel bowl baté 7e
betel dregs seupah 7e
betel leaf ôn ranup 7e
betel lime jar plôk gapu 7e
betelnut pincers rampagoe 6e, 7e
between teungöh, antara 9e
beyond liwat 9d
bicycle gari, geuritan angèn 5e
big raya, rayëk 9d, 9f
bird cicém 12b
birth lahé, na 1k
biscuit reumok, lumak, kuwéh 7b
bite kap, k'eueng 3b
bite (snake) coh, cutok 12a
bitter phét 7d
bitter squash peuriya 11d
black itam 9b
blackboard papeuen tuléh 5c
blacksmith tukang pandé 6g
blade mata 6e
bland tabeue 7d
blanket ija limbôt 8c
blaze hu 9a
blemish after skin infection prok 2b
blessed meutuwah 4a
blessed (term of address for a prophet) jônjôngan 1i
blessing beureukat, karônya 1i
blighted meureuka 4a
blind buta 2b, 2c
blink blèt, klèp mata 2c

blister bicôh 2b
block linteueng 3k
block off doe 3j
block someone's vision padök 2c
blond jagat 9b
blood darah 2a
blossom, v. keumang 11a
blouse bajèe 8b
blow mbôh, prôh 3b
blow (flute) yôp 1f
blow (wind) pôt 10d
blue biru, ijô 9b
bluebottle fly langöng 12f
blunt bugam, ong, tumpôi 9f, 6e
board papeuen 11a
boastful raya haba 4g
boat peurahô 5e
bodily defect cacat 2b
body badan, tubôh, jasat 2a
boil cumuet 2b
boil reubôh 7a
boiling ju 7a
bole of tree peureudèe 11a
bone tuleueng 2a
book buku 5b
booth seueng 1d
boots seupatu pacôk 8b
borax peuja 10b
border ceue, hat 9f, 1k, 9e
bore bo, bho 3e, 6e
born lahé, na 1k
borrow pinjam 3f
bottle seurahi 10b
bottle race keumawé lam sirahi 1f
boundary ceue, hat 1k, 9e, 9f
bow gö panah, panah 1g, 6c
bow sujut 3a
bowl cawan 8d
boxing tinju 1f
boy aneuk agam 1b
bra bajèe kutang 8b

bracelet gleueng 8b
brackish lagang 10c
braid reuek 3j
braid together with rattan jalén 3j
brain utak 2a
branch cabeueng, dheuen 11a
brass loyang 10b
brave beuhë, bhë, kha 4f
bread ruti 7b
breadfruit boh sukôn 11c
breadnut boh kulu 11c
breadth linteueng 9d
break proh 3k
break open kuwak 3e
break out (of epidemic) jangkét 2b
bream rambeue 12e
breast abin, tèk, mom, dèk 2a, 12a
breast milk ie tèk, ie mom 2a
breastbone tuleueng dada 2a
breath naph'ah 2a
breathe peulheueh naph'ah 2e
breezy meuangèn 10d
brick bata 10b
bride dara barô 1k
bridegroom lintô 1k
bridal companions peunganjô 1k
brideprice jeunamè 1k
bridge tutue, titie 5e
bridge of nose ingoh 2a
bright peungeuh, trang 9a
bright red mirah meuh'è-h'è 9b
British ureueng inggréh 1c
broken beukah, bicah, patah, putôh, reulöh 3i, 9a
broken (bone) patah 2b
brood karom 12a
broom peujampôh 8c
brother cutbang, polém, lém, dalém, aduen, bang 1b
brown coklat 9b
bruise leumbam 2b

brush sikat 3c
brutal bangsat 4a
buck teeth caheueng 2a
bucket tima 8d
bud kuncôp 11a
Buddhism budha 1i
buffalo keubeue 12d
buffer stick tawô 6a
Bugis ureueng bugéh 1c
build peugöt 3i
builder utôh 6g
building geudông 8c
bulb boh 11a
bulbul brujuek, beurijuek 12b
bullet aneuk beudé 1g
bump or strike s.t. against pakhôk 3d
bunch rungkhé 1f, 11a
bunch (fruit) mu 11a
buoy peulampông 6b
burn tët 6a, 7a
burnt angoh 7a, 9a
bury tanom, seumiyup 1k
bus moto 5e
bush beuluka 11a
busy mèh-moh 9a
but cuma, tapi, teutapi 13e
butcher sie 3e
butcher (livestock) lapah 3e
butt pök 3d, 12a
butt upwards thôk 3d
butter mantèga 7f
butterfly keubangbang, bambang 12f
buttocks punggông 2a
buy bloe 6h
buyer ureueng mubloe 6h
by lé 13c
cabbage boh kôl 11d
cage cintra 12a
cake apam, reumok, lumak, kuwéh 7b

cake: fermented rice cake tapè 7b
cakes peunajôh 7b
calamity musibah, bala 4a
calf (buffalo) aneuk w'èk, 'èk, 'ue 12d
calf (leg) beutéh 2a
caligraphy kheuet 5b
call out to hëi, tawôk 5a
call to prayer kamat 1i
callus muen gajah 2b
calm leumbôt, teudôh 9a, 10c
calyx tampôk 11a
camel unta 12d
camphor kaphô 1k
can blèt, t'èm 8d
can jeuet 13b
can plôk 8d
canal lueng ie 6a
canary keureundét 12b
candle lilén 8c
candlenut keumiroe 7f
cannon meuriyam 1g
cannot h'an jeuet 13b
canoe jalô 5e
capital pangkai 6h
car moto 5e
car race balap moto 1f
caraway jira 7f
carcass bangké 1k
card keureutu 5d
care hiro 4e
care for papah 3k
careless lalèe, lék-lok 4g, 4h
carelessly beurangkaho 13a
carp eungkôt cina 12e
carpenter utôh 6g
carrot wortèl 11d
carry ba, mè 3g
carry along rayueng 3g
carry in a cloth tingkue 3g
carry in hands tijik 3g

carry on back dukông 3g
carry on head seuôn 3g
carry on shoulder gulam 3g
carry on shoulders pikôi 3g
carry s.t. (not heavy) on shoulders sawak 3g
carry s.t. on the shoulders usông 3g
carry under arm gapiet 3g
carry wrapped in one's clothing kandét 8b
carry wrapped up in a bundle on back awih 3g
carrying basket raga tijik 6f
carrying woven bag eumpang tijik 6f
cart geurubak 5e
carve uké 1f, 3i
case peukara 1h
case (law) peukara 1h
cashew boh jambèe hana malèe 11c
cassava ubi 11d
castrate gasi 6d, 12a
casuarina tree bak arôn 11b
cat mie 12d
cataract mata boh leuek 2b
catch drop, sambôt 3g, 6c
catch fish in mud geue eungkôt 6b
catch game galah 1f
caterpillar ulat 12f
catfish limbèk, seungkö 12e
caught rôh 3a
caught (fish) rôh, keunöng 6b
cause to suffer peujra 1h
cave guha 10a
cement seumèn 10b
cemetery lampôh jirat 1k
cent s'èn 6h
centimetre sènti 9d
centipede limpeuen 12f
centre teungöh 9e
certain meuhat, teuntèe 4b

certainly ka teuntèe 13a
chains ranté 1h
chair kurusi 5c, 8c
chalk gapu tuléh 5c
Cham ureueng campa 1c
chameleon tarum ijô 12c
champion juwara 1f
change pèng keumali 6h
change tuka 3h
change (pakaian) salén 3j
channel lueng 10c
chanting in praise of the prophet seulaweuet 1f
chaotic kéng-keueng 9a
chapter bap 5b
character peurangeui 4g
character tabi'at 4a
charcoal arang, ngeu 7a, 10b
charitable murah até 4c
charity seudeukah 1i
chase lét, tiyeuep, peucrok 6c
chase away parôh, usé 3h, 5a
chasm peureulông 10a
chayote labu jeupang 11d
cheap murah 6h
cheat peungeut, taki 4b, 5a
check paréksa 2c
cheek mieng 2a
cheeky teukeuch'ak 4g
chess catô 1f
chest dada 2a
chew mamöh 3b
chew the cud jakeuen, kakeuen 12a
chicken manok 7b, 12b
chicken cage made of bamboo seureukap 6d
chicken egg boh manok 7b
chicken house seuruweuen 6d
chicken pen eumpung manok, siruweuen 6d
child aneuk 1b

child (term of address) nyak 1b
chilli campli, capli 7f, 11d
chin keueng 2a
Chinese ureueng cina 1c
chipped cumèh 9a
chips (of wood) lha 10b
chisel pheuet 3e, 6e
chivalrous meusaneut 4g
choke teurhôk 2e
choke on a (fish) bone huek 2e
choko labu jeupang 11d
choosy (food) nèh 4c
chop cang, tak 3e
chop down trees koh kayèe 6a
chop into pieces tèk-tèk 3e
chop off branches reulék 3e
chose piléh 3k
Christian Naseurani 1i
Christianity krèstèn 1i
church geurèja 1i
cicada adi-adi kh'ueng, d'èe-dèe khueng 12f
cigar rukok curu 7e
cigarette rukok putéh 7e
cigarette: clove cigarette rukok krètèk 7e
cinnamon kulét manèh 7f
circle bulat 9f
circumcision sunat 1k
citrus boh kruet 7f, 11c
city kuta 10a
civet musang, mangoh 12d
clam kreueng 7b, 12e
clap hands prok-prok jaroe 3d
clarify peuri, peukri 4h
clarinet seurunè 1f
classroom glah 5c
clay tanoh kliet 10a
clean gléh, peugléh, sampôh 3c, 9a
clean (fish) peus'ieng 7a
clear peungeuh 9a

clear (of water) jeungèh 9a
clear bush cah 3e, 6a
clear forest for farming puga 6a
clear water ie jeungèh 10c
clever carong, ceureudék, lisék, prancôt 4a, 4c
climb ék 3a
climb up on rhak 3a
climbing perch kruep 12e
clod tanoh cak 10a
close tôp 3j
cloth ija 10b
cloth used as hammock ija ayôn 8c
clothes pakayan 8b
clothing neungui, pakèyan 8b
cloud awan 10d
cloudy reudôk, peugom 10d
clove bak lawang 11b
club nuga 6e
clucky, of a hen about to lay an egg meujaba 12a
clump of bamboo peureudèe 11a
clumsy janggai 4c
coarse gasa 1d
coarse language lahèe 1d
coat bajèe kôt 8b
cobra uleue seudông 12c
cock fight peulët manok 1f
cockatoo kakaktuwa 12b
cockroach keuraleuep 12f
coconut bak u 11b, 11c
coconut beetle ujo 12f
coconut eaten through by a squirrel or rat boh keutupông, boh leupieng 11c
coconut juice ie u 7c
coconut leaf ôn 'ue 11b
coconut leaves, dry bubeue 11b
coconut milk santan 7f
coconut milk curry kuwah leumak 7b
coconut oil minyeuk u 10b
coconut shell bruek 11b
coffee kupi, kuphi 7c
coffin keureunda 1k
coitus kawén 2e
cold jitamöng angèn 2b
cold sijuek, leupie 9a, 10d
collar kupèk 8b
collect himpôn 3h
collect debt tunggè 6h
collide kông 3k
colour wareuna 9b
comb sugôt 8b
come into rôh 3a
command peurintah, titah 5a
commander panglima 1e, 1g
commit adultery mukah 1h
common biyasa, lazém 10e, 13a
comodo meuruwa raya 12c
companion teumon 1d
compare bandêng 3k
comparison padan 5a
compass jangka 5c
compete tunang 1f
complete geunap, habéh, leungkap 9a, 9d
complete tamat 5c
completely crushed lulôh 9a
compose karang 1f
compose (verse) karang 5b
concave lhôk 9f
concern hiro 4e
concerned about peureumeun 3k
condemn laknat 4e
conduct a trading business meuniyaga 6h
cone-shaped head cover tudông 8b
confess meuaku 5a
confinement of mother after birth madeueng 1k
conflict hurô-hara 1g

confused bingong, kalôt, mumang 4a, 4d, 4h
congregation makmum 1e
connect sambat 3j
constipation meutheun èk 2b
contemporary silayeue 9a
contents asoe 9e
continue sambông 3k
continuing on laju 13a
convinced yakin 4b
cook taguen 7a
cook eggs in a leaf (omelette) deudah 7a
cooked masak 7a
cooked (rice) leuiet 7a
cooking maguen 7a
cool sijuek, leupie 9a, 10d
cool (breeze) dirui 10d
cool in water c'ueh 3h
coote meunom 12b
copper teumaga 10b
copra from which oil has been extracted pliek 7f
copse kuen 10a
copulate (v. rude) 'ok, pap 2e
coral reef kareueng 10a
core krak 10b
core of a boil pasi 2b
coriander aweueh 7f
corn jagông 6a, 11d
corner sagoe 9f
corpse manyèt 1k
correct teugah, teupat 4b, 5a
cotton gapeueh 10b, 11b
cough batôk 2b, 2e
counsel bicara 4c
count bileueng 9c
country nanggroe 1e
courses teumön bu 7b
court mahkamah 1h
cousin keumuen 1b

cover khôp, tôp, tutôp 3j, 10b
cover with blanket limbôt 3j
covet seurakah 4c
cow leumo 12d
coward geusuen 4f
crab bieng 7b, 12e
crack reuhiek, crah 9a
crack apart wah 9a
craftsman utôh 6g
crane nggang 12b
craw peudeue 12a
crawl 'eui, 'eue, lata 3a, 12a, 12c
crazy saphéh 4h
create peujeuet 3i
creek alue 10a, 10c
creep lata 12c
crevice guha 10a
cricket daruet kléng 12f
cricket fight peukap daruet kléng 1f
crocodile buya 12c
crooked irang, irôt, kiwieng 9f
crop beue 12a
cross koh 3a
cross (river) jeumeurang 3a
cross-eyed sarôk 2b
crosseyed juléng, kirôk 2c
crossroads simpang jalan 5e
crow ak-ak 12b
crow (of a rooster) ku'uek 12a
crow (rooster) ku'uek 12a
crow bar langgéh 6e
crowd keureumon 1d, 3a
crowded ramè 1d, 9a
cruel curien 4g
crunchy rapôh 7d
crushed reumok 9a
cry klik, moe 4d, 5a
cubit lhuek 9d
cucumber timon 11d
cuddle, hold in lap mueng 3g
cultivate pula 6a

ENGLISH INDEX

culvert p'uep 10b
cummin jira manèh 7f
cunning lisék 4c
cup mangkok 8d
cupboard leumari, peutoe 8c
current lagôt 6h
currently lawét nyoe 10e
curry kuwah 7b
curry leaf teumurui 7f
curse kutôk, laknat, seurapa, sumpah 1h, 4e, 5a
cursed meureuka 4a
curtain tabéng, tirè 8c
curved keuwieng, lingkôk 9f
curved knife kawét 6e
curving upwards leunték 9f
custom adat 1e, 1h
customer langganan 6h
cut koh 3e
cut into pieces iréh 3e
cut into segments gréh 3e
cut off koh, puntông, putôh 3e, 9a
cut off twigs or leaves from a branch reulék 3e
cuttle-fish noh 12e
cycling balap gari 1f
cylindrical rice storage container krông 8a
cymbal canang 1f
dagger reuncông, lincông 1g
dam ampéh, seuneulhop 6a, 10c
dam up lhop 6a
damage proh 3k
damaged reulöh 9a
damn him/her ô hai budôk 13f
damn! ka paléh, ka paloe, ka bala 13f
damp leuböt 9a
dance jugèt, meunari, rapai, seudati, top dabôh 1f
dance around likak 1f

dandruff kru 2b
dare jeuet 4f
dark reudom, seupôt 9a
darkness seupôt, klam 10d
date keureuma 11c
date tanggai 10e
daughter aneuk inöng 1b
daughter-in-law meulintèe 1b
dawn suboh 10e
day uroe 10e
day after tomorrow lusa 10e
day before yesterday baroesa, éh si-uroe 10e
Dayak ureueng dayak 1c
dazzled seulala 9a
dead maté, jom 1k, 3a, 9a
deaf tuloe 2b, 2c
death maté, maw'öt 1k
death of a saint or prophet wapheuet 1k
death sentence hukôman maté 1h
debt utang 6h
deceitful sulét 4b
deceive peungeut, tipèe 4b
decided jadèh, meuhat 4b, 4c
decrease susôt 9d
deep lhôk 9d, 10c
deep part of a river tuwi 10a
deep wound luhok 2b
deer glueh 12d
defecate tôh èk 2e
definition makna 4h
deliberately break the law sakeue 1h
delicious lazat, mangat 4a, 7d
deliver (message) peuék 5a
demon syètan 1j
den eumpung 12a
denigrating term for people who do not wash themselves sangkilat 1e
dented ch'iep 9a
deny bantah 5a

depart bungka 3a
depress teugön 3d
deputy waki 1e
descendents cah-cong 1b
descent jinèh 1b
desert padang pasi 10a
desire hawa, meuh'eut, napsu 4c
destitute papa 8a
destroyed binasa 9a
determine how many peudum 4h
determine when peujan 4h
determine who peusoe 4h
detest luwat 4e
dew mbôn 10c, 10d
diamond intan 10b
diarrhea cirét 2b
dibble tukai 6e
dictionary kamuh 5b
die maté 1k
difference parak 9a
different laén 9a
difficult payah 4a, 4c
dig cui, kueh 3c, 3e
dig out limeuh 3c
dig up tuweueh 3c
digestion maidah 2a
digit angka 9c
dignity meuruwah 1d
dike ateueng 6a
diligent jeumot, sunggôh 4c
dim mala, reudèe 9a
dimmed sight rabôn 2b
dip lhap 3d
dipper cinu 8d
direct lansông 9e
direction arah 9e
direction of Mecca kiblat 9e
dirt on the skin kalang 9a
dirty keudo, kuto, teubôh, meuluténg 9a, 10c
disappointed asa 4d

disaster musibah, bala, paloe 4a
discard böh 3h
discipline phak 5c
discuss mupakat 5a
disease peunyakét 2b
disgust lan, luwat 4e
dishes accompanying rice teumön bu 7b
dismantle lhöh 3i
dissolved ancô 9a
distant jeuôh, jiôh, jarak 9e
disturb kacho, peukaru 1g, 3d, 3k
disturbance karu, kirôh 1g
ditch parék 10c
dive nom 3a, 10c
divide weuek 3e, 9c
divide inheritance peuraé 1h
division of rice field keubeueng 6a, 9d
divorce cré, taleuek 1k
divorce by decision of court pasah 1h
divorced balèe 1b
dizzy mumang 2b
do pubuet 3k, 6g
doctor dokto 2b
dog asèe 12d
dolphin leulumba 12e
don't bèk 13a
donate one's property for public use wakeueh 3f
donkey keuleudè 12d
doomsday akhirat, uroe dudoe, pagé 1i, 1k
door pintô 8c
dotted burék 9b
doubt chök 4h
dove leuek 12b
dozen silusén 9c
dragon naga 1j
dragonfly dén-dén 12f

drama sandiwara, dalupa 1f
draw gamba 3i, 5b
draw timang 1f
draw out suet 3h
draw water crông 3h
drawing book buku gamba 5b
dream lumpoe 2d
dregs takèh 9a
dress bajèe bébé 8b
dried anchovies karéng 12e
dried blimbing sunti 7f
dried sheath (of areca palm) jeureukhô 6e
drift hanyöt 10c
drill bo, bho 6e
drink ie 7c
drink jép 3b
drip lilèh, meujèm-jèm 10c
dripping meujoh-joh 10c
driver supé 5e, 6g
drizzle preue, prèk-prèk 10d
drop lhom 3h
drop tèp 9d
dropsy badom, basô 2b
drought khueng 10d
drown bhuek, hanyöt 10c
drugs ubat 2b
drugstore apotèk 2b
drum geundrang, tambô 1f
drum for summons tambô 1e
drumstick gö tambô 1f
dry adèe 6a
dry thô 9a, 10c
dry and stiff krang 9a
dry by the fire dadeueng 3c, 7a
dry in the sun adèe 3h
dry over a fire layu 3h
dry up keuöt 9a
duck iték 7b, 12b
duck down nuep 3a
duck egg boh iték 7b

duck pen keureupôh 6d
dull bingong, reudom 4a, 9a, 9b
dumb klo 2b, 2c
dung èk 12a
duration lawét 10e
durian drien 11b, 11c
dust abèe, dhoi 10a
Dutch kômpeuni, ureueng beulanda 1c
duty hak 1e
duty (religious) ibadat 1i
dwell duek, tinggai 3a
dying nadak, nadeu'a 1k
each geunap, jeuep-jeuep, maséng-maséng 9d
ear geulinyueng, punyueng 2a
ear ache sakét geulinyueng 2b
ear wax èk geulinyueng 2a
earhenware plate peunè 8d
earlier awai 10e
earlier today bunoe 10e
earnest sunggôh 4c
earnings raseuki 8a
earring subang 8b
earth abèe, dhoi, bumoe, tanoh 10a
earthenware plate used for roasting neuleuek 7a
earthquake geumpa 10a
earwax èk geulunyueng 2a
ease off (rain, wind) pirang 10d
easing (rain) leueueng 10d
east timu 9e
east wind angèn timu 10d
easy mangat, mudah 4a, 4c
eat pajôh, makeuen 3b
eat betel quid pajôh ranup 7e
eat greedily kuran 3b
eclipse geurana 10d
edge binèh, geuniréng, ceue 9e, 9f
education sikula, beuet 5c
eel iléh, kirè, linong, lijeu 12e

eerie feeling rhui 9a
egg boh 12a
eggplant trueng 11d
egret kuek 12b
Egyptian ureueng meusé 1c
eight lapan 9c
elastic juwiet 9a
elbow singkèe 2a
elder -wa 1b
elders ureueng tuha gampông 1e
elephant gajah 12d
elephantitis gaki gajah, untôt 2b
eleven siblah 9c
ell hah, ila 9d
embarrassed kanjai 4d
embrace uem, wa 3g
embroider sulam 1f
embroidery kasap 1f
empty soh 9a
end of world kiyamat 10e
endeavor useuha 3k
endure saba 4a
enemy musôh, sitrèe 1g
energetic rancak 9a
engagement tunangan 1k
engine meusén 5e, 6e
engrossed dawôk, kuch'uek 1i, 4h
enjoyable hayeue, gura 4d
enough mumada, sép 9c, 9d, 13a
enough (food) troe 9a
enter tamöng 3a
entertaining beurakah 5a
entertainment piyasan 1f
envelope amplop 5d
envy ku'èh, deungki 4e
epic poetry hikayat 1f
epidemic ta'eun 2b
epilepsy pungo bui, sawan 2b
erase lhi 5b
eraser seutip 5b
escape plueng 3a

escort kawai 3k
esoteric batén 5a
estuary kuwala 10c
etc. gamèt 3d
eternal keukai 10e
ethical sopan-santôn 4g
eucalyptus bak kayèe putéh 11b
European ureueng ierupa 1c
evade kilèk 3d
even geunap 9a
even pih 13a
evening seupôt 10e
ever tom 13a
every geunap, jeuep-jeuep, tiep 9d
everyone dumsoe 13h
everything dumpeue 13h
everywhere dumpat 13h
evident nyata 4h
evil deeds maksiet 1i
evil spirit ganong 1j
exact pah, peuruséh 9a
exam ujiyan 5c
examine gliep, paréksa 2c
example ibarat, misé, miseue 5a
exceed liwat 9d
excellent jroh 4a
exchange tuka 3h
excited beureuhi 4e
excrete tôh 2e
excuse peuizin, peuidin, rameunè 5a
exhausted hèk, jra 2b
exist na 9a
exit teubiet 3a
expand sui 7a
expect kira 4h
expectation kheundak, harapan 4c
expel usé 5a
expell (liquid) tijoh 10c
expenses beulanja 8a
expensive meuh'ai 6h
experienced utok 4c

expert in Quranic recitation kari 1i
expired bateue 4b
explain hareutoe 4h
explode(d) beureutôh 9a
extension on house anjông 8c
extingusihed lôn 7a
extract lhöh 3h
exudation in eye èk mata 2a
eye mata 2a
eyeball aneuk mata 2a
eyebrow keunèng 2a
eyelash bulèe mata 2a
eyelid kulét mata 2a
face muka, ruman, rupa, jumoh 12a, 2a
face towards hadap 3a
factory pabrék 6h
faeces èk 2a
faint pansan, pitam 1k, 2b
faith iman 1i
fall rhët 3a
fall away lurôh 3a
fall down (to the ground) teugageueng 3a
fall off leukang 9a
fall out lurôh 3a
fall over reubah 3a
false peuleusu 4b
familiar meuri 4h
familiar with turi 4h
family wali karông 1b
famous meuceuhu, meugah 5a
fan kipah ôn ibôh 6f
fan pôt 3d
fantail cémpala 12b
far jeuôh, jiôh, jarak 9e
farmer meutani 6g
farming meugoe, mublang, meulampôh 6a
fart tôh geuntët 2e
fascinating dhiet 4a

fast bagah, tajam, pantah 9a
fast puwasa 1i
fast (movement) drah 9a
fat gapah, teumbôn 2a, 9a, 12a
fate kada, untông 1k
father ayah, yah, abu, du, abi, yah 1b
father-in-law yah tuwan 1b
fathom deupa, keurunyong 9d
fear takôt 4f
feast keureuja, meuseuraya 1d
feast days before the fasting month makmeugang 1i
feathers bulèe 12a
feed bri eumpeuen, peueumpeuen, eumpeuen 6d, 12a
feed s.o. by placing the food in mouth suleueng 3f
feed trough palông 6d
feel geue, raba, rasa 2c, 3d
feel for fish in a hole lhuek eungkôt 6b
feel like ék 4c
feel too warm hugôp 10d
feeling sick after eating rich food leugeu 7d
fell a tree teubang 3e
female inöng, nang 1b, 12a
fence pageue 6a
fennel jira putéh 7f
fern paku 11d
fertilizer pupôk 6a
fever deumam, sijuek-seuum 2b
few dit, mit, nit 9d
fiancee tunangan 1k
fidgety cabak 4g
field blang, padang 8a, 10a
field blang, umöng 6a
fierce juwah, meunta 4h, 12a
fight meulhö 1g
file kiki 6e
fill in doe 3j

filter saréng 3c
filtered cigarette rukok meusaréng 7e
filthy najih 9a
fin sirép 12a
finance biyaya 8a
finch cémsubang, cémbangga 12b
find teumè, teumeung 3k
fine deunda, diet, halôh 1d, 1h, 9a
finger aneuk jaroe 2a
finger's width jaroe 9d
finish peulheueh, tamat 3k, 5c
finished keumah, lheueh 9a
fire apui 7a
firefly meuk, meukmbè 12f
firewood kayèe maguen, rujèe 10b
firm gap, köng 9a
first phôn 9c, 10e
firstly phôn-phôn 13a
fish eungkôt 7b, 12e
fish basket raga eungkôt 6b, 6f
fish container made from areca leaf sheath paruek 6b
fish hook mata kawé 6b
fish trap geuneugom 6b
fish with a line kawé 6b
fish with poison tuba eungkôt 6b
fisherman meulaôt 6g
fishing keumawé 6b
fishing line taloe kawé 6b
fishing net pukat 6b
fishing rod gö kawé 6b
fishpond neuheun 10c
fist boh sôh 2a
fistful reugam 9d
fit löt 9d
fit in löt 9d
fit together pasang, rôk 3i
five limöng 9c
fix peugöt 3i
fix a hole tampai 3i

flag alam 1e
flakes lha 10b
flap (of wings) keuprak 3a
flash blé 10d
flashlight sèntè 8c
flat ph'èp, rata, timphiek 9f
flat thing keupéng 13d
flavour nyum 7d
flay lhak 3c
flesh asoe 2a, 11a
flexible leunuet 9a
flick with finger geuti 3d
flint batèe kèh 10b
flirty teukeuch'ak 4g
float timue 10c
flood ie raya 10c
floor aleue 8c
floor joists lhue 8c
flow ilé 10c
flower bungong 11a
fluent pasèh 4c
flute suléng, bangsi, wa 1f
fly lalat 12f
fly phö 3a, 12a
fly: blue bottle fly, horse fly leungöng 12f
flying fish eungkôt phö 12e
flying fox lhöng 12d
foam kuboh 10c
fog sagôp 10d
fold lipat 3j
fold arms wa tubôh 3a
follow ikôt, seutôt 3a
fond of galak 4c
food peunajôh 7b
food (animal) eumpeuen 12a
foot gaki, gatéh 2a
foot of mountain gaki glé 10a
footprint tapak 2a
forbid larang, tham 1h, 5a
forbidden hareuem 1i

ENGLISH INDEX

forehead talak, dhoe 2a
forest uteuen 10a
forget tuwö 4h
forget, not concentrate silap 4h
forgive pumeu'ah, peuampôn 1h
fork cabeueng duwa 11a
fork keureupu 8d
form a queue riti 3a
former awai, söt 10e, 13a
formerly dilèe 10e
fortunate meutuwah 4a
fortunate, of a meeting peuteumuen 1d
fortunately lah 13a
founder sök 3a
four peuet 9c
fourth keupeuet 9c
fowl manok 12b
fragile rapôh 9a
fragile (cloth, thread, wood) leubui 9a
fragrant harôm, bangoe 2c
freckle èk lalat 2b
free lheueh, meurdèhka, peulheueh 1h, 6c, 6d, 9a
French ureueng peurancih 1c
frequency gö 10e
fresh (water) tabeue 10c
Friday jumeu'at 10e
fried banana bada 7b
fried fruit chips (e.g. banana, cassava) keuripèt 7b
fried rice bu guréng 7b
friend ngön, rakan 1d
friends with meungön 1d
frightened kuyu, yö 4f
frog cangguek 12c
from di, i, nibak 13c
front keue 9e
front (of body) nap 9e
front legs (animal) tangeun 12a

fruit boh kayèe 7b, 11a
fruit fly keurimue 12f
fruit stew cagruek, kulak 7b
fruits boh kayèe 11c
fry crôh 7a
full peunoh, troe 9a
funny hayeue, gura, lucu, beurakah 4d, 5a
fur bulèe 12a
further away jéh, -déh 13i
gain untông 4a
galingale langkuweueh 11d
gall phét 2a
gambier (betel quid ingredient) gambé 7e
gamble judi 1f
gambling place lapak 1f
garden ladang, lampôh 6a, 8a
garlic bawang putéh 7f
gasoline minyeuk bénsén 10b
gather meusapat 1d
gather up kuet 3h
gecko pa'è 12c
general umum 12a
generous murah até 4c
gentle (breeze) dirui 10d
genuine bit 4b
genuine, not corrupt kheueh 4a
germ kumeun 2b
German, Germany Jeureuman, ureueng jerman 1c
get cok, teumèe 3f
get lost jak lét leumo, peutak 3a, 13f
get mad beurigèn 4e
get ready seudiya 3i
get up from sleep beudöh éh 2d
get up out from teungöh 3a
ghost burông, euntèe 1j
giant gögasi 1j
gibbon himbèe 12d
giblets peudeue 12a

gift bungong jaroe 1d
gild seupôh 3i
gills iseueng 12a
ginger haliya 7f
giraffe jeurapah 12d
girl aneuk inöng, aneuk dara 1b
give jôk, bri 3f
give back pulang 3f
give s.o. a bath pumanoe 3c
give wedding gift to bride and groom teumeutuek 1k
glass glah 8d
glass kaca 10b
glass: kerosene lamp glass sulie 8c
glutinous (rice) leukat 7b
glutinous rice bu leukat 7b
glutinous rice roasted in bamboo tubes leumang 7b
glutinous rice roasted in banana leaf pulôt 7b
gluttonous bh'öt, bulô, geureuda 4c
gnat reungèt 12f
gnaw k'eung 3b
gnemon mulieng 11b
go jak 3a
go aground (ship) sök 3a
go around lingka 3a
go away wèh 3a
go back riwang 3a
go down trën 3a
go home woe 3a
go into lôp 3a
go out teubiet 3a
go to bed jak éh 2d
go to school jak sikula 5c
go under lôp 3a
go under or into through a hole luep, lui 3a
go up ék, teungöh 3a
go upstream mudék 3a, 9e
goat kamèng 7b, 12d

god tuhan, po 1e, 1i
going to market mubloe, jak u peukan 6h
goitre putroe candén 2b
gold meuh 8a, 10b
gold with large alloy mixture suwasa 10b
goldfish eungkôt cina 12e
goldsmith tukang meuh 6g
gone off khie 7d
gone past leupah 3a
gong gông 1f
gong: small gong canang 1f
good göt, gèt 4a
good fortune bahgiya 4d
good natured göt akai 4a
goods barang 6h
goose iték angsa 12b
gore pök 12a
gorge jeureulông 10a
gossip meuupat 5a
gouge out culét 3c
gourd boh labu, labu 11d
government pomeurintah 1e
governor gubernur 1e
grab in mouth jakhap 3b
grace karônya 1i
grade glah 5c
graft gasi 6a
grandchild cuco 1b
grandfather nèk, ayah nèk, chik 1b
grandmother nèk, michik 1b
grandparent nèk 1b
grape anggô 11d
grasp gruep, sambôt 3g
grass naleueng 6a
grasshopper daruet 12f
grated coconut from which the milk has been squeezed keureumeuh 7a
grater geulungku, parôt 8d
grave jirat, jeurat, bhôm, kubu 1k

grave hole lieng 1k
gravel aneuk batèe, keurikéh 10a
gravelly soil tanoh kareueng 10a
gravy kuwah 7b
graze röt 6d
greasy (of food) leumak 7d
great aunt nèkcut, nèkwa 1b
great grandchild cöt 1b
great grandmother nèk tu 1b
great great grandchild cah 1b
great uncle nèkcut, nèkwa 1b
great, great, great grandchild cong 1b
greedy bulô, geureuda, jumoh, lubha 4c
green ijô 9b
green nyèn, pateuen 11c
greetings saleuem 1d
grey keulabèe 9b
grey hair ôk putéh 2a
grind giléng, péh 3e
grinding stone (cooking) batèe seumupéh 8d
grindstone batèe asah 6e
groin lhak pha, uram pha 2a
groom, bridegroom lintô 1k
grope geue 3d
grope in a hole lhuek 3d
grow timoh 6a
grudge ku'èh, deungki 4e
grumpy ceukén, keurumot 4d, 4g
guarantee jamin 5a
guard jaga, keumiet, kawai 1h, 3k
guardian wali 1b
guava boh geulima 11c
gudgeon bacé 12e
guess kira, agak 4h
guest jamèe 1e
gulf lhôk 10c
gum rhö 2a
gums gusi 2a

gun beudé 1g, 6c
gunny sack guni 6f
hadith hadih 1i
hair (body) bulèe 2a, 11a
hair (head) ôk 2a
hairless lôh 9a
hairpin khèp, kèp 8b
hairy mubulèe 9a
half siteungöh, sikhan 9c
hammer palèe 6e
hampered santök 9a
hand jaroe 2a
hand of bananas sisi 11a
hand on a hook sangkôt 3h
hand over sinyu, sunyu 3f
hand up to sinyu, sunyu 3f
handbag tah 8b
handful saboh reugam 9d
handkerchief ija awih, ija bungkôh 8b
handle gö 6e
handsome samlakoe 4a
handspan jeungkai 9d
handwriting kheuet 5b
hang gantung, meugantung 3a, 3h
hang around rawöh 3a
hang on something lhat 3h
hanger for pots salang 8d
hanging lamp kandé 8c
happen rôh 3a
happiness nèkmat 1i
happy galak, seunang 4e, 4d
harbour lhôk, peulabôhan 5e, 10c
hard kreueh 9a
hard tobacco bakông asoe 7e
harelip cumèh 2b
harmony sijahtra 4a
harness jeurabat 6e
harvest bët, lët, koh 6a
hat kupiyah 8b
hatched (eggs) cèh 12a

ENGLISH INDEX

hate banci, khiyanat 4e
have a blockage in the throat ue 2e
having an appetite for food löt 4c
having no children labah 1b
hawk siwah, tiwah 12b
he gopnyan, jih, geu-, ji-, i-, di- 1a
head ulèe 2a
head of village keuchik, geuchik 1e
headache peunèng, sakét ulèe 2b
headcloth tangkulôk 8b
headmaster keupala sikula 5c
healthy sihat 2b
heap tumpôk 9d
hear deungö, leungö 2c
heart jantông 2a
heartwood krak 10b
heat rash maji reuôh 2b
heat up peuseuuem 7a
heaven syiruga 1i
heavy geuhön, ghön, brat 9a, 9d
heel geunue 2a
heirloom pusaka 8a
hell nuraka 1i
help bantu, tulông, tumpôh 3k
hemp ganja 7e
hen manok inöng 12b
henna gaca 1k
herd gubeue 6d
herd of animals kawan 12a
here hinoe, sinoe, keunoe 9e, 13a
hermaphrodite kônsa 1b
hermit jugi 1i
hernia jitrën krèh 2b
hero pahlawan 1g
heroin madat 7e
heron bakoh 12b
hey hai, héi 13f
hey (rebuke) éh 13f
hiccup ceumeukök 2e
hide kulét, som 3h, 12a
hide and seek pét-pét nyuet 1f

hide oneself meusom 3a
high manyang 9d, 9f
high heels (woman) seupatu cingklöt 8b
high tide ie paseueng 10c
hill glé, cöt 10a
Hinduism hindu 1i
hip joint lhak pha 2a
hit keunöng, kông 3k, 6c
hit pèh, poh 3d
hit hard lantak 3d
hit with s.t. seupöt 3d
hive eumpung 12a
hoarse paro su 2b
hobble eungkèk 2b, 3a
hoe cangkôi, catok, tukôi 3e, 6a, 6e
hold mat 3g
hold firmly gruep 3g
hold hands behind head wa takue 3a
hold in arms pangkèe 3g
hold in fist reugam 3g
hold in mouth kabom 3b
hold one's breath theun naph'ah 2e
holder for pots reungkan 8d
hole in the ground uruek 10a
holy keuramat 1i
holy war jihat 1i
honour bakeuti, hôreumat meuruwah 1d, 4a, 4e
honoured muliya 4g
hook caw'iek, kawét 3h, 6e
hope kheundak, harapan 4c
hopefully beu-, mudah-mudahan 13a
hopefully not bèk 13b
horn for summons beureugu 1e
hornet pitok 12f
horns lungkèe 12a
horse guda 12d
horse cart sadô 5e
horse fly langöng 12f
hospital rumoh sakét 2b

hot seuuem 9a, 10d
hot (spicy) keueueng, peudah 7d
hot and humid ugôp 10d
hot: very hot (sun) criet 10d
hour jeuem 10e
house rumoh 8a, 8c
house lizard cicak, ticak 12c
house with pillars rumoh panggông 8c
how pakri, pakri ban panè 13g
how big panè ubé 13g
how far panè 'èh, panè 'èt, 'èh na, 'èt na 13g
how few padit 13g
how long panè 'èh, panè 'èt, 'èh na, 'èt na 13g
how many padit, padum, padup, 13g
how much padum, padum, padup, padit 13g
however beuranggakri 13h
however much beuranggadum 13h
hug uem, wa 3g
human being manusiya 1d
humble göt akai, göt até, hina 4g, 9a
humbug raya haba 4g
humiliate hina 4g
hump gôh 12a
hundred sireutôh 9c
hungry deuek 2e
hunt from a blind luem 6c
hunt leader expert pawang 6c
hunting (for deer) meurusa, meuglueh 6c
husband lakoe 1b
husk tapéh 11a
husky paro 2b, 9a
hut jambô 8c
hypocrite munaph'èk 4a
I kèe, lôn, ulôntuwan, ku-, ulôn 1a
ice èh 7c
idea pikéran 4h

identifiable meuri 4h
idol patông 1i
if meunyö, meung-, meu- 13e
if not meungkön 13e
if only sangkira 13e
ignorant bangai 4a
ignorant of religious teaching jahé 1i
iguana meuruwa 12c
ill sakét 2b
ill-formed bakai 4a
illegal hareuem 1i
illegitimate child aneuk bajeueng 1k
immature bajik, puték 11c
immature (fruit) nyèn 11c
immediately bagah-bagah, sigra, lé, laju, lanja, leugat 10e, 13a
impious bangsat 1i
implant (s.t. sharp) pacak 3h
impolite hana adap, ulok-ulok 1d
important peunténg 4a
impressed by meuchén 4e
in lam, dalam 13c
in demand lagôt 6h
in folds leupéh 9d
in full progress meukachôk 9a
in order not bèk 13e
in order that beu- 13e
in order to mangat jeuet 13e
in spite of meuseuki 13e
in that case teuma 13a
in-laws bisan, parui 1b
incense keumeunyan 10b
inch inci, eunci 9d
increase peuék 3h
increasingly makén 13e
indeed bit-bit, na, keubit, sagai 13a, 13b, 13f
indeed not hana 13b
independent labah 1b
index finger teulunyok 2a

Indian (southern) ureueng kléng 1c
indifferent rè, brè 4c
industrious gigèh 4c
infidel kaphé 1i
influence wap 1d
inform peuthèe, bri thèe 5a
ingredients bahan 10b
inhale hiruep, p'iep 3b
inheritance pusaka 8a
inject jarôm 6d
injection jarôm 2b
ink daweuet 5b
inkpot plôk daweuet 5b
inland tunong, dusôn 9e, 10a
insane pungo 2b
inside dalam, lam 9e, 13c
insolent bangsat 4a
instrument alat 6e
insubordinate darôhaka 4g
insult hina 4g
intend keumeung, meu-, niet 4c, 4h
intention kasat, meukeusut, niet 1i, 4c, 4h
interest bungong 6h
interested, interested in minat, harök 4c
interrupt koh haba 5a
interrupt work piyôh 3a
intertidal zone beurawang 10c
intestine pruet èk 2a
intoxicated mabôk 2b
introduce peuturi, peusoe 1d, 4h
invade langgéh, reubôt 1g
invalid bateue 4b
invert a container gom 3j
investigate sudi 5a
invite maba, uroh, tueng, undang 5a
invulnerable keubai 1g
iron beusoe, geusök, grôh 3c, 10b
iron bell tèng-tèng 1f
irrational kalôt 4h

irrigation ie peuneuék 6a
irritable keurumot, tunu 4d, 4g
Islam éseulam 1i
island pulo 10a
isolated meungklèh 9e
it doesn't matter hana peue 13f
Italian ureueng itali 1c
itchy gatai 2b, 2e
ivory gadéng 12a
jackfruit boh panah 11c, 11b
jail glap, keureungkhèng, peunjara 1h
Japanese ureueng jeupang 1c
jar plôk 8d
jar: large container guci 8d
jasmine meulu 11e
jaundice sakét kunèng 2b
Javanese ureueng jawa 1c
jaw jungka 2a
jawbone tuleueng jungka 2a
jealous ceumuru 4c
jellyfish ubô-ubô 12e
Jew ureueng yahudi 1c
jew's harp g'èng-g'ong 1f
join rope or thread gampôh 3i, 3j
joint atôt, lhak 2a
joke kra, wayang 5a
jovial rumèh 4d
Judaism yahudi 1i
judge hakim 1h, 6g
jug tayeuen, utuyông 8d
jump grôp, lumpat, chön 3a
jungle rimba, uteuen raya 10a
just adé, ban 1h, 13b
just after ban lheueh 13b
just now ban khong, ban lami 10e, 13a
jute taloe guni 6f
Kabah Ka'bah 1i
kapok bak panjoe 11b
karate karaté 1f

ENGLISH INDEX

keep simpan, trôh 3h
keep (fruit) to ripen prom 11c
keep in the stable kurông 6d
keep quiet iem 5a
kerosene minyeuk tanoh 10b
kettle ciriek 8d
kick sipak 3d
kick with heel glueng, trom 3d
kidney boh keuieng 2a
kidney stone boh arôn 2b
kill poh maté 3d
kilogram kilo 9d
kilometer kilometè 9d
kin wali karông 1b
kind macam 9a
king raja 1e
king: local traditional ruler ulèe balang 1e
kingdom keurajeuen 1e
kingfisher cakeuek 12b
kiss côm 2c
kitchen dapu 8c
kite geulayang 1f
kite kleueng 12b
kite layang 1f
knee teuôt, tuôt 2a
kneel meuteuôt 3a
knife sikin 6a, 6e, 8d
knock pèh 3d
knot neukue 3j
know thèe, tu- 4h
know from where tunè 4h
know how tukri, tu'oh, tuban 4h
know how few tudit 4h
know how many tudum 4h
know what tupeue 4h
know what smell tubèe 4h
know when tujan 4h
know where tupat 4h
know where to tuho 4h
know who, someone's name tusoe 4h
know why tukön 4h
knowledge éleumèe 1i, 5c
knowledgeable malém 4a
known from where meunè 4h
known how meukri, meu'oh, muban 4h
known how few meudit 4h
known how many meudum 4h
known what mupeue 4h
known when meujan 4h
known where to meuho 4h
known where, found mupat 4h
known who, what name meusoe 4h
known why meukön 4h
knuckle atôt 2a
Koran kuruan 1i
Korean ureueng korèa 1c
kris kréh 1g
labourer kuli 6g
ladder reunyeun 8c
ladder made of a single bamboo pole purieh 6e
ladder steps aneuk reunyeun 8c
ladle aweuek 8d
lair eumpung 6d, 12a
lake dano 10c
lame capiek 2b
lament ratap 5a
lamp lampu, panyöt 8c
lance leumbéng 1g
land tanoh 8a
land (not sea) darat 10a
land (plane) trën 5e
land crab bieng kông 12c
langsat bak langsat, boh langsat 11b, 11c
language basa 5a
lap leumueng 2a
last keuneulheueh, seuneulheueh, akhé 10e

last month buleuen u likôt 10e
last night beuklam 10e
last year thôn u likôt 10e
lasting keukai 10e
late in the day or night jula 10e
later dudoe 10e
later today euntreuk, eunteuk 10e
latter dudoe 10e
laugh khém 4d, 5a
launderer peunatu 6g
law hukôm, kanun 1h
lay egg tôh boh 12a
lay horizontal beunteueng 3h
layer lapéh 10b
lazy beuö, juwön 4c
lead timah itam 10b
lead with a rope hue 3h
leader pangulèe 1e
leader in a dance team syèh 1f
leaf ôn 11a, 13d
leaf of banana or palm yue 13d
leak tiréh 9a
lean sinè, sadeue 3a, 3h
learn meurunoe, meurunoe, beuet 5c
leave a place wèh 3a
leave, leave behind tinggai 3h
lecturer dosèn 6g
leech lintah, pacat 12c, 12f
leek bawang pré 7f
left wie 9e
left over leubèh 9d
left-handed jawie 4c
left-over food or drink s'euh 7b, 7c
leftover euntèe 7b
leg gaki, gatéh 2a
legal haleue 1i
lemongrass rheue 7f, 11D
lend pinjam 3f
leopard rimueng bulôh 12d
leprosy budôk 2b
less kureueng 9d, 13a

lesson peulajaran 5c
let it be so bah, bah that, bak 13a
letter huruh 5a, 5b
letter surat 5d
letter box tông surat 5d
level ph'èp, rata 9f
library pustaka 5c
lichen siseuek 11e
lick lieh 3b
lid tutôp 10b
lie sulét 4b
lie down éh 2d, 3a
lie on back teugageueng 3a
lie on stomach cruep 3a
lie to peungeut 5a
life udép 1k
lifetime umu 1k
lift bët, beuët, grak, bôt, beuôt 3h
lift one foot off the ground jing 3a
lift up head tangah 3a
light phui 9a, 9d
lightning kilat 10d
like galak 4e
like lagèe, meu-, ban, bagoe 13a
like that lagèe nyan, meunan, meudéh 13a, 13e, 13i
like this lagèe nyoe, meunoe 13a, 13i
lime boh kuyuen 7f, 11c
lime for betel gapu 7e
lime tin for betel keurandam 7e
lime water ie gapu 10c
limit hingga 9e
limp eungkèk 2b, 3a
limping capiek 2b
line baréh, garéh 3e, 9e
lineage biek 1b
lion singa 12d
lip bibi 2a
liquid ie 10c
listen deungö, leungö 2c
listen attentively simak 2c

litre litè 9d
little bacut, duwa neuk, ubeut, ubit, cut 9d, 9f, 13a
little finger giték 2a
liver até 2a
livestock leumo-keubeue 8a
lizard tarum 12c
loaded: fully loaded sarat 9a
lobster udeueng 7b
lock gunci, rôk 3j
log balok 11a
long panyang 9d, 9f
long cloth ija panyang 8b
long dress bajèe panyang 8b
long for rindu 4c, 4h
long sleeve shirt bajèe panyang sapai 8b
long time trép 10e
long time ago jameun dilèe 10e
look kalön, ngieng, eu, pandang 2c
look back paléng 2c
look down teukui, tukui 2c, 3a
look for mita 2c, 3k
look in mirror lhôh 2c
look into jeungeuk 2c
look like hi 2c
look through gliep 2c
look up tangah 2c, 3a
look with searching eyes ngè-ngo 2c
look with torch lhôh 2c
loose guruek, leungö, reunggang 9a
loose (e.g. skin, knot) keundô 9a
loose (of soil) geumbô 9a
lop creue 3e
loris bue angèn 12d
lose talô 1f
loss rugoe 6h
lost gadöh 9a
lotus bak jiem-jiem 11d
loud (voice) nyaréng 9a
loud and rude voice k'èng-k'èng 4d

louse gutèe 12f
love galak, gaséh, weueh 4e
low miyup 9d, 9f
low tide ie surôt 10c
lower a price peutrën yum 6h
lower lip bibi miyup 2a
lucky deuka, leuka, meutuwah 4a
luffa: angled luffa piek, pik 11d
luggage dabeueh 5e
lung s'uep 2a
lying flat jom 3a, 9a
mace bungong pala 7f
machete parang 6a, 6c, 6e
machete, curved ladieng 6e
machine meusén 5e, 6e
macho meureugôh 6d, 9a
mackerel tangiroe 12e
Madurese ureueng madôra 1c
maggot peueng, pleuen 12f
magnet beusoe beurani 10b
majesty dèlat 4g
make peugöt 3i
make a living hareukat 6g
make an offensive inference pansie 5a
make an opening pukiek 3e
make effort useuha 3k
malaria malariya 2b
Malay meulayu 1c
Malay in Arabic script jawoe 5b
male agam, lakoe 1b, 12a
male aphrodisiac majun 2b
male stud animal landôk, mbôk 12a
manage uruh 3k
manger palông 6d
mango mamplam 11b, 11c
mangosteen meukuta, mangohta 11c
mangrove bak bangka 11b
manner lagèe, lagèe, meu-, ban, bagoe 13a
manure èk 12a

ENGLISH INDEX

manuscript naseukah 5b
many lë, jai, dum 9d
marble batèe marmar 10b
marbles klèrèng 1f
marbles (using areca nuts) gatok 1f
margarine mantèga 7f
marijuana ganja 7e
market peukan, lhoh 6h
marriage celebrant teungku kadi, kali (kadhi) 1e, 6g
marriage, get married gatip, nikah, meukawén 1k
marrow ie tuleueng 2a
marsh paya 10c
martial arts silèk 1f
massage jeupét, urôt 3d, 3g
mat tika, tika duek, eungka 6f, 8c
mat for praying sajadah, tika seumayang 1i
matches kèh 7e
mate meuagam 12a
mate, v. meuseutöt 12a
materials bahan 10b
mattress kasô 8c
may jeuet 13b
may mèe 4c
may not h'an jeuet, h'an mèe 13b
maybe kadang, euntah 13a, 13e
meal bu, keureuja, meuseuraya 1d, 7b
meaning makna, meukeusut 4c, 4h, 5b
measure ukô, sipat 9d
measure (volume) sukat 9d
measure of gold manyam 9d
meat sie 7b
mechanist tukang bèngkè 6g
mediator in marriage seulangké 1k
medicated oil minyeuk angèn 10b
medicine ubat 2b
medium seudang 9d

meet keunöng, meurumpök, meusapat 1d, 3d
meeting rapat 1d
meeting house meunasah 1e
meeting platform balè 1e
melody lagèe 1f
melt ju, lilèh 10c
members of a religious community umat 1i
mend tampai 3i
menstruation teuka buleuen 2e
mentally retarded seudèe 4h
mention teuöh 5a
mercury ie raksa 10b
mercy rahmat 1i
merit guna, phala 1i, 4e
messy kéng-keueng, seumak 9a
metre metè 9d
midday leuhô, cöt uroe 10e
middle teungöh, -ngöh 1b, 9e
middle finger jaroe teungöh 2a
middleman mugè 6g, 6h
midnight teungöh malam 10e
midwife bidan 2b
mild leumöh-leumbôt 4g
milk ie rabin, ie tèk, abin 7c, 12a
milk, v. prah ie rabin 6d
milk: condensed milk susu 7c
mill giléng, péh, pabrék 3e, 6h
million sijuta 9c
millipede seupah buleuen 12f
Minangkabau padang 1c
minaret meunara 1i
mind akai 4h
minibus labi-labi 5e
minister of government meuntroe 1e
minus kureueng 9c
minute minèt 10e
mirror ceureumèn 8c
miscarry rhët aneuk 1k
miserable meularat 8a

ENGLISH INDEX

mist sagôp 10d
mix jampu, lawök 3c, 7a
mix all ingredients, including meat, before cooking keureunyai 7a
mixed vegetables gulè rampoe 7b
mixture rampoe 9a
modest göt akai, göt até 4g
molar gheuem 2a
mole èk lalat 2b
moment siat, sikeujap, blét 10e
Monday seunanyan 10e
money pèng, p'èng 8a, 6h
money order wèsèl poh 5d
mongoose ceurapè 12d
monkey lutông, bue, eungköng 12d
month buleuen 10e
moon buleuen 10d
moonlight cahya buleuen 10d
morass bueng 10a
more leubèh 9d
more than leubèh 13a
more: the more makén 13e
moreover lompih 13a
morinda citrifolia keumudèe 11c
morning beungöh 10e
mortar leusông 6e, 8d
mosque meuseujit 1i
mosque caretaker leubèe 6g
mosquito jamok, nyamok 12f
mosquito net keuleumbu 8c
moss siseuek 11e
most paléng 13a
mother mak, ma, umi, mi, nyak 1b
mother-in-law mak tuwan 1b
motor bike keurèta, honda 5e
motor oil minyeuk meusén 10b
motorcycle race balap honda 1f
mount rhak 3a
mountain gunong 10a
mouse tikôh 12d
mouse deer peulandôk 12d

moustache misè 2a
mouth babah 2a
mouth of a fish trap jap 6b
mouth of river kuwala, mieng kuwala 10a, 10c
mouth ulcer kayap 2b
move puwèh, pinah 3h
move aside seuek 3a
move backward surôt 3a
move quickly tajô 3a
move, change position minah 3a
movement mèt 3a
moving, in motion mèt-mot 9a
much lë, jai, dum 9d
mud leuhop, lubeueng 10a, 10c
muddy rh'uep 10c
muddy (water) keudo 10c
muddy water ie leuhop 10c
mullet kadra 12e
multiply peulë 9c
mumble ngom 5a
mung beans kacang ijô 11d
mushroom kulat 11d
mustard greens sawi 11d
mutton sie keubiri 7b
myself droekuh 1a
mythical bird geureuda 12b
nail labang 6e
nail (finger) gukèe 2a
naked lhôn 3j, 9a
nakedness 'èrat 1i
name nan 11b
nape of neck kudôk 2a
narration riwayat 5a
narrative kisah 5a
narrow arat, ubeut, ubit 9d
nasty brôk akai 4a
nature alam 10a
nauseous ulak-ulak até 2b
navel pusat 2a
near toe, rap 9e

ENGLISH INDEX

neat cakap, rapi 9a
neck takue 2a
necklace taloe takue 8b
need peureulèe 4c
negligent lalèe 4h
nephew aneuk keumuen 1b
nest eumpung 6d, 12a
net jaréng, jeue, nyaréng 6e, 6b
net with a handle nyhap 6b
nettle bak jeulatang 11b
never h'an töm 13b, 13h
never mind hana peue-peue 13f
new barô 9a
new convert to Islam mu'alah 1i
newly cleared forest for farming seuneubôk 6a
news haba 5a
next treuk, u keue 10e13a
Nias nieh 1c
nice mangat 4a
niece aneuk keumuen 1b
night malam 10e
night blindness rabôn manok, sapu 2b
nine sikureueng 9c
nipple ujông tèk 2a
no h'an, kön 13f
no matter how much dum ék, bah that, beu that 13e
no-one hana soe 13h
nod anggôk 3a
noisy kirôh, riyôh, subra 1g, 9a
non-practising believers pasèk 1i
noodle mi 7b
north barôh, utara 9e
nose idông 2a
nose rope (cattle) taloe idông 6d
nosekiss côm 2c
nostril ruhueng idông 2a
not h'an, tan, kön, bukön, hana 13b
not allowed to h'an mèe 13b
not exist hana 9a
not feeling well seui 2b
not having enough lucôt 9d
not thinking straight padèe 4h
not yet goh lom, goh....lom 13b
nothing hana peue 13h
now jinoe 10e
nowhere hana pat 13h
nudge, v. gamèt 3d
numb (of tongue) from eating betel lhu 2b
number numbôi 9c
numbers lumbôi, numôi 9c
numeral angka 9c
nurse meuntri 2b
nutmeg boh pala, bak pala 7f, 11b
nylon nilon 10b
oar peungayôh 5e
oath sumpah 5a
obedient ta'at, seumatéh, patéh 1i, 4g
obey ikôt, seutöt, turôt 3a, 3k, 5a
obligatory wajéb 1i
obstruct a tree with thorny plants kareuem 6a
obstructed santök 9a
obtain teumèe, teumeueng 3f, 3k
obtained rôh 3a
obvious nyata 4h
occur to teujalök 4h
octopus gurita 12e
of course ka teuntèe 13a
offensive h'an mèe 4a
office kantô 6g
office clerk keurani 6g
offspring aneuk 12a
often kayém 13a
oh dear ô ma, nyan nyang ka, rôh that 13f
oh you wahé 13f
oil minyeuk 7f, 10b

ENGLISH INDEX

OK gèt, göt, jeuet, ka jeuet, ka 13f
old tuha, useueng 1b, 9a
on bak 13c
on the contrary kön, maléngkan 13e, 13b
once in a while trép-trép sigö 13a
once, at a certain time bak saboh watèe, bak saboh uroe 13a
one sa 9c
onion bawang 7f
only cuma, sagai 13a
open lapang 9f
open peuhah 3j
open (flower) keumang 11a
open eyes bleut 2c
open handful ceukue 9d
open mouth hah, hah babah 3b
open palm full paleuet 9d
opium candu, madat 7e
opponent lawan 1f, 1g
oppose lawan 1h
or atawa, ato 13e
orange boh limo 11c
orange juice ie boh limo 7c
orangutan maw'ah 12d
orchid angrèk 11d
order peurintah, peusan, surôh, titah, yue 5a
original place söt 9e
orphan, no father yatim 1b
orphan, no mother mutui, buntui 1b
orphan, no parents yatim piyatu 1b
other person gop 1e
otter bubrang 12d
out of order reulöh 9a
outside luwa 9e
oval bulat boh manok 9f
over ripe leubah 11c
overcooked peungèt 7a
overflow limpah 10c
overgrown with weeds meunaleueng 6a
overripe ranom 11c
overripe and dry (areca) ruek 11c
overripe and dry (coconut) riek 11c
oversleep teulat jaga 2d
owl geureudhuek tampi, jampôk 12b
owner po 8a
oyster tirom 7b, 12e
package barang 5d
paddy padé 6a, 11d
painful sakét, peudéh 2b
paint cèt, labô, lukéh 1f, 3i, 5b, 10b
pair of sipasang 9d
palace meuligoe 1e
palate langèt-langèt 2a
pale pucat, reudom 2b, 9b
palm paleuet 2a
palm sugar meulisan 7f
palm tree (different kinds) 11
palm wine ie arak 7c
palm's width paleuet 9d
palmyra palm lontar, teue 10b, 11b
pancake martabak 7b
pandanus bak seukè 11b
pants siluweue 8b
papaya boh peuték 11c
paper keureutah 5b
paprika campli b'om 7f
paradise syiruga 1i
parakeet tiyông 12b
paralysis lapè 2b
parasite ceumalô 11d
pardon pumeu'ah, peuampôn 1h
parents mawang, ureueng chik 1b
parents-in-law tuwan 1b
park taman 10a
parrot nuri, bayeuen 12b
parsley ôn sôp 7f
partnership kônsi 6h
party khanduri 1d, 1k
pass (exam) lulôh 5c

pass by liwat 3a
passion fruit boh markisa 11c
patch tampai 3i
patchouli nilam 11d
path jurông 1e, 5e
patient saba 4a
pawn gala 3f
paws tangeun 12a
pay bayeue 6h
pay a fine diet 1h
pay a visit saweue 3a
pay attention pakoe, peuduli 4h
peacock meurak 12b
peak pucak 10a
peanut kacang tanoh 11d
peanut oil minyeuk kacang 10b
pearl meutiya 10b
pebbles anoe gasa, keureusék 10a
peck coh, cutok, pathuek 12a
pedal wéng, lhö 3h
peel sék, puliek, suliek 3c, 6a
peeling off leukang 9a
peep luem 2c
pelt kulét 12a
pen kurông 6d
pen pèn 5b
penance (of religious deed) kiparat 1i
pencil kènsè, peutalôt 5b
penetrable by s.t. sharp lut 9a
penetrate pantak 3e
penetrated peureulôh 9a
peninsula ujông 10a
penis boh 2a
people rakyat 1e
pepper lada 7f, 11d
percent peureusèn 9c
perforated peureulôh 9a
performing two shalat (ritual prayers) at one time jamak 1i
perfume minyeuk ata 8b, 10b

period jameun, masa, mèn 10e
period of time jangka 10e
permission idin 5a
permit peuizin, peuidin 5a
perplexed mumang 4d
Persian ureueng peureusi, parisi 1c
person ureureng, awak 1a, 1c
personality akai 4h
persuade padan 5a
pestle alèe 6e, 8d
petrol minyeuk bénsén 10b
pharmacy apotèk 2b
phlegm leundé 2b
pick (flower, fruit) pöt 3g
pick fruit pöt 6a
pick fruit with knife on end of pole chët 6a
pick out with a sharp point cui 3c
pickle peujruek 7b
picnic meuramien, ramien 1d
picture gamba 1f, 3i
piece krak, krèk 13d
pierce sôk 3e
pig bui 12d
pigeon meureubôk, mirahpati 12b
pile tumpôk 9d
pile of cut thorny plants used as obstruction rangkheuem 6a
pile of earth tanoh gôh 10a
pile up rôn, tamon, tumpôk 3h
piles teusuet leubô 2b
pilgrim to Mecca haji 1i
pill pè 2b
pillar tamèh 8c
pillow bantai 8c
pillow slip sarông bantai 8c
pimple muen 2b
pin cucok 6e, 8b
pinch cubét, klok, geutu 3d, 9d
pinch with fingernails cut'iet 3d, 3g
pinch with first three fingers jeumpét

ENGLISH INDEX

9d
pine tree bak sala 11b
pineapple boh aneuh 11c
pink seumaran 9b
pious malém, salèh 1i, 4a
pipe pipa 10b
pipe (smoking) grok 7e
pitcher tayeuen, utuyông 8d
pity inseueh 4e
place blah, tempat 9e
place s.t. face downward khôp 3h
plague hama 6a
plains blang, padang 10a
plan bicara 4c
plane kapai phö 5e
plane nyhèh 6e
plane (wood) nyhèh 3c
plank papeuen 11a
plant pula 6a
plant with dibble tajôk 6a
plastic peulaseutik 10b
plate pingan, piréng 8d
plate seupôh 3i
platform for sitting together panteue 1d
platinum platina 10b
play sandiwara, dalupa 1f
play (a game, sport, dance, drama) meu'èn 1f
play (violin) geusök 1f
playing field lapangan, trèn 1f
please lèh 13a
pliers tang 6e
plot for seedlings lheue seuneulông 6a
plover keudidi 12b
plow langai, meu'ue 6a, 6e
pluck lët, bët 3c
pluck chicken lueh 3c, 7a
pocket kéh baluem 8b
poetic contest nasip 1f

poetry pantôn 1f
point tunyok 5a
pointed cincu, tincu 9f
pointed (nose) mancông 9f
poison bisa, racôn, tuba 10b, 12b
poke up with a stick chët 3d
poke, poke into culok 3e, 3h
pole: small pole used to poke up at s.t reunöng 6e
police pulisi 1h, 6g
polish uet 3c
pomegranate boh geulima 11c
pomelo boh giri 11c
pond taleuek 10c
pool kulam 10c
poor gasien, meularat, meuseukin, paki 8a
poor quality khèk 4a
popcorn keumeue 7b
porcupine landak 12d
pork sie bui 7b
port lhôk, peulabôhan 5e, 10c
portion jeumba 8a
Portugese ureueng portugéh 1c
position pangkat, tempat 1e, 9e
possessed by a spirit jitamöng jén 1j
possession areuta, boinah, milék 8a
possible for s.t. to be done keumah 4c
possible, possibly mungkén, sang 13a, 13e
post office kantô poh 5d
pot kanöt, panci 8d
potato gantang 11d
pound top 3c, 3d, 3e, 6a
pour léng, plè 3h, 10c
pour out sinthông 3h
powder beudak 8b
power kuwasa 1h
power wat 2b
pox peulawa 2b

praise pujoe 1i
prawn udeueng 7b
prayers said over the grave teuleukin 1k
praying mat musala 1i
preacher for Friday prayer teungku khatip 1e
pregnant mumè, hamè, meutiyeuen 1k, 2e
pregnant (animal) ulu 1k, 12a
premature birth h'an sép buleuen 1k
premonition peurasat 4h
prepare seudiya 3i
preserve peujruek 7b
preserved (food) jruek 7b
president prèsidèn 1e
press gintön, tindéh 3j
pretend pura-pura 4b
prevent linteueng, tham 3k, 5a
price hareuga, yum 6h
prime minister peudana meuntroe 1e
princess putroe 1e
principal keupala sikula 5c
print citak 5b
prison glap, keureungkhèng 1h
prize hadiyah 1f
problem masalah 4a
proficient mah'è 4c
profit untông, laba 4a, 6h
profit sharing maw'ah 6a, 6h
prohibit larang 1h
prohibited h'an mèe 4a
promise janji 5a
prop kaleueng 8c
propeller suwé 5e
proper mèe, patôt, layak 1d, 4a
property sipheuet 9a
prophet nabi 1e, 1i
province propinsi 1e
puberty trôk umu 1k

publish peuteubiet 5b
pull tarék 3h
pull apart wiet 3c
pull by force rinthak 3h
pull heavily hila 3h
pull off skin, bark pluek 3c
pull out lhöh 3h
pull s.o.'s hair angrily gui 3h
pull s.t. roughly sinthak 3h
pull s.t. upward jhung 3h
pull up bët, lët 6a
pull with a rope hue 3h
pulse nadi 2a
pulverized cèh 3e
pumice batèe sira 10b
pump pumpa 6e
pumpkin labu tanoh 11d
punch sôh, tumbôk 3d
punctured reuhueng 9a
punish peujra 1h
punishment 'azeuep 1i
pure suci 9a
pure black sukla 9b
purify samak 3c
purple gadông, lambayông 9b
purple yam gadông 11d
purpose kasat, kasiet, meukeusut 1i, 2b, 4h
pus danöh 2b
pus in the ear tungkiek 2b
push tulak 3h
push aside tapih 3d
pustule bicôh 2b
put peuduek, bôh 3h
put alongside gandéng 3h
put aside peusiblah 3h
put in pasoe 3h
put in mouth suep, 'ap 3h
put in sequence atô 9c
put in water reundam 3h
put on ngui, sôk 3j, 3k

put together himpôn 3h
python uleue lhan 12c
quail puyôh 12b
quality mutu 9a
quarrel dawa, meudawa, mupaké 1g, 5a
quarter sukèe 9c
queasy ulak-ulak até 2b
queen putroe 1e
quench c'ueh 3h
quick rijang 9a
quickly leugat, meugasui-gasui 9a, 13a
quiet seungap 9a
quiet (water, wind) keudap 4a
quieten peuiem 5a
quietly hana karu-karu, hana riyôh-riyôh 13a
quill bulèe 12a
rabbit areunap 12d
race bangsa, jinèh 1c, 1b
race lumba 1f
rack rak 8c, 8d
radio radiyô 8c
raft rakét 5e
rafter gaseue 8c
rail: fence rail beunteueng 6a
rain ujeuen 10c, 10d
rainbow beuneung raja timoh 10d
raise bët, beuët, grak, bôt, beuôt, peuék 3h
raise a price peuék yum 6h
raise animals peularha, peulara 6d
raise, frighten animals côh-côh 6c
rake creueh 6a, 6e
rambutan bak rambôt, boh rambôt 11b, 11c
rancid khie 7d
rank pangkat 1e
rape wasi 1h
rat tikôh 12d

rattan awé 11d
ravine jeureulông, urông 10a
raw meuntah 7a
ray paroe 12e
razor sikin tawan 6e
read baca, beuet 5a, 5b
ready cakap, keumah 9a
reason rameunè 5a
receive tueng, teurimong 3f, 5d
recite aphai 5a, 5b
recite (hikayat) kheun 1f
recite incantation rajah 1j
recognize turi 4h
recommended sunat 1i
reconciliation damè 1h
recovered puléh 2b
rectangle peuet sagoe panyang 9f
red mirah 9b
redeem diet, teubôh 1h, 6h
reed ngom, barom, darôh 11e
referee juri 1f
refined halôh 1d, 9a
refrain phrases in *liké* **poem** radat 1f
refuse tulak 4c, 5a
regency kabupatén 1e
regent bupati 1e
region dairah, wilayah 1e, 10a
regional controller under the Dutch government kanteulè 1e
regulations kanun 1h
regurgitate ulak 12a
rejoinder balah 5a
relatives warèh, kawôm, syèdara 1b
release peulheueh 1h, 3g, 6d
released lheueh 6c, 9a
relieved glah até 4d
religion agama 1i
religious song (without accompaniment) liké 1f
remain tinggai 3k
remainder leubèh 9c

ENGLISH INDEX

remember ingat 4h
remind peuingat 4h, 5a
remnant euntèe 7b
rent siwa 3f
repeat ulang 3k
repetitious chanting of God's attributes ratéb 1i
reply balah 5a
representative waki 1e
request lakèe, yue 5a
resemble turôt 2c
resin dama 11a
respect hôreumat 4e
rest piyôh, teutap 3a
restless cabak 4g
retired pansiyôn 6g
retreat surôt 3a
return gisa, woe, pulang, riwang 3a, 3f
revelation éleuham, peureuman 1i
revenge dam 1h
revile teunak, seuep 5a
reward phala 1i
rhinocerous badeuek 12d
rhinocerous hornbill cicém peurimpieng, cicém duwa babah 12b
rhyme pakhôk, santôk 1f
rhythm buhu 1f
rib rusôk 2a
rice bu 7b
rice field umöng 6a
rice husk seukeuem 6a
rice plant, seed padé 6a, 11d
rice porridge ie bu 7b
rice pounder jeungki, jingki 6e
rice seeding plot lheue raleue 6a
rice seedling seuneulông, neulông 6a
rice siftings leungk'uet, neuk'uet 7a
rice steamer sanga 8d
rice wrapped in banana leaf bu kulah 7b

rice, uncooked breueh 7b
rice-thief bird cémsubang, cémbangga 12b
rich kaya 8a
rich (food) leumak 7d
rich and sweet (food) luwih 7d
riddle h'iem 5a
ride giduek 3a
right hak 1e
right nyo 13f
right uneun 9e
right (corect) beuna 4b
rind kulét 11a
ring euncien, geulanggang 1f, 8b
ring (bell) pèh 1f
ring finger jaroe mamèh 2a
ringworm kurap 2b
rinse cucô 3c
rip criek 3e
ripe masak 7a, 11c
ripe: half ripe beungkai 7a
ripe: half ripe (esp. tamarind) manu 11c
ripple riyeuek 10c
rise sui 7a
ritual impurity junub 1i
ritual prayer seumayang 1i
rival lawan 1f, 1g
river krueng 10a, 10c
riverbank reuleueng 10a
riverside panté 10a
road röt, jalan 5e
roast dadeueng 3c, 7a
roast in pan lheue 7a
roast over fire panggang 7a
roasted fish eungkôt panggang 7b
roasted ground coconut u lheue 7f
rob rampah, rampok 1h, 3f
robber peurampok 1h
robe jubah 8b
rock jungkat 3h

ENGLISH INDEX

rock a baby ayôn 3h
roll glông, gulé 3h, 9f
roll (measure of cloth) palét 9d
roll (rope or thread) lingkang 3j
roll up gulông 3j
roof bubông 8c
room kama, seuramoe 8c
rooster manok agam 12b
rooster's comb lambéng 12b
rooster's spur susôh 12b
root ukheue 11a
rope taloe 6e, 6f, 10b
rope bordering a net kaja 6e
rose maw'o 11e
rotate puséng, puta 3a, 3h
rotten brôk 9a
rotten (egg) kom 12a
rotten smell kh'ieng, kh'op 7d
rough bakai, krang, gasa 4a, 9a
rough (water) bakat 10c
rough and rude krang-ceukang 4g
round glông 9f
row baréh, riti 3a, 9e
row kayôh 5e
royal title (female) cut 1e
royal title (male) teuku 1e
rub geusök, pleu, urôt 3c, 3d
rub against giséng 3d
rub clean uet 3c
rubber geutah 10b
rubber tree bak geutah, bak saban 11b
rudder keumudoe 5e
rude gasa, hana adap, krang, gasa 1d, 4a, 9a
rug musala, peureumadani 1i, 8c
ruler rôi, rhôi 5b
rules of pronunciation in Quranic recitation tajuwit 1i
rummage through limeuh 3c
run plueng 3a

run into pök 3d
running water ie lé 10c
rupiah rupiya 6h
rusa deer rusa 12d
Russian ureueng rusiya 1c
rust èk beusoe, geuratan, èk beusoe 10b
rusty meugeuratan 9a
sack eumpang 6f
sack race plueng lam guni 1f
sacred keuramat 1i
sacrifice keureubeuen 1i
sad sôsah, susah, seudéh 4d
saddle peulana 6d
saddle (bike) sila 5e
saddle (horse) peulana 5e
sago fruit boh meuriya 11c
sago plant, general bak meuriya 11b
sago trunk bak sagèe 11b
sail layeue 5e
saint èliya 1i
saliva ie babah, ludah 2a, 3b
salmon salam 12e
salt sira 7f
salt water ie masén 10c
salted duck egg boh iték jruek 7b
salted fish eungkôt masén 7b
salty lagang, masén 7d, 10c
salute tabék 1d
sama (height, length, distance) santeuet 9d
same sa, saban 9a
same amount sadum 13h
same direction saho 13h
same place sapat 13h
same size sabé 13h
same, the same situation söt 13a
sand anoe 10a
sandals seulop 8b
sandalwood kayèe ceundana 11b
sap geutah 11a

ENGLISH INDEX

sapodilla fruit boh sawôh 11c
sarong ija krông 8b
satan syètan 1j
sate saté 7b
satisfy pueh 4c
Saturday satu, saptu 10e
sauce asam, sambai 7b
saucepan panci 8d
saucer ceupé, cipé 8d
sauté tumèh 7a
save simpan, trôh 3h
saw gögajoe 6e
sawdust èk gogajoe 6e
say kheun 5a
say a prayer meudu'a 1i
say no more piyôh 13f
scabies kudé, leubéng 2b, 12f
scales neuraca, céng 6h
scales (fish) sisék 12a
scar parôt 2b
scarf ija sawak 8b
scatter seupreuek, tabu 3h, 6a
school pasantrèn, rumoh sikula 5c
science éleumèe 1i, 5c
scissors gunténg 6e
scoff food, eating with hand muek 3b
scold dhët 5a
scoop (net or bamboo) sawök 6b
scoop up teumok 3f
scorpion kala 12f
scourge dra 1h
scramble lawök 3c
scrambled egg martabak 7b
scrape krut 3c
scrape (chicken) kireueh 12a
scraper krut, grueh, parôt 8d
scratch curéh, garô, guréh 3e, 3d
scream geumeurép 5a
screen tabéng 8c
screen: coconut leaf screen bleuet 6f

screw obèng 6e
sea laôt 10a, 10c
sea wind angèn laôt 10d
seagull cama 12b
seal cap 1e
seashore pasi 10a
season musém 10e, 10d
seawards barôh 9e
second keuduwa 9c
secret batén, rahsiya 5a
section of the Holy Koran juh 1i
see kalön, ngieng, eu 2c
see s.t. at a glance keureuléng 2c
seed bijèh, aneuk 6a, 11a
seed, v. lhông 6a
seedlings neuk 13d
seeds neuk 13d
seek mita, seutöt 2c, 3a, 3k
seize langgéh 1g
select piléh 3k
self droe 1a
sell publoe 6h
seller ureueng meukat 6h
send kirém, peuék 5a, 5d
send message peusan 5a
sense rasa 2c
sensitive latah 2b
sensitive plant pih mie 11e
sentence kalimat 5a, 5b
separate pisah 3h
separated meungklèh 9e
sequence atô 9c
seriously meugasui-gasui 9a
servant lamiet 1e
serve bët, idang 7a
service guna 4e
sesame leungöng 7f
set bôh 3h
set a price bôh yum, koh yum 6h
set a trap, net theun 6b, 6c
seven tujôh 9c

ENGLISH INDEX

sew cop 3i
sewing machine kilang 6e
sewing thread rambèe 10b
sexual excitement beureuhi 4e
shadow bayang, bayeuen 2a, 10d
shady ramphak, reului, cheue 10d, 11a
shake hands meu'ah, mumat jaroe 1d, 3d
shake head asék 3a
shake one's head or body lingiek 3a
shake repeatedly nyot-nyot 3h
shaky leungö 9a
shallots bawang mirah 7f
shallow deue 9d, 10c
shameful keuji 4a
shampoo sampô 3c
shape beuntuk 9f
share jeumba, weuek, bulueng 3f, 8a
share with others to pay for s.t. ripèe 1d
shark yèe 12e
sharp tajam, cincu, tincu 6e, 9f
sharpen rawôt 3i
sharpen to a point cui 3e, 3i
shattered ancô 9a
shave cukô 3c
she gopnyan, jih, ji-, geu-, i-, di- 1a
sheaf, bunch of paddy gasai 6a
sheath sarông 6e
sheep keubiri 12d
sheet keupéng 13d
shelf rak, sandéng 5c, 8c
shell fruit boh keumukôh 11c
shellac malo 10b
shellfish kreueng 7b, 12e
shelter in rice field, garden jambô 6a
shield peurisè 1g
shinbone tuleueng gasien 2a
ship kapai laôt 5e

shirt bajèe 8b
shiver yö, meukhöt-khöt 2e
shoes seupatu, sipatu 8b
shoot timbak 1g, 3e, 6c
shoot (of a plant) ceudieng 11a
shooting star èk bintang 10d
shop keudè, warông 6h
shopping mubloe, jak u peukan 6h
short paneuk, tu'èt, 'èt 9d, 9f
short of s.t. lucôt 9d
shorts siluweue puntông 8b
shoulder bahô 2a
shout meurawông 5a
shove jhô 3d, 3h
shove s.t. aside keuih 3h
shower sibu 10c
shrew tupè 12d
shrewd ceureudék 4a
shrimp sabèe, udeueng 7b, 12e
shrink keunyuet, susôt 9d
shroud kaphan 1k
shut tôp 3j
shut eyes pét mata 2c
shut mouth tôp babah 3b
shut up piyôh 13f
shy malèe 4f
sibling cut-, cu- 1b
sibling, younger adoe, adék 1b
sick sakét 9a
sickle sadeuep 6a, 6e
sickness peunyakét 2b
side binèh, geunirèng, blah 9e
side of chest lambông 2a
sift ayak 3c
sifter ayak 3c, 8d
sign tanda 5a
silently hana karu-karu, hana riyôh-riyôh 13a
silk sutra 10b
silt lön 10a
silver pirak 10b

simile ibarat 5a
simple mudah 4c
sin dèsya 1h, 1i
sinew urat 2a
sing meulagu 1f
singed angoh 7a, 9a
singlet bajèe keutang 8b
sink karam, lham, ngop 10c
sister da, kak, ti, po, cupo, cuda 1b
sit duek 3a
sit hugging knees wa teuôt 3a
sit on giduek 3a
sit with legs apart phang, pheueng 3a
sit with legs straight out nyhue 3a
six nam 9c
size bubé, ubé, bé 9d
skeleton rungkha 2a
skilful carong, cakap 4c
skilled mah'è 4c
skillful cakap 4c
skin kulét 2a, 12a
skin disease teureujoe 2b
skin, v. lhak 3c
skinny pijuet 9a
skip grôp, lumpat, chön 3a
skip an interval lheueng 3k
skirt rok 8b
skull bruek ulèe, tangkurak 2a
sky langèt 10a, 10d
slack (e.g. skin, knot) keundô 9a
slander meuupat, peusuna 5a
slant sirông 9h
slanting géng 9f
slap tampa 3d
slap on the face teupuek 3d
slash cang, tak 1g, 3e, 6c
slate batèe tuléh 5b
slate pencil grép 5b
slaughter sie 3e, 6c
slave hamba, lamiet, teumon 1e

sleep teungeut, éh 2b, 2d
sleep (in the eye) èk mata 2a
sleep curled up kuwien 3a
sleep soundly teungeut maté 2d
sleepy layôh, teusiyô 2d
slice cang 3e
slim rampéng 9a
sling for carrying child ija tingkue 8b
slingshot busu, peuték, gandoe 1f
slip sireuk 3a
slippers seulop jeupang 8b
slippery leuiet, licén 9a, 10c
sloughed snake skin sarông uleue 12c
slow meulèt 9a
slowly peuleuheuen 13a
slurp hirôp 3b
small ubeut, ubit, cut 9d, 9f
small bunch, size between finger and thumb geucai 9d
smart ceudah 4a
smashed bicah 9a
smear cilèt, siliek 3d
smeared with something dirty meuligan 9a
smell (noun) bèe 2c
smell (verb) côm 2c
smile teuseunyom 4d, 5a
smoke asap 7a
smoke (cigarette) p'iep 3b
smoke (tobacco) p'iep, p'iep rukok 3b, 7e
smoke over fire salè 7a
smooth rata, saré, sanyum 9a
snail abô, sigeundông, sipôt, umot, cue 12c
snake uleue 12c
snap wiet 3c
snap fingers geutèp jaroe 3d
snapped patah 9a

ENGLISH INDEX

sneeze beureusén 2e
sniff hiruep 3b
snot èk idông 2a
snout (of animal) jumoh 12a
snow salju 10c
so teuma 13a
soak lhap, reundam 3c, 3d
soaked jhuek, lijhuek, bucho, bulut 10c
soap sabôn 3c
sob meusôk-meusôk 4d
soccer sipak bhan 1f
society masyarakat 1e
socks kasôt 8b
soda limon 7c
soft leumiek, leumöh, leumbôt, lumpôk 7a, 9a
soft (soil, mattress) leupön 9a
soft drink limon 7c
soft tobacco bakông alôh 7e
softball kasti 1f
solder tukang seumudè 6g
soldier sidadu, teuntra 1g, 6g
sole tapak 2a
solid kreueh 9a
some ladôm 9d, 13h
some other time in the future singoh-ngoh 10e
some time meujan-jan 13a
someone soe 13h
something peue, sipeue 13h
somewhere pat 13h
son aneuk agam 1b
son-in-law meulintèe 1b
song lagu 1f
soot adang 10b
soothe peuiem 5a
soppose teujalök 4h
sorcery sihé 1j
sore sakét, peudéh 2b
sore: festering sore cabok 2b

sorrow seudéh 4d
soul roh, seumangat 1j, 1k
soul of dead person aruwah 1j
soul of living person nyawöng 1j
sound meusu 5a
sound of barking kh'ung-kh'ung 12d
sour masam 7d
sour (character) ceukén 4d
source of river pucôk krueng 10a
south tunong 9e
southwest barat daya 9e
sow lhom bijèh 6a
sow (rice seeds) raleue 6a
sow (seeds) seumè 6a
soybean kacang kunèng 11d
space or compartment inside durian pansa 11c
spacious lapang 9f
spade lham sudok 6e
sparkle blé 9a
sparrow tulô 12b
spatter linceuet 10c
speak meututô, marit, meusu 5a
speak angrily to dhët 5a
spear leumbéng, tumbak 1g, 3e, 6c, 6e
spear fishing tumbak eungkôt 6b
speech narit, tutô 5a
spent cartridge keureutôh 1g
sperm ie mani 2a
spices in general aweueh 7f
spicy keueueng, peudah 7d
spider rambideuen 12f
spill rô 3a, 10c
spilled meujeuen-jeuen, rô 3a, 9a
spin (rope) bibeue 3i
spinach: Chinese spinach bayam 11d
spinach: water spinach rumpuen 11d
spine tuleueng rueng 2a

spirit geunteut, pari, seumangat 1j
spirits euntèe, iblih, sané, baluem beudé, jén 1j
spit ludah, rudah 2a, 3b
splash japhok, kachôk 3d
spleen limpa 2a
split crah, plah 3e, 9a
spoiled lu, ucè 4d, 9a
spoiled, no longer fresh apak 9a
spoon camca, tanca, aweuek, sudok 8d
spoor bakat, euncit 6c
spotted plang 9b
spouse judô 1b
spout panca 3h
spray panca 3h
spread out leueng 3j
spread over a surface meujeuen-jeuen 9a
spring (metal) pè 6e
spring (of water) mata ie 10c
sprinkle peureucék, seupreuek, sibu 3h, 10c
sprout ceudieng, tarôk, reubông 11a, 11d
sprout, v. timoh 6a
sprouts: mungbean sprouts dogé 11d
spy luem 2c
square peuet sagoe timang 9f
squash labu tanoh 11d
squat pingkui, tinggông 3a
squeeze jeupat, prah, jupat 3c
squeeze gently ramah 3d
squeeze in fist geupai 3g
squid noh 12e
squirrel tupè 12d
stab top 1g, 3e, 6c
stable weue 6d, 12a
stack tamon 3h
stairs reunyeun 8c

stake jeuneurop 6a
stale basi 7d
stale smell banga 7d
stalk tangké 11a
stamp cap 1e
stamp peurangko 5d
stamp on gilhö, gidöng 3d
stand döng 3a
stand for pots on fire lungkèe 8d
stand on gilhö, gidöng 3d
stand on one leg döng siblah gaki 3a
stand with arms akimbo tumpang keuieng 3a
stanza (poetry) rungkhé 1f, 11a
star bintang 10d
starch kanjie 3c
stare blie 2c
stare vacantly tahë 2c
starfruit boh seulimèng meusagoe 11c
starling peureuléng 12b
state sipheuet 9a
station tasiyôn 5e
stationery alat teumuléh 5b
stay tinggai 3k
stay overnight döm 3a
steal cue, puplueng 1h, 3f
steam seuöp 7a
steep riverbank reuleueng 10a
stem of a palm branch or banana leaf peuleupeuek 11a
step langkah 3a
step on gilhö, gidöng 3d
step over lingkeue 3a
stepfather yah ui 1b
stepmother mak ui 1b
stew (fruit) in sweetened coconut milk peungat 7a
stick on tipèk 3h
stick out tongue lien lidah 3b
sticky kliet, leukiet 9a

ENGLISH INDEX

stiff kreueh 9a
stiff (liquids) ghuen, kai 9a
still mantöng, teutap 13b, 3a
still (water, wind) keudap 4a
stinging pain siya 2b
stingray paroe 12e
stingy kriet 4c
stir cawö, wöt, kacho 1g, 3d, 7a
stir (rice) while cooking karèh 7a
stockings stoking 8b
stocks noh 1h
stocky guntoe 9a
stomach pruet 2a
stomach ache sakét pruet 2b
stomach folds leupék 2a
stone aneuk (classifier) 11a
stone batèe 10a
stop piyôh 3a, 3k
stop going döng 3a
stop up (a hole) sumpai 3j
stork tangiriek 12b
storm angèn badè 10d
story haba, kisah, riwayat 5a
stove kompo, kompho 8d
straight lansông 9e
straight teupat 4b, 9f
straight (plant) sulu 9f, 11a
strain when defecating ran 2e
stranger gop, jamèe 1e
straw jeumpung 6a
stream alue 10a
strength wat 2b
stretch böt 3a
stretcher tandu 1k
strict curien 4g
strike keunöng 3d, 6c
strike tak, cang 1g
strike by throwing h'ong 3d, 3h
strike dead poh maté 3d
string taloe 6e, 6f, 10b
strip a stalk reulék 3e

strip off lhôn 3j, 9a
strip off (leaves, etc.) by running through the fingers juruet 3c
striped kuréng 9b
stroke gusuek 3d
strong teuga, köng, tangkôh 2b, 4c, 9a
strong (of a bull) meureugôh 6d, 9a
stubble jeundrang, nyirang 6a
stubborn bateue, kreueh ulèe, batat, kheue, tungang 4a, 4f, 4g
stubby gulok 9a
student aneuk murit 5c
study meurunoe, meurunoe, beuet 5c
stuff sak 3h
stuffy hugôp 10d
stumble pilok, teugantöh 3a
stump tukok, utôm 11a
stunted pr'ien 9a
stupid bangai, ngeut, sanggöng 4a, 4c
stutter gagap 5a
style lagèe 13a
subject phak 5c
sublime muliya 4g
submerged ngop 10c
substitute, make up (of a missing religious duty such as praying or fasting) kala 1i
subtract kureueng 9c
such meunan 13i
suck hirôp, p'iep 3b
suck (sugarcane) jiep 3b
suck on a cigarette or pipe isap 3b
suck out p'uep 3b
sue a case meuhukôm 1h
suffer jra 2b
sugar saka 7f
sugar palm bak jôk 11b
sugarcane reulieng, teubèe 11d
sugarcane juice ie teubèe 7c

ENGLISH INDEX

suitcase kopo, kopho 8c
sulk saluk 4d
sulphur ceumpaga 10b
summon with a hand gesture kawôt 5a
sun mata uroe 10d
Sundanese ureueng sunda 1c
Sunday aleuhat 10e
sunken lhôk 9f
sunny criet uroe 10d
sunrise teubiet uroe 10e
sunset luep uroe, mugrép 10e
support sangga, tumpang, dukông 3i, 3g
suppose sangka 4h
sure teuntèe 4b
surround keureumon, lingka, pagap 1d, 1g, 3a
suspect sangka, teujalök 4h
swallow 'uet, 'uet, taluem 3b
swallow (bird) cicém ujeuen 12b
swamp paya, rawa 10a, 10c
sway or swing one's body in dancing likok 1f
swear meusumpah, sumpah 1h, 5a
sweat reuôh 2a
sweaty meureuôh 2e
sweep sampôh 3c
sweet mamèh 7d
sweet (water) tabeue 10c
sweet potato keutila, keupila 11d
sweetheart boh atè 4e
swelling barah 2b
swim meulangue, langue 3a, 10c
swimming langue 1f
swing .o.s. arms or body while walking linggang 3a
swollen keumöng, bunthok 9f, 9a
swollen gland boh keuèh 2b
sword peudeueng 1g, 6c, 6e
sword fish eungkôt thôk 12e

sympathy sayang, weueh 4e
table mèja, mèh 8c
table cloth taplak mèja 8c
table tennis pingpong 1f
taboo pantang 1h
tackle kaleueng 1f
tadpole aneuk abiek 12c
tail iku 12a
tailor tukang ceumeucop 6g
take cok, ba, mè 3f, 3g, 3h
take an oath meusumpah 1h
take by force reubôt 1g
take care for uruh 3k
take out suet 3h
take shelter lindông, silèe 3a
talk meututô, marit, peugah haba, narit, tutô 5a
talk in sleep wön-wön 2d
talk nonsense ratôh 5a
tall manyang, panyang 9d, 9f
tamarind boh mè, bak mè 7f, 11b, 11c
tambourine rapai, reubana 1f
tame raghoe, seuiet 4f, 12a
Tamiang ureueng teumieng 1c
tap s.o. on the shoulder, arm gamèt 3d
tapering tiruet 9f
taro ampeuek, birah, leubue 11d
taste rasa 2c
tasteless tabeue 7d
tax wasé 6h
tea tè 7c
teach peurunoe, pubeuet 5a, 5c
teacher gurèe, guru, ustat 1e, 1i, 5c, 6g
teak bak jatoe 11b
teapot ciriek 8d
tear criek, priek 3e
tear off lheuep 3c
tears ie mata 2a

ENGLISH INDEX

tease peukra 5a
telegram taligram 5d
telephone talipun 5d, 8c
television tivi 8c
tell peugah 5a
tell a lie peungeut 5a
tell story calitra 5a
tembling yö 4f
temple (Hindu) candi 1i
ten siplôh 9c
ten thousand silaksa 9c
tender lumpôk 7a
tent seueng 1d
termite kamue 12f
test ci, ujian, ujoe 4c, 3k, 5c
testicle krèh 2a
tether kambam 3j
text matan 5b
Thai ureueng siyam 1c
that jéh, -déh, nyan, -nan 13i
that nyang 13e
thatch palm nipah 11b
then bak watèe nyan, bak masa nyan 10e, 13a
then treuk 13a
there hinan, sinan 9e, 13a
there (far) hidéh, sidéh 13a
there, to there keudéh 13a
there, you see nyan keuh 13f
thermos teureumoh 8d
they awak nyan 1a
thick teubai 9d
thick (liquids) ghuen, kai 9a
thick (of liquid) likat 9a
thief pancuri 1h
thigh pha 2a
thighbone tuleueng pha 2a
thin lipéh, pijuet 9d, 12a
think piké, pham 4h
third keulhèe 9c
thirsty grah 2e

thirteen lhèe blah 9c
this nyoe, -noe 13i
thorn duroe 11a
thought pikéran 4h
thousand siribèe 9c
thrash poh 3d
threaten kacak 1g
three lhèe 9c
thresh rice with feet lhö 3c, 6a
thrive leuhu 6a
throat reukueng 2a
throttle ceukiek 3d
throw h'ong, rhom 3d, 3h
throw (liquid) peuek 3h
throw aside tiek 3h
throw away böh 3h
throw down sinthop 3h
throw down forcefully seumpom 3h
throw upwards lambông 3h
throw with a stick geulawa 3h
throw yourself down galeue 3a
thumb inöng jaroe 2a
thunder geulanteue 10d
Thursday hamèh 10e
tick piet 12f
tickle glik-glik 3d
ticklish gli 2b
tie ikat 3j
tie (cloth) araound the waist ping-gang 3j
tie animal ikat 6d
tie in a bundle beureukah 3j
tie legs together carueh 6c
tie together with rattan jalén 3j
tie up hands and feet carueh 3j
tie very tight c'uet 3j
tiger rimueng 12d
til jungkat 3h
tile jubén 10b
time jan, watèe, gö, seun, masa, mèn 10e

time of day poh 10e
time of death ajai, hat 1k, 9e, 9f
time span jangka 10e
times kali 9c
timid geusuen 4f
tin blèt, t'èm 8d
tin timah 10b
tiny ch'èk, cuet 9d
tired hèk 2e
tired (of muscle) keurawat 2b
tithe jakeuet 1i
to keu, u, ubak 13c
tobacco bakông 7e, 11d
tobacco quid sugoe 7e
today uroe nyoe 10e
toe aneuk gaki 2a
tofu tahu 11d
together sapat 13h
together (same time) sajan 13h
tomato tumat 11d
tombstone batèe jirat 1k
tomorrow singoh 10e
tongue dilah, lidah 2a
tool ngön, peukakah 6e
Tools Peukakah 6e
tooth gigoe 2a
toothache sakét gigoe 2b
toothbrush sugoe 8c
top gaséng 1f
top of ateueh 9e
top of head jeumala 2a
top: on top of công 9e
topple reubah 3a
torch suwa 6e
torn beukah 9a
tortoise banèng, labi-labi, tông-tông gapu, lantui 12c
total jumlah 9c
touch geue, keunöng 3d
touch lightly to attract attention cukèh 3d

touching jap 9e
touchy latah 2b
tousled sangsui 9a
towel ija paweue, ija andôk 8c
town kuta 10a
toy meuneu'èn, ayeuem 1f
trachea marèh 2a
trade meuniyaga 6h
trademark cap 6h
trader ureueng meukat 6g, 6h
trading meukat 6h
tradition reusam 1e
traditions adat 1h
trail bakat, euncit 6c
trail jurông 5e
train geuritan apui 5e
trample in mud cacah 3d
transgress sakeue 1h
transitory phana 1k, 10e
transport peudieng, angkôt 5e
trap tarön, jrat 6c
trap (mouse) peutah 8c
trap with a sharp stake suda 6c
trap, fish suro 6b
tray talam, tabusi 8d
tray for betel ceurana 7e
treat with a hot compress teuum 2b
tree bak, bak kayèe 11a, 11b
tree base uboe 11a
tree top pucôk 11a
trees, long things bak 13d
tremble kuyu 4f
tremble (frightened) yö, meukhöt-khöt 2e
triangle lhèe sagoe 9f
trickery daya 4b
tricky ilat 4b
trim rampéh, reupang 3e
trim a young coconut before drinking lasôn 7c
trip teugantöh 3a

troubled gundah 4f
trousers siluweue 8b
truck moto prah, moto geurubak 5e
true beuna, beutôi, beuna, bit 4b
truly keubit 13f
trunk bak, bateueng 11a
trunk (elephant) beuralè 12a
try cuba, ci, tré, ujoe 3k, 4c
tuber boh 11a
tuberculosis batôk kréng 2b
Tuesday seulasa 10e
tug-of-war tarék taloe 1f
tumeric kunyèt 7f
tumor barah 2b
tumult gadôh 1g
tuna surè 12e
turban tangkulôk 8b
turn wét, puta 3a, 3h
turn over balék 3h
turtle punyie, punyi 12c
tusk tarieng 12a
twelve duwa blah 9c
twenty duwa plôh 9c
twigs ranténg 11a
twilight sinja, 'insya, 'incha 10e
twins keumbeue 1k
twist (rope) bibeue 3i
two duwa 9c
type jinèh, macam 1b, 9a
type tèp 5b
typewriter meusén tèp 5b
u huh 'eu 13f
udder abin, tèk 12a
ugly brôk 4a
umbrella payông 8b
uncle abuwa, apa, yahcut 1b
uncleared ladang 6a
unconscious pansan 2b
uncultivated land roh 6a
under yup, miyup 9e
undergrowth beuluka 11a

underlay kaleueng 8c
underlayer lapék 10b
understand muphôm 4h
underwear bajèe dalam, siluweue dalam 8b
uninterested rè, brè 4c
unlucky malang 4a
unmotivated juwön 4c
unripe meungkai, pateuen 11c
unroll leueng 3j
unskilled worker kuli 6g
untamed ladang 12a
untie peuglah 3j
until hingga, lantak, sampé, sampoe 9e, 10e, 13e
upper arm sapai 2a
upper lip bibi ateueh 2a
uproar gadôh 1g
uproot lët, bët 3c
upstream mudék 3a, 9e
urge peukarat 5a
urinate tôh 'iek 2e
urine 'iek 2a
use ngui, kasiet 2b, 3k
use paidah 4a
use an innuendo pansie 5a
used up habéh 9a, 9d
usual biyasa, lazém 10e, 13a
usury riba 6h
utter ucap 5a
uvula aneuk lidah, aneuk ceukak 2a
vagina paröt, pèk, pukoe, brët 2a
valiant ceubeueh 4f
valid sah 4b
valley pantön 10a
value hareuga 6h
vegetable gulè 6a, 7b
vehicle kandran 5e
veil teuleukôm, seuleukôm 1i, 8b
vein urat 2a
venom bisa 12b

verandah rambat 8c
verse sanjak 1f
vertical cöt 9e
very that, leupah, lagoina 13a
Vietnamese ureueng vitnam 1c
vigorous (movement) drah 9a
village gampông 1e
vine peugaga, uröt 11d
vinegar cuka, juka 7f
violin biyula, hareubap 1f
virgin aneuk dara, dara 1b, 1k
virtue kasiet 2b
virtuous salèh 4a
visible deuh, leumah 2c
visit kunjông, saweue 3a
vitiligo supak 2b
voice su 5a
volleyball poli 1f
vomit muntah 2b
vow (to God) conditional upon answered prayer kaôi 1i
vulgar jahé, lahèe 1d
vulva pèk, pukoe, brët 2a
wade blôh, tamuk 3a
wage gaji, upah 6g
wail baë 4d
waist keuieng 2a
wait prèh 3a
wake up jaga, peugoe 2d
walk langkah, jak ngön tapak, gaki 3a
walk slowly tèh-tèh 3a
walking stick tungkat 6b
wall bintéh 8c
wall of a well munjéng 10c
wallowing hole kubang 10c
want tém 4c
war prang 1g
warm seuuem 10d
warrior pahlawan 1g
wart geutuet 2b

wash rhah, pumanoe 3c
wash a corpse pumanoe manyèt 1k
wasp geumeuto, keumuto, keumarôh, h'ueng, lhang 12f
waste seupah, sue 7e, 9a
watch jeuem 8b
watch over gubeue 6d
water ie 10c
water canal lueng 10c
water for ritual abolution ie seumayang 1i, 10c
water from the holy well in Mecca ie zamzam 10c
water scoop cinu 8d
water tank kulah 10c
water, v. sibu 10c
waterfall ie rhët 10c
waterhen langkubè 12b
waterhole abeuek 10c
waterlily bak jiem-jiem 11d
watermelon timon bruek 11c
watery meuie, cayé 9a
wave riyeuek, geulumbang, alôn, umbak 10c
wax lilén 10b
we, exclusive kamoe, meu- 1a
we, inclusive geutanyoe, tanyoe, ta- 1a
weak la'èh, leumöh 2b, 4c, 9a
wean lhah 1k
wear ngui 3j
weary hèk 2b
weasel ceurapè 12d
weather kutika, cuwaca, paksa 10d
weave manyum 3i
weave together with rattan jalén 3j
weaver bird miriek 12b
wedge bajoe 6e
Wednesday rabu 10e
weed a garden eumpoe 3c, 6a
weed among rice plants raweuet 6a

weeding böh naleueng, ureueh 6a
weeds naleueng 6a
weigh timang 9d
weigh anchor labôh 5e
weigh down gintön, tindéh 3j
welder tukang lah 6g
well (health) sihat 2b
well (of water) mon 10c
well dressed keumah 8b
well trained (animal) raghoe 12a
well-known meugah 5a
west barat 9e
wet basah, jum 9a, 10c
whale pawôh 12e
what peue, pue 13g
what size panè ubé 13g
whatever beuranggapeue 13h
wheat gandôm 11d
wheel ruda 5e
when 'oh, pajan, layeue, yôh 13e, 13a, 13g
whence panè 13g
whenever beuranggajan, jampang 10e, 13h
where, from where pat 13g
wherever beuranggapat 13h
whet asah, canè 3e, 3i, 6e
whether peue, pue 13g
whether: who knows whether euntah 13e
whetstone batèe asah 6e
which nyang 13e
which of comparison soe 13g
which one siré, töh 13g
whichever beuranggari 13h
while sira 13e
whip dra, seunuet 1h, 6e
whirlwind angèn puténg beuliyông 10d
whisper s'ah 5a
whistle yôp babah 3b

white putéh 9b
white ant kamue 12f
white cloth wrapped around tombstone pupanji 1k
white-bait biléh 12e
whither ho 13g
whittle kréh 3e
who soe 1a, 13g
whoever soe, beuranggasoe 13h
whose supo 13g
why pakön 13g
wicked jheut, jeuheut 4a
wide luwah 9d
wide apart reunggang 9a
wide open meunga-nga 9f
widow inöng balèe 1b
widowed balèe 1b
widower agam balèe 1b
wife peurumoh, binoe 1b
wife, second or later, of a polygamous man madu 1b
wild bueh, kleuet, ladang, meunta 4f, 12a
will wasiet 1h
willing tém 4c
wilted jie 9a
win meunang 1f
wind angèn 10d
wind lilét 3j
wind (rope or thread) kareue, lingkang 3j
wind thread gampôi 3j
window tingkap 8c
windpipe marèh 2a
windy meuangèn 10d
wing sayeuep 12a
wink meu'èn mata 2c
winner juwara 1f
winnow tampoe, peukrui 3c, 6a
winnowing basket jeuèe 6e, 6f
wipe pleu 3c

wisdom hékeumat 4h
wish hajat 4c
with ngön, deungön 13c, 13e
withdraw o.s. to meditate (to acquire magical powers) kaluet 1i
wither keuöt 9a
withered jie, layèe, mala 9a
witness syaksi 1h
wok beulangöng 8d
wolf srigala 12d
woman's praying veil leukôm 1i, 8b
womb kandông 2a
wood kayèe 10b, 11a
woodborer bubôk 12f
wooden house rumoh kayèe 8c
wooden mallet lantui 6e
wooden peg paténg 6e
woodpecker tok-tok beuragoe 12b
woodpigeon punui 12b
word(s) kata, narit, tutô 5a, 5b
work keureuja, pubuet, buet 3k, 6g
working bee gotong royong 1d
works, good works amai 1i
world dônya 1i, 10a
worm glang, ulat 12f
worn out ueh 9a
worry gundah, sôsah, susah 4d, 4f
worship seumah 1i
wound luka 2b
woven kipah ôn ibôh 6f
woven sack gampét 6f
wrap balôt, bungkôh, punjôt 3j
wrap or coil around palét 3j
wrestling geudeu-geudeu 1f
wrinkled krôt 9a
wrist weuet jaroe 2a
write tuléh 3i, 5b
writing tulésan 5b
writing book buku tuléh 5b
written form matan 5b
wrong salah 4b

yard leuen 8c
yawn seumeungeup 2d
yeah nyan 13f
year thôn 10e
yeast ragoe 7f
yell meuciek 5a
yellow kunèng 9b
yellow-crowned bulbul praikô 12b
yellow-legged rooster jalak 12b
yes 'eu, ka, nyo 13f
yesterday baroe 10e
yoke yôk 5e, 6a, 6e
yoke to prevent livestock from passing through fences kangkông 6e
you gata, ta- 1a
you (higher) droeneuh, neu- 1a
you (lower) kah, ka- 1a
young muda 1b
younger -cut 1b
younger aunt téh 1b
younger uncle pacut 1b
youngest tulôt, -lôt 1b
youngest child aneuk tulôt 1b
youngster aneuk muda 1b
youth aneuk muda 1b
zapot fruit boh sawôh 11c
zapot tree bak sawôh 11b
zinc sèng 10b

www.ingramcontent.com/pod-product-compliance
Lightning Source LLC
Chambersburg PA
CBHW081210230426
43666CB00015B/2697